协同网络视角下中小制造企业绿色创新支持研究

谢雄标　孙静柯　孙理军　程胜 ◎ 著

中国·武汉

内容提要

在我国经济高质量发展战略与"3060 双碳"目标下，中小制造企业绿色创新转型发展势在必行。本书从协同网络视角出发，从关键外部因素识别—网络情景下绿色创新行为的演化分析—协同网络的作用—网络中创新平台的作用—协同网络构建—现状调查与政策建议，逐层深入，系统解析中小制造企业在网络条件下的绿色创新行为机制与支持路径，既为科技管理、生态环境保护等职能部门完善中小制造企业绿色创新服务体系及相关政策，加强区域生态文明建设及创新体系构建提供理论依据，又为中小制造企业绿色创新与绿色管理领域内的学者提供了借鉴与思路。

图书在版编目(CIP)数据

协同网络视角下中小制造企业绿色创新支持研究/谢雄标等著.—武汉：华中科技大学出版社，2023.9
ISBN 978-7-5680-9834-2

Ⅰ.①协… Ⅱ.①谢… Ⅲ.①制造工业-中小企业-企业创新-研究-中国 Ⅳ.①F426.4

中国国家版本馆 CIP 数据核字(2023)第 183586 号

协同网络视角下中小制造企业绿色创新支持研究
Xietong Wangluo Shijiaoxia Zhong-xiao Zhizao Qiye Lüse Chuangxin Zhichi Yanjiu

谢雄标 等著

策划编辑：袁　冲	
责任编辑：谢　源	
封面设计：孢　子	
责任校对：阮　敏	
责任监印：朱　玢	

出版发行：华中科技大学出版社(中国·武汉)　　电话：(027)81321913
　　　　　武汉市东湖新技术开发区华工科技园　　邮编：430223
录　　排：武汉创易图文工作室
印　　刷：武汉市洪林印务有限公司
开　　本：710 mm×1000 mm　1/16
印　　张：19
字　　数：331 千字
版　　次：2023 年 9 月第 1 版第 1 次印刷
定　　价：59.00 元

本书若有印装质量问题，请向出版社营销中心调换
全国免费服务热线：400-6679-118　　竭诚为您服务
版权所有　侵权必究

前　言

中小制造企业在促进中国经济发展的同时造成了严重的环境污染，在中国绿色发展战略和"双碳"目标的背景下，其绿色创新诉求日益迫切。由于资源能力匮乏，中小制造企业倾向于通过网络集成开展合作创新，协同网络视角下中小制造企业绿色创新支持研究具有重要的理论意义和现实意义。本书主要以社会网络理论、企业战略行为理论、新制度主义理论和利益相关者理论等为基础，以中小制造企业为样本，探究了影响中小制造企业绿色创新的关键外部因素、社会网络情景下中小制造企业绿色创新行为演化、协同支持网络对中小制造企业绿色创新行为的影响机制、创新平台关系治理对中小制造企业绿色创新的影响机制，最后在这些理论研究基础上提出中小制造企业绿色创新协同支持体系及构建路径，并基于调查分析提出相关的政策建议。

本书提出了以下几个观点。

(1)"地方政府监管""相关企业绿色行为""高校、科研院所及技术中介的技术支持"和"绿色供应网络合作"是影响中小制造企业绿色创新行为的关键外部因素。

(2)自身相对收益对中小制造企业绿色创新意愿具有复杂的影响。中小制造企业绿色创新意愿随着相对收益参考点和基础收益的增加呈现出下降的趋势、随着开展绿色创新收益的增加呈现上升趋势、随着开展绿色创新成本的增加呈现下降趋势。

其他企业绿色创新对中小制造企业绿色创新意愿具有复杂的影响。中小制造企业绿色创新意愿随着其他企业绿色创新情况比率参考点的增加呈现出先平缓再上升再平缓的趋势、随着其他企业不进行绿色创新的比例的增加而下降。

协同支持对中小制造企业绿色创新意愿具有复杂的影响。中小制造企业绿色创新意愿随协同支持情况参考点的增加而呈现出先上升后下降的趋势、随获得协同支持的绿色创新收益的增加而上升、随获得协同支持的成本的增加而下降。

行政监管对中小制造企业绿色创新意愿起到正向影响。中小制造企业绿色创新意愿随行政监管力度的增加呈上升趋势、随罚款比例的增加而增加。

(3)外部协同网络对中小制造企业绿色创新存在显著的正向影响。管理者认知在外部协同网络和中小制造企业绿色创新之间起中介作用；合作能力在外部协同网络和中小制造企业绿色创新之间起调节作用。

(4)创新平台关系治理对中小制造企业绿色创新行为具有显著的正向影响。协同创新氛围在创新平台关系治理和中小制造企业绿色创新行为之间起中介作用；风险感知在创新平台关系治理和中小制造企业绿色创新行为之间起中介作用；协同创新氛围和风险感知在创新平台关系治理与中小制造企业绿色创新行为之间起链式中介作用。

(5)中小制造企业绿色创新协同支持体系的目标是支持中小制造企业绿色创新转型，要注重多元主体协同，提高中小制造企业绿色创新转型的收益和降低风险是关键。应遵循统筹协调、系统开放、可操作性原则，构建包含知识支持体系、资金支持体系、市场支持体系等各分体系与主体之间的协同机制。

(6)中小制造企业有一定的绿色意识，比较重视生产过程控制、管理制度的规范，但在实际的绿色创新实践过程中遇到了企业内外部的障碍。主要内部障碍是企业内部资源短缺与能力障碍中的技术障碍，其次是资金障碍和管理及人力障碍。主要外部障碍是市场障碍，其次是缺乏政府支持和不良的外部合作关系。目前中小制造企业绿色创新支持存在绿色专利快速审查制度有待改善、金融机构与企业的绿色合作有待加强、绿色供应链试点有待推广、协同支持协调机制发展不均衡等问题。

本书的成果丰富了企业环境行为理论，主要学术贡献如下。

(1)中小制造企业绿色创新行为受多种因素的影响，已有研究多集中于单一因素对中小制造企业绿色创新行为的影响机制及对策研究。本书基于Fuzzy DEMATEL方法对中小制造企业绿色创新外部因素进行系统分析，梳理出四种影响中小制造企业绿色创新行为的关键外部因素。

（2）在中小制造企业绿色创新影响因素的研究中，已有研究多局限于静态分析，尚未探究不同情景和因素变化下中小制造企业绿色创新行为演化特征。本书基于前景理论，运用演化博弈构建绿色创新仿真模型，为建立中小制造企业绿色创新协同支持体系提供了理论依据。

（3）已有研究缺少对外部多元主体形成的协同网络在中小制造企业绿色创新行为变动中的影响机制研究，本书以协同支持为切入点和着眼点，揭示了多元主体协同支持对中小制造企业绿色创新的影响机制，丰富了企业环境行为理论和协同治理理论。

（4）已有研究主要基于社会网络理论解释网络背景下的绿色创新行为。本书创新性地从网络治理视角出发，通过实证检验探究了创新平台关系治理对中小制造企业绿色创新行为的影响机制，进一步揭示了创新平台关系治理、协同创新氛围、风险感知对中小制造企业采纳绿色创新的重要作用，拓展了开放式创新网络条件下绿色创新行为研究。

本书总体上是一种探索，鉴于社会网络的复杂性、企业绿色创新行为的多样性，加上作者学识和能力的有限性，本书尚存在局限性和不足，恳请广大读者批评指正。

作者
2023 年 1 月

目　录

第一章　绪论 …………………………………………………………（1）
　　第一节　研究背景与研究意义 ……………………………………（2）
　　第二节　文献综述 …………………………………………………（7）
　　第三节　研究目标及研究内容 ……………………………………（20）
　　第四节　研究方法及技术路线 ……………………………………（23）

第二章　相关概念及理论基础 ………………………………………（26）
　　第一节　相关概念 …………………………………………………（27）
　　第二节　理论基础 …………………………………………………（51）

第三章　中小制造企业绿色创新关键外部影响因素分析 …………（74）
　　第一节　研究背景 …………………………………………………（75）
　　第二节　中小制造企业绿色创新外部影响因素梳理 ……………（78）
　　第三节　基于 Fuzzy DEMATEL 方法的中小制造企业绿色创新
　　　　　　外部关键影响因素识别 …………………………………（95）
　　第四节　研究结论与启示 …………………………………………（110）

第四章　社会网络情景下中小制造企业绿色创新行为演化分析 …（114）
　　第一节　研究背景与意义 …………………………………………（115）
　　第二节　演化模型构建 ……………………………………………（119）
　　第三节　动态模拟仿真结果及分析 ………………………………（130）
　　第四节　研究结论与启示 …………………………………………（143）

**第五章　协同支持网络对中小制造企业绿色创新行为的影响机制
　　　　　研究** …………………………………………………………（151）
　　第一节　研究背景与意义 …………………………………………（152）

第二节　理论基础与研究假设 ……………………………… (155)
　　第三节　实证分析 …………………………………………… (167)
　　第四节　研究结论与启示 …………………………………… (180)

第六章　创新平台关系治理对中小制造企业绿色创新的影响
　　　　机制研究 …………………………………………………… (186)
　　第一节　研究背景与意义 …………………………………… (187)
　　第二节　理论模型构建与假设 ……………………………… (191)
　　第三节　实证分析 …………………………………………… (200)
　　第四节　研究结论与启示 …………………………………… (214)

第七章　中小制造企业绿色创新协同支持体系的构建 ………… (220)
　　第一节　中小制造企业绿色创新协同体系设计的理论依据 ………
　　　　　　………………………………………………………… (221)
　　第二节　中小制造企业绿色创新协同体系设计思路 ……… (225)
　　第三节　中小制造企业绿色创新协同体系构建的具体路径 …… (230)

第八章　中小制造企业绿色创新现状及相关政策措施建议 …… (237)
　　第一节　中小制造企业绿色创新现状 ……………………… (238)
　　第二节　中小制造企业绿色创新支持现状 ………………… (248)
　　第三节　中小制造企业绿色创新协同支持相关政策建议 …… (265)

第九章　总结与展望 …………………………………………………… (270)
　　第一节　本书的总结 ………………………………………… (271)
　　第二节　本书创新点 ………………………………………… (273)
　　第三节　不足及展望 ………………………………………… (274)

主要参考文献 …………………………………………………………… (276)
附录 ……………………………………………………………………… (285)
后记 ……………………………………………………………………… (293)

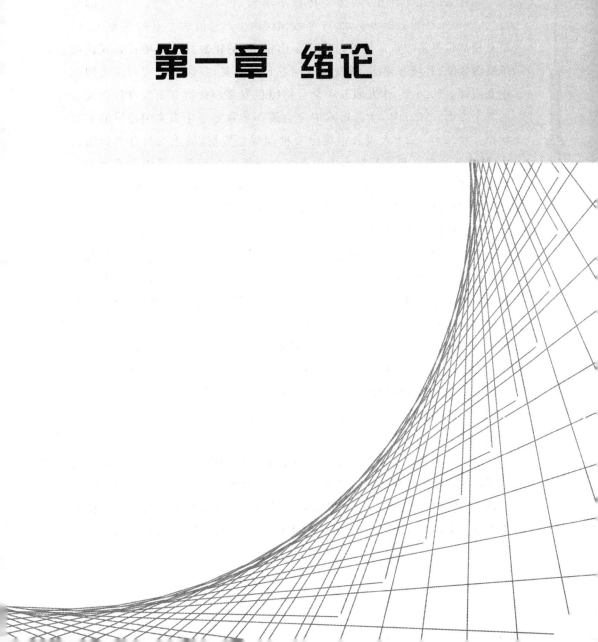

第一章 绪论

第一节　研究背景与研究意义

一、研究背景

在过去的几十年里,我国经济稳步增长,创下了"世界经济发展的奇迹"。国家统计局数据表明,2021年我国国内生产总值达114.92万亿元,经济总量居世界第二位。然而,追求"金山银山"的粗放式经济增长方式使我国资源紧缺、环境恶化、气候变暖等问题日益凸显,我国政府应对此类问题迫在眉睫。2020年,十九届五中全会将绿色发展理念贯穿于经济社会发展的各个方面。2021年,十九届六中全会进一步肯定了生态文明建设的重要地位。2022年,二十大报告中提出要推动绿色发展,促进人与自然和谐共生,要求牢固树立和践行绿水青山就是金山银山的理念。其中强调统筹产业结构调整、污染治理、生态保护、应对气候变化,协同推进降碳、减污、扩绿、增长,推进生态优先、节约集约、绿色低碳发展。

作为国民经济发展的主力军,中小企业是我国数量庞大、充满创新活力的企业群体,在促进经济增长、增加税收、吸纳就业、改善民生等方面具有不可替代的作用(李晓翔和张树含,2022)。据国家统计局数据显示,中小企业数量占全国企业总数的99%以上,总纳税额占国家税收总额的50%以上,创造的价值占国内生产总值的60%以上,提供了80%以上的城镇就业岗位。然而,传统产业领域中的大多数中小制造企业处于产业链中低端,存在高耗低效、产能过剩、产品同质化严重等问题,盈利能力依然较弱(陆岷峰和徐阳洋,2020)。随着国际国内市场环境变化,中小制造企业面临的生产成本上升、融资难融资贵、创新发展能力不足等问题日益凸显,引起学者们的高度重视。

由于中小制造企业经营方式大多数是粗放型的,因此不可避免地造成了资源的过度消耗与环境的严重污染。若要从根本上由"粗放"向"集约"改变,走可持续发展之路,中小制造企业实施绿色创新就显得尤为重要。相比于大型企业,中小制造企业在绿色创新和环境治理过程中,资金实力和融资能力相对较弱。同时由于技术能力和信息不对称等问题,中小制造企业也会遇到技术方面的问题(谢雄标和孙静柯,2021)。2016 年环境保护部实施环保督察以来,一大批中小制造企业由于自身资源、能力的限制,无法达到环保标准被迫停产关门,给地方经济发展和劳动就业带来了较大的压力。2018 年 5 月生态环境部发文明确禁止"一刀切"行为,强调对中小制造企业绿色转型的引导与支持。绿色创新是企业应对环境挑战的一种战略工具,具有其他传统创新所不具备的双重外部性特征(解学梅和朱琪玮,2021)。但由于其具备的高投入、高风险和双重外部性等特征,致使中小制造企业绿色创新动力不足。

当前中小制造企业绿色创新行为研究,主要集中在中小制造企业绿色创新行为特征、中小制造企业绿色创新行为的影响因素和中小制造企业绿色创新行为促进三方面。

相比于大型企业,中小制造企业的股东通常也是管理人员,加之内部缺乏健全的法人治理结构,从而导致绿色创新决策困难,由此可见,管理人员在绿色创新决策过程中发挥着最为重要的"内部促进者"作用(Heyden et al.,2018;Li and Ma,2018)。研究认为,国内中小制造企业由于缺乏充足的资源和对环境与社会责任的认识,优先考虑的是商业利益而非生态效益,投资者会抱有"社会责任履行无用"心理(王诗雨等,2019),且较少开展节能减排技术创新。此外,中小制造企业绿色发展面临着制度因素和资源环境约束的双重挑战,其绿色创新行为具备内外部创新环境的复杂性、技术知识及人力资源的短缺性和参与主体的多元性特征,因此,外部利益相关者是中小制造企业开展绿色创新行为的重要资源之一,能否与其他企业开展有效的合作是中小制造企业取得绿色创新成功的关键(Yu,2015)。

中小制造企业绿色创新行为影响因素可大致分为企业内部和企业外部两个方面:从企业内部角度来看,首先,根据资源基础观,充足的创新资源和能力是中小制造企业实施绿色创新的重要保障。例如,财务资源支持企业从外部购买环保的生产设施(Cuerva et al.,2014),人力资源有助于企业获取并积累绿色创新知识资源(Ali et al.,2021),信息资源则有利于企业对潜在商业机会的捕捉(Fahad et al.,2022)。其次,学者们基于动态能力理论和吸收能力理论分别揭示了绿色动态能力(Yousaf,2021)和绿色吸收能力对企业绿色创新行为的促进作用。最后,依据高阶理论,管理人员通过其价值观等个人特征和认知模式解读环境,不同的认知模式下,管理人员会使用不同方式来应对环境问题(Hambrick,2007)。现有研究主要从管理人员开展绿色创新的意愿、管理人员对环境问题的关注(Walker et al.,2010)、环保承诺(Chang and Chen,2013)等方面进行。从企业外部角度来看:首先,制度理论指出,"三废"排放标准、环保税、环保督察等强制性环境规制通过政府法规与规章制度强制要求中小制造企业开展绿色创新实践,而研发补贴、减税降费等激励性环境规制通过激励手段提升中小制造企业开展绿色创新的意愿。其次,"创新获利"理论指出,创新成果只有经过商业化应用才能实现其经济价值(Teece,1993;Hall and Clark,2003),因此,市场需求和客户压力对中小制造企业环保行为和绿色创新的影响也是学者们关注的重点(Chen and Liu,2020)。最后,技术推进与外部合作对中小制造企业绿色创新产生了正向的推动作用,来自外部的技术发展更能推动企业采用低能耗的新技术进行生产(如更清洁的生产技术),重视与外界合作的中小制造企业往往在各类环保有关的创新上更加积极。尤其是年轻的小企业,如果能与其他市场参与者共建合作网络,并从中提高技术能力,将有助于它们通过开展绿色创新实践来减少对环境的负面影响(Yao et al.,2021)。

基于中小制造企业绿色行为特征及影响因素研究,学者们提出了促进中小制造企业绿色创新的对策。随着企业绿色技术创新的不确定性、复杂性和融合性的增强,使得单个企业无法顺利地进行绿色创新(王志良和沈闻长,2018;谢雄标和胡阳艳,2020;奉小斌和刘皓,2021)。有学者提出,政府要发挥主导作用,从法律、法规、政策等方面对中小制造企业绿色技术创新给予鼓励和扶持(杨朝均等,2018;王树强和范振鹏,2021);完善中小制造企业绿色技术创新融资机制,加快企业环境成本核算体系的建立,加强行业协会对环保的支持,加强企业间合作关系,加强与科研机构、高等院校的合作创新,建立中小制造企业绿色技术创新服务支持系统(龙文滨等,2017;Brem et al.,2017;Singh et al.,2022)。

多主体通过资源集成与优势互补的高度协作,已成为绿色创新的重要基础。中小制造企业绿色创新是环境保护的重要途径,具有典型的社会性,由多元主体形成的协同支持体系是促进中小制造企业绿色创新的关键因素(吴利华等,2015;Ghadimi et al.,2021;Fahad et al.,2022)。但是现有关于中小制造企业绿色创新的研究多集中于单一外部支持主体对中小制造企业绿色创新的支持上,缺少对外部支持主体间协同机制的研究,使得现有中小制造企业绿色转型发展的措施不系统,成效不显著。因此,探究外部支持主体如何促进中小制造企业绿色创新,其中的作用机制是什么,以及如何协调外部不同支持主体间的合作,更好地促进中小制造企业绿色创新实施是当下研究的重点和难点。

二、研究意义

本书从协同网络视角出发,结合社会网络理论、企业战略行为理论、新制度主义理论和协同治理理论,基于相关文献分析构建研究模型。采用现场发放、电子邮件及电话访谈等方法获取问卷调研数据,运用 Fuzzy DEMATEL、演化博弈模型、极大似然法等方法开展实证检验,揭示创新网络中各主体的交互与协同机制及对中小制造企业绿色创新的作用,提出中小制造企业绿色创新外部协同网络的构建路径,为中小制造企业绿色创新外部协同网络的构建与运行提供相关的政策建议。

本书的研究意义体现在如下的理论意义和现实意义两个方面。

1. 理论意义

第一,重点关注地方政府监管、顾客绿色需求偏好、绿色供应网络合作等外部网络环境因素对中小制造企业绿色创新行为的影响,进一步完善了企业环境行为理论体系。现有研究多集中于单一因素对中小制造企业绿色创新行为的影响机制及对策研究,鲜有从多因素多主体共同作用下探究中小制造企业绿色创新行为的变动机制,更未对影响中小制造企业绿色创新的外部环境因素进行系统性分析。绿色创新活动本身是一种具有高度不确定性的社会行为,中小制造企业由于资源能力的有限性,对外部网络环境因素更是高度关注。本书通过文献研究,梳理出 12 种中小制造企业绿色创新的外部影响因素,并基于 Fuzzy DEMATEL 方法对中小制造企业绿色创新的外部因素进行系统分析,为更好地实现中小制造企业绿色转型和可持续发展提供理论支撑。

第二,基于前景理论,运用演化博弈构建绿色创新意愿仿真模型,进行中小制造企业绿色创新行为影响因素分析,丰富了前景理论在中小制造企业绿色创新中的应用研究。已有的关于网络条件下中小制造企业绿色创新影响因素的研究局限于静态分析,对于不同情景和因素变化下中小制造企业绿色创新行为的演化特征是什么的问题尚未得到解答。本书从中小制造企业绿色创新意愿的角度出发,分析了影响中小制造企业自身相对收益、其他企业绿色创新、协同支持、行政监管四类主要因素。基于此,将前景理论嵌入系统仿真中,构建了基于前景理论的中小制造企业绿色创新意愿仿真模型,为建立中小制造企业绿色创新协同支持体系提供了理论依据。

第三,以协同支持为切入点和着眼点,揭示了多元主体协同支持对中小制造企业绿色创新的影响机制,丰富了企业环境行为理论和协同治理理论。已有研究多集中于外部支持主体在资源、能力上为中小制造企业绿色创新行为提供的帮助,且大多研究针对的是外部网络中单一支持主体对中小制造企业绿色创新的影响,缺少对外部多元主体形成的协同网络在中小制造企业绿色创新行为变动中的影响机制研究,使得中小制造企业绿色转型发展中的支持措施不系统。本书以管理者认知为中介变量,合作能力为调节变量,构建网络中支持主体间的协同机制对中小制造企业绿色创新的影响的理论模型,以期为提高中小制造企业绿色创新主动性提供理论支撑和实现路径。

第四,开创性地探究了创新平台的关系治理作用,揭示了创新平台关系治理对中小制造企业绿色创新行为的影响机制,丰富了关系治理理论和协同创新理论在绿色创新行为领域的应用研究。现有文献主要关注创新网络背景下双边关系的控制和协调,其研究对象本质上是企业与合作伙伴的二元关系,且现有文献大多将创新平台视为企业合作的虚拟环境。本书关注创新平台关系治理功能,揭示了创新平台关系治理"是否"影响中小制造企业绿色创新行为这一问题,为创新网络治理的理论研究提供了新思路。此外,以往的研究主要从网络结构和网络关系视角来解释网络背景下企业创新行为。本书从网络治理视角出发,通过实证检验揭示了创新平台关系治理对中小制造企业绿色创新行为的影响机制,进一步揭示了创新平台关系治理、协同创新氛围、风险感知对中小制造企业绿色创新行为的重要作用,由此,拓展了创新网络条件下中小制造企业绿色创新行为研究。

最后,通过对中小制造企业绿色转型协同支持体系进行系统设计,能够进一步完善协同治理理论及协同治理视角下绿色创新体系的构建。本书基于中小制造企业资源能力有限、绿色创新转型的外部性及不确定性特点,结合对中小制造企业绿色创新现状的分析,以企业战略行为理论和协同治理理论为基础,论证协同支持体系对中小制造企业绿色转型的重要性,提出以知识支持体系为核心的中小制造企业绿色转型的协同支持体系,有助于区域绿色创新体系建设和中小制造企业绿色转型实践。

2. 现实意义

探索协同网络视角下中小制造企业绿色创新支持体系是当前中国政府和社会迫切需要解决的重大问题,它服务于区域创新生态系统构建、中小制造企业绿色转型升级和国家生态文明建设。

20世纪80年代以来,中小制造企业在我国快速发展,但大多数中小制造企业绿色创新实践不足,在经营发展的过程中对生态环境带来了严重破坏,因此,如何引导并支持中小制造企业绿色转型成为社会各界关注焦点。实践过程中,中小制造企业资源能力匮乏及对不确定性高度关注是阻碍其绿色创新实践的重要原因,破解该问题是引导中小制造企业绿色创新转型发展的关键。我国中小制造企业数量庞大,是绿色低碳发展的主体,也是绿色创新的主力军,但从中小制造企业创新政策和环境保护政策实施效果来看,与期望相去较远,其主要原因之一在于政策供给没有从中小制造企业的角度厘清中小制造企业绿色创新行为与网络内外环境的关联机制。

基于此,通过揭示中小制造企业绿色创新的社会属性、支持网络中微观主体行为,构建中小制造企业绿色创新外部协同网络,完善促进中小制造企业绿色创新的服务体系及相关政策,不仅能够引导中小制造企业制定发展绿色创新战略,更能够为政府产业部门和决策机构制定和实施中小制造企业绿色创新支持政策及其他配套政策提供直接参考,具有特别的现实意义。

第二节 文献综述

一、中小制造企业绿色创新行为特征

学者们对中小制造企业绿色创新行为的特征开展了广泛研究,认为中小制造企业由于其灵活精简的组织结构(赵曙明和孙秀丽,2016)和非正式的沟通方式,使得企业在管理环境和社会问题时具有灵活性。具体而言,胡

美琴(2007)认为大部分中小制造企业在管理理念中缺乏对环境和社会责任的认知,在面临多重压力时,会优先考虑商业利益而不是生态效益。类似的,冯振强(2014)指出,大多数中小制造企业缺乏内部环境责任教育和制度,缺乏节能减排技术创新,缺乏废物处理设施设备,导致资源的浪费及环境的污染。国外学者 Oxborrow 和 Brindley(2013)通过对英国 15 家中小制造企业进行案例研究得出,中小制造企业的生态活动主要集中于市场机会的短期利益方面,很少有基于感知风险或品牌发展的长期或战略行为。此外,利益相关者的影响对中小制造企业很重要,特别是消费者的绿色需求。谢雄标和孙静柯(2021)通过对浙江省 270 家中小制造企业样本数据进行实证研究发现,管理人员认为绿色创新投入的成本由企业自身承担,而绿色创新活动在生产和扩散阶段具有知识溢出效应,使得其他企业能够共享绿色创新的收益,这种认知降低了中小制造企业开展绿色创新的动力。Yu 等(2022)指出,相比于大型企业,中小制造企业在履行社会责任方面面临着更大的压力。单淑珍(2022)的研究表明,大多数中小制造企业设定的管理目标主要是增加经济效益、降低产品成本、提高生产力、追求利润的最大化,这使得部分中小制造企业管理者对绿色管理的认识相对不足。

大部分中小制造企业与所有潜在的重要利益相关者(如客户、供应商、区域组织、非政府组织)打交道时,将消耗大量的时间,这是中小制造企业最稀缺的资源之一。Mohnen 和 Röller(2005)的研究显示,由于自身资源的限制,中小制造企业绿色创新行为会受到投入成本、企业制度、人力资源、组织文化、信息流及政府政策的约束。此外,由于绿色技术研发周期长,投入的资金巨大,绝大多数中小制造企业缺乏主动开展绿色创新的积极性。中小制造企业绿色创新行为与政府监管和补贴政策密切相关。具体而言,李胜等(2008)认为对中小制造企业而言,监管力量比市场力量和社会力量更具影响力,在我国市场经济体制还不够完善的环境下,中小制造企业的长远意识普遍较低,对市场压力的反应比较迟钝。陈雯和肖斌(2011)基于可交易排污许可证的正式环境规制政策工具分析模型,引入创新机制考察正式环境规制工具对中小制造企业的影响,结果表明可交易排污许可证与补贴这种正式环境规制工具组合能够以较低的规制成本激发中小制造企业绿色创新。类似的,王树强和范振鹏(2018)指出,只有通过税收筹划和税收优惠等合理的避税方法来降低企业财务成本,才能充分调动中小制造企业绿色创新的积极性,使本就资源紧张的中小制造企业更有底气和动力进行绿色创新。相比于大型企业,中小制造企业资源能力相对薄弱,其绿色创新依赖于外部支持。文华和马胜(2013)基于供应链视角研究中小制造企业绿色生产创新路径得出,竞争压力大、缺乏外部合作机会、缺乏信息、缺乏政府支持也是影响中小制造企业进行绿色创新行为的重要因素。Kanda等(2018)指出,中介机构能够为中小制造企业提供信息收集和传播、促进网络和伙伴关系、技术咨询、资源动员、商业化、品牌和合法化等帮助,以应对绿色创新的"双重外部性"挑战。Singh等(2021)通过对巴基斯坦的中小制造企业进行实证研究发现,利益相关者压力有利于动态能力的形成,继而驱动企业开展绿色创新。

在归纳前人研究的基础上,本书将中小制造企业绿色创新行为特征归结为以下三点:

(1)内外部创新环境的复杂性和不确定性。对企业内部而言,企业环境战略行为的形成是在企业绿色创新过程中外部环境和管理者认知交互影响的结果,国内大多数中小制造企业存在资源劣势,开展绿色创新的风险尤为突出。风险感知是指人们对各种客观风险的主观感受和认知,它包括了人们对风险的评估和反应,反映了处于不同生活环境和思想背景下个体的价值观(Weinstein,1980)。管理者认知理论的提出旨在更好地解释那些由于管理者与环境互动所塑造的决策及行为(Eggers and Kaplan,2013)。中小制造企业的股东通常也是管理者,加之内部缺乏健全的法人结构,管理人员在绿色创新决策行为过程中发挥着最为重要的"内部促进者"作用(谢雄标和胡阳艳,2020)。对风险的感知将影响其风险行为及机会评估与管理决策,感知到外部绿色创新环境是威胁的中小制造企业将很难开展绿色创新实践。此外,推动中小制造企业绿色创新与其内部组织治理水平紧密相关,管理层和战略导向在其中发挥至关重要的作用。由于企业治理水平存在二维性,即时间上阶段性目标修正和空间上边界性差异,因此,中小制造企业面临着内部绿色创新环境基础的复杂性和不确定性。对企业外部而言,依据环境适应理论,外部环境的剧烈变动,必然要求企业快速响应与融入。首先,市场环境的动荡多变。绿色创新相比于传统创新的市场不确定性更大,顾客对绿色产品的需求变化较快(Berrone et al.,2013),中小制造企业开展绿色创新实践的自利性动机之一是如何在迎合快速变化的绿色市场需求的前提下控制企业内部资源的使用(Ociepa-Kubicka and Pachura,2017)。事实上,中国的人均收入仍处于较低水平,消费者愿意为绿色产品支付高额绿色溢价的意愿并不高,因而绿色市场规模有待培育。此外,市场上的消费者对绿色产品的市场信号变化迅速,企业难以迅速应对市场变化,当市场的不确定性较高时,竞争强度的加剧会使中小制造企业具有创新性的绿色产品受到冲击,囿于资源能力的局限性,中小制造企业倾向于在原有产品的基础上只进行简单的改进和调整,以减少用于绿色创新的资源投入(李钰婷等,2016)。因此,中小制造企业面临着外部绿色创新环境基础的复杂性和不确定性。

(2)技术知识及人力资源的短缺性。从熊彼特的创新理论和在创新理论基础上发展起来的技术创新理论角度看,技术对于企业开展绿色创新至关重要。首先,绿色创新是一项知识密集型的战略活动,存在相当的技术壁垒和知识障碍,其内在复杂性需要整合大量的绿色技术和知识基础,因此,绿色创新成功与否的因素十分复杂,依赖于企业已有的和先前的绿色知识储备,如专业人才、绿色经验和资金水平等。中小制造企业由于创新投入不足、吸引人才的机制相对落后等因素,无法有效防止人才的流失和吸引优秀人才的加入,进一步限制了其绿色创新的实施(Gupta and Barua,2018)。其次,绿色创新并非只在企业某一单一维度和业务单元开展,可能涉及企业整个生产经营环节和产品全生命周期,覆盖绿色流程、绿色产品设计和技术设备改造等。然而,我国大多数中小制造企业绿色创新基础薄弱,面临着生产设备老旧、产品科技含量低、技术水平低等问题(袁杰等,2013),在市场竞争中面临着巨大的生存压力,绿色技术障碍显著。再次,绿色创新具有高风险、高成本等特性,且并不能在短期内获得收益。大企业有实力在绿色创新、绿色培训等领域进行投资,以求获得长期回报。相反,中小制造企业由于缺乏核心能力和关键资源,抗风险能力较弱,难以在此方面有所作为。最后,随着产业分工的日益细分和垂直化,中小制造企业知识产业价值链中高度复杂的专业分工使得其产品必须面向产业中的合作伙伴。产品价值链的复杂性使得中小制造企业的绿色创新无法掌握全部的市场和技术需求等,因此还需要依靠产业价值链中的其他环节提供必要的技术信息形成协同创新的机制,形成良好的绿色创新知识反馈闭环机制。

(3)参与主体的多元性。绿色创新是指在生产经营活动中降低对环境负面影响的创新活动,涵盖了产品、生产过程和组织管理等方面。同时,绿色创新的投资回报周期长,具有很强的市场不确定性,风险也更高,导致中小制造企业绿色创新的实施更多是在政府环境规制下的被动创新。由于绿色经济发展及社会对生态环境的重视,中小制造企业为了在市场中存活和更好地发展,需要主动实施绿色创新。中小制造企业不仅需要遵守环境保护法规,同时需要反思经营活动并做出创新性改变。同时,鉴于以上中小制造企业绿色创新的复杂性、不确定性、技术知识及人力资源的短缺性,仅凭中小制造企业自身受限的资源能力试图开展绿色创新实践往往举步维艰。基于以上两个方面的考虑,外部协同网络为中小制造企业提供绿色创新所需的资源、知识等可以有效增强中小制造企业进行绿色创新的意愿。绿色创新本质上是市场、组织和技术问题的综合,中小制造企业能否与其他企业开展有效的合作是取得绿色创新成功的关键(Yu,2015)。因此,中小制造企业除了实现组织内部的业务单元,努力跨越职能边界形成结构化合力外,还需进一步与高校、科研机构、第三方组织、技术中介等横向利益相关者及供应商、顾客、中间商等纵向利益相关者开展互惠合作,以形成强大的绿色"共创"联盟,构建基于互信互利的创新网络(Triguero et al.,2016)。因此,中小制造企业绿色创新实践是立足企业业务范围、多元化主体协同发展的战略活动。

二、中小制造企业绿色创新影响因素研究

中小制造企业由于资源与能力的限制,绿色创新的主动性更差。因此,探究中小制造企业绿色创新的影响因素具有重要的理论和现实意义。中小制造企业由于受到资源、能力限制,在进行绿色创新过程中与大企业有较大差距。现有研究主要从企业内部和企业外部两个角度对中小制造企业绿色创新影响因素进行了探究。

1. 企业内部影响因素研究

企业内部影响因素的研究主要基于资源依赖视角和注意力视角。

资源依赖视角下,众多国外学者关注资源与能力、知识基础、绿色智力资本等对中小制造企业绿色创新的影响。Lin和Ho(2008)通过对中国台湾162家物流公司进行问卷调查发现,组织激励、人力资源质量等对物流服务供应商采用绿色创新的意图有显著影响。Chang(2016)认为绿色适应能力

是组织适应不确定性环境保护法规的能力,对企业绿色产品创新具有显著的促进作用。Leonidou 等(2017)实证研究发现组织资源和能力在推动小型制造企业绿色经营战略执行方面具有至关重要的作用。Ebrahimi 等学者(2017)认为在动荡的市场中,财务绩效的提升能够对中小制造企业的绿色创新提供足够的资金,并且能够吸引创新人员加入企业中。Aboelmaged 等(2019)进一步探究了吸收能力对中小制造企业绿色创新采纳的影响,研究表明吸收能力是中小制造企业绿色创新的强力助推剂。Han 和 Chen(2021)探究了不发达国家中小制造企业开展绿色创新的驱动因素,研究发现客户需求、竞争压力、管理环境、环境法规和企业创新能力对缅甸中小制造企业绿色创新的采用具有正向和显著的影响,其中,企业创新能力的影响最为显著。Ali 等(2021)调查了绿色智力资本对巴基斯坦中小制造企业开展绿色创新实践的影响。实证结果表明,绿色人力资本和绿色结构资本能够显著提高企业开展绿色创新的概率。然而,绿色关系资本对巴基斯坦中小制造企业开展绿色创新的意愿具有积极但不显著的影响。

国内学者则更倾向于关注创新能力、绿色创新战略导向、冗余资源、绿色知识等对中小制造企业绿色创新行为的影响。廖中举(2016)指出,相对于中小制造企业而言,大企业拥有较多的创新资源和较强的创新能力,并且由于具有较高的知名度会承担更多的社会责任,因此组织规模对绿色创新具有正向促进作用。曹洪军和陈泽文(2017)以制造企业为样本,实证研究发现创新能力和市场压力显著正向影响企业绿色创新战略,而创新资源影响作用并不显著。解学梅等(2019)指出,企业资源约束能够显著调节清洁生产、末端治理技术与企业财物绩效关系,并对清洁生产技术创新的激励作用更为显著。胡元林和宋时楠(2019)指出,资源种类、资源特性和资源数量都会对企业生态创新造成影响。于飞等(2019)整合了知识基础观和资源基础观,指出新旧技术领域的知识耦合和企业绿色创新呈倒"U"形关系,而在新旧知识耦合与企业绿色创新的关系中起负向调节作用。谢雄标和孙静柯(2021)指出中小制造企业在绿色创新过程中面临的主要内部障碍是技术障碍,其次是资金障碍和管理及人力障碍。

注意力视角下的研究,更加关注作为企业代表者的高层管理者的绿色认知,包括环保意识、环保支持与承诺、文化结构等管理者个人因素对企业绿色创新的作用。基于该视角的观点认为,高管或企业家环境认知对于企业响应何种形式的绿色创新行为具有重要影响。Chen 和 Chang(2013)指出具有变革精神的管理者能够通过提高绿色创造力来促进企业新绿色产品研发绩效。Leenders 和 Chandra(2013)强调基于企业自身的环境意识和产品质量管理的内部驱动力比外部驱动力更能促使企业进行绿色创新。Matthew(2015)通过对德国 187 名中小制造企业高管人员进行网络问卷调查发现,管理者的绿色注意力和个人特征对中小制造企业自愿接受环境管理和采纳何种绿色创新工具组合存在显著的影响。Peng 和 Liu(2016)整合了管理者认知观和资源基础观,分别指出管理者的环境风险和环境成本——效益意识显著作用了企业绿色管理、过程和产品创新活动。Chen(2017)根据社会认知理论,研究了利益认知、主观规范认知和资源能力认知对绿色技术采用行为有正向影响,同时绿色创新政策感知对认知与采纳行为的关系具有显著的调节作用。Tang 等(2018)探究了管理层对绿色问题的关注——如何调节企业绿色创新和绩效的关系,结果表明,当管理者关注绿色创新时,绿色流程创新显著提升了企业绿色创新绩效。Singh 等(2020)通过对阿拉伯联合共和国的 669 家中小制造企业进行调查研究,结果显示绿色转型型领导通过影响绿色人力资源管理,进而影响企业绿色创新行为。Al Doghan 等(2021)通过对中小制造企业中高层管理者开展问卷调查发现,组织的环境保护文化对中小制造企业绿色创新行为和绿色人力资源管理具有显著的正向影响。Ahmad 等(2022)对中小制造企业进行实证研究发现,绿色变革型领导能够显著提升企业绿色产品创新和绿色工艺创新的水平。

  同时,国内学者彭雪蓉和魏江(2015)指出,高管层不同水平的环境保护意识使得不同利益相关者与企业绿色创新行为之间的关系呈现出差异性状态。马媛等(2016)认为管理层对绿色创新的机会感知很大程度上影响了企业绿色创新战略的反应速率。王霞和徐晓东(2016)通过实证研究发现,外部市场竞争情况不同,管理者道德认知将对企业生态创新产生不同的影响。和苏超等(2016)认为,高层管理者的认知态度和价值观会影响组织资源分配,进而对企业环境变化的反应程度具有重要的影响作用。徐建中等(2017)指出,高管层的环境保护意识在外部压力与绿色创新战略间起到完全中介作用,高管层的个体特征结构对企业采纳何种水平的环境战略具有十分显著的影响作用。和苏超等(2016)指出,管理者的环境认知会对企业环境战略的选择产生重要影响。管理者环保意识越强,越倾向于识别生态创新的潜在收益和市场机会,越具有进行生态创新的责任感,越愿意将资源和人力投入生态创新领域,将生态创新纳入战略高度。李文静等(2020)认为,绿色变革型领导能够很好地将企业的创新目标与环保目标加以融合,在身体力行做出表率的同时通过愿景阐述将其传达给员工,使员工清晰地认识到绿色创新对于企业可持续发展的重要意义。席龙胜和赵辉(2022)的实证研究结果表明,高管机会型环保认知和高管责任型环保认知对企业绿色技术创新和绿色管理创新具有显著的正向影响。吴建祖和华欣意(2022)指出,关注环境议题的高管团队更容易洞察到粗放型生产活动的不可取之处,意识到改进产品设计、优化研发流程等绿色创新活动有利于增强企业核心优势。因此,企业管理者尤其是高层管理者个体知识、认知等结构性特征对于中小制造企业绿色创新的作用不容忽视。

2. 企业外部影响因素研究

大多数学者认为,区别于传统创新,绿色创新具有高度知识密集性和情景复杂性,仅仅依靠企业"自发性"简单拉动往往难以奏效,需要有政策等其他外部力量的刺激。中小制造企业绿色创新的外部影响因素研究视角大多重视"外部"拉动,主要涵盖利益相关者、正式制度规则和非正式压力。Frondel等(2007)发现税收政策会显著促进企业清洁生产技术创新,污染税、技术标准等对末端治理技术创新具有显著的促进作用。Darnall等(2010)认为,市场导向将驱动企业持续采取一种先动性行动以满足消费者需求,随着消费者绿色需求增强,企业为了保持竞争优势,必然会主动选择绿色创新。Zeng等(2011)通过考察中国的中小制造企业,发现政府基于经济的优惠政策能够在一定程度上弥补企业绿色创新成本,是中小制造企业绿色创新的主要动力。Berrone等(2013)通过实证研究发现,政府规制压力和非政府组织的规范压力对公司绿色创新产生积极的影响作用,证实了制度压力会引发绿色创新的观点。Qi等(2013)基于利益相关者理论,实证表明国外客户在推动企业采用绿色工艺和绿色产品创新战略中发挥了显著作用,社区利益相关者和监管利益相关者对绿色工艺创新和绿色产品创新没有显著影响。Cuerva(2014)分析中小制造企业的绿色创新驱动要素的研究表明,自愿的质量体系认证比公共补贴更有效,降低金融约束会促进中小制造企业选择绿色创新。Rosina等(2018)指出,应将利益相关者在绿色创新中的作用视为一种动态能力,并且利用外部利益相关者间的差异来扩大企业绿色创新资源基础,同时企业还应具备特定运营能力、参与管理能力和价值重构能力来保证利益相关者充分参与企业绿色创新。Liao(2018)指出,制度压力包括规制性压力、规范性压力和认知性压力,这些压力能够刺激企业绿色创新活动。Li等(2019)指出,地方政府绿色发展投入规模显著地影响了企业绿色创新驱动意愿。Singh等(2022)通过对248家中小制造企业样本数据进行偏最小二乘路径建模(PLS-PM),实证检验研究结果表明,利益相关者压力影响绿色动态能力,绿色动态能力影响绿色创新,绿色创新影响企业绩效。

国内学者陈雯和肖斌(2011)基于可交易排污许可证的正式环境规制政策工具分析模型,引入创新机制,考察正式环境规制工具对中小制造企业的影响,结果表明可交易排污许可证与补贴这种正式环境规制工具组合能够以较低的规制成本激发中小制造企业开展绿色创新实践。李怡娜和叶飞(2011)认为强制性环境法律法规对企业的绿色环保创新实践有显著影响,激励性环境法律法规影响则不显著。许晓燕等(2013)利用2003—2009年中国省际面板数据实证研究表明,与命令—控制型环境规制相比,市场激励型环境规制对企业绿色技术创新有着更显著的促进作用。周海华等(2016)指出,不论是正式环境规制还是非正式环境规制都对企业的绿色创新有正向作用。徐建中等(2017)研究发现,竞争者模仿压力和客户规范压力正向促进企业绿色创新,政府规制压力影响作用为倒"U"形。企业是在大多数利益相关者认可的价值观、规范准则约束下寻求各种创新资源,因此利益相关者环保压力被认为是企业开展绿色创新的主要驱动因素。企业需要与利益相关者建立牢固的战略合作关系,通过绿色创新提升企业的持续竞争能力和优势(焦俊和李垣,2011)。解学梅等(2019)实证研究发现外部环境政策规制对供应链企业开展绿色创新具有重要的促进作用。张翼和王书蓓(2019)发现环境规制与企业绿色产品创新之间存在显著的倒"U"形关系,环境规制强度存在某个适宜的"拐点期",同时政府的绿色创新补贴和扶持能够进一步激励企业绿色创新。邝嫦娥和文泽宙(2019)指出具有"隐蔽性"和非正式特征的隐性经济与企业绿色创新之间存在单一门槛的非线性关系,应当重视非正式主体在绿色创新中的利益诉求。

以上内、外部因素存在着复杂交互的关系,中小制造企业资源能力的有限性是其开展绿色创新活动的主要阻碍(Gupta and Barua,2018)。随着创新资源和知识流动性日益增强,与外部企业合作成为中小制造企业绿色创新的基本形式和必然途径(Triguero et al.,2016)。Yu(2015)指出,与外部网络主体有效的创新合作是驱动中小制造企业绿色创新的关键因素。协同创新网络为中小制造企业绿色创新提供了有力支撑:一是获取外部绿色创新知识(Xu et al.,2020),有效控制创新成本,加速企业内部资金周转(宋华和陈思洁,2019);二是共同分担绿色创新风险,增强企业的市场灵活性和市场适应性(王志良和沈闻长,2018);三是加快绿色产品的研发和上市速度(Triguero et al.,2016)。

三、中小制造企业绿色创新促进对策研究

众多学者基于中小制造企业绿色创新行为的影响因素,对中小制造企业绿色创新的促进对策进行了探讨。学者们主要从政府和企业的角度出发,提出了一系列提升中小制造企业绿色创新行为的措施(Weng and Lin,2011;Gronum et al.,2012)。Mahood(2005)肯定了政府支持对企业绿色创新的推动作用,尤其对于创新能力较弱的发展中国家来说,政府通过资源配置刺激企业开展创新活动,从而推动创新水平的提高。葛晓梅等(2005)提出加强政府管理的经济刺激手段,完善中小制造企业绿色技术创新融资机制,加快企业环境成本核算体系的建立,加强与科研机构、高等院校的合作创新,建立中小制造企业绿色技术创新服务支持系统。钱枫林和马晓茜(2010)指出,在建立排污交易市场的同时,地方政府要提供中小制造企业节能减排交流平台和提供节能减排技术方面的支持。吴利华等(2015)基于长江三角洲区域的313家中小制造企业的调查数据得出,企业间的合作关系对中小制造企业环境绩效与经济绩效产生显著影响,政府要促进企业间的合作。龚建立等(2002)指出,由于在环境配置上的"市场失效",政府必须从法律、法规、政策等方面对中小制造企业绿色创新给予鼓励和扶持。Lee(2008)在对韩国中小制造企业的研究中也表明,政府对绿色倡议的支持对企业参与绿色供应链的意愿有积极的影响。李伟铭等(2008)指出,政府技术创新相关政策经过企业投入、资源优化或组织激励的中介作用对企业创新绩效产生正向作用。郭庆(2007)认为命令与控制政策和环境专项治理环境规制是失效的,有效的中小制造企业环境规制政策应同时满足参与约束

和激励相容约束。Su-Yol Lee(2008)通过案例研究指出,构建支持性的买方—供应商关系,资源获取和能力开发中出现协同联系,能有效改善中小制造企业环境绩效。中小制造企业利用合作获取组织边界之外的资源与知识,通过与外部主体协作,获得持续创新的能力。龙文滨等(2017)研究发现,行业协会对环保的支持能够促进中小制造企业特别是重污染行业的中小制造企业改善环境表现。作为一项有效的非正式环保规制,行业协会的规制效应取决于具体规制手段和行业属性等。学者Chen和Liu(2020)从企业的角度提出了对策及建议,他们认为邀请顾客参与产品研发将有利于打造符合公众偏好的绿色产品,快速响应顾客的绿色需求、补偿顾客指出产品错误、奖励顾客的绿色信息共享等都是鼓励顾客参与的重要方式。Jun等(2021)通过对288家中小制造企业开展实证研究,发现组织及人力因素、市场及顾客因素、政府支持和技术因素能够显著提升中小制造企业绿色创新行为,他们从政府的角度提出了相应的管理启示,认为政府应提高对中小企业绿色创新的投资额度,解决其融资困难问题,同时要大力推广环保产品,增强市民对环保产品的认识和参与,引领大众对环境友好型商品的消费倾向。Ali等(2021)的研究表明,绿色智力资本作为重要的软资产,有助于推动中小制造企业绿色创新实践。他们建议企业应定期开展与绿色创新相关的研讨会,并鼓励员工将绿色创新知识与日常工作相融合。

此外,学者们还基于中小制造企业绿色创新行为的障碍因素,对中小制造企业绿色创新的实现路径进行探讨。Fahad等(2022)经过文献分析,归纳了技术障碍、管理障碍、经济障碍和市场障碍等25种绿色创新障碍,并基于这些障碍提出了15条驱动中小制造企业绿色创新实践的对策建议。Gupta和Mukesh(2018)采用定性和定量结合的方法,识别了7种主障碍和36种细分障碍,并为中小制造企业提供了20条实现绿色创新的可行路径。类似的,冯向前等(2020)基于中小型装备制造业企业实践,确定了中小制造企业绿色创新过程中主要面临的5个一级障碍和19个二级障碍,并针对性地提出了15条对策建议。陈力田等(2018)指出,多层制度压力下的企业绿色创新,基于利益考量和伦理导向的混合动因驱动远比单一条件驱动更加有效,并且企业在响应不同制度压力过程中存在动因的侧重点不同。Cui等(2019)在文献分析法和专家打分法的基础上,识别了16种引起绿色创新失败的关键要素,并针对以上要素为企业提出了对策建议,认为其应在经营发展的各个阶段密切关注企业自身的绿色创新决策与外部市场、政策的匹配度,以减少环境变化对绿色创新实践带来的冲击。谢雄标和孙静柯(2021)基于270份问卷调研数据进行实证研究,发现中小制造企业在绿色创新过程中面临的主要内部障碍是技术障碍,其次是资金障碍和管理及人力障碍;同时面临的主要外部障碍是市场障碍,其次是缺乏政府支持和不良的外部合作关系。为帮助中小制造企业克服以上绿色创新障碍,为政府提出推进绿色创新示范企业建设、制定技术保护措施、完善财政补贴、加强环保理念宣传、完善相关法律、提升绿色创新服务水平等政策建议。

部分学者从绩效角度思考中小制造企业绿色创新实现方式,主要集中于短期财务绩效和长期竞争优势两个方面。Tang等(2018)认为当企业更多考虑短期财务绩效和运营绩效,尤其是当财务回报不足时,企业更容易采用更加低水平和低强度的绿色产品创新。Fernando等(2019)从企业绿色创新的经济效益分析了企业需要具备的能力范畴。还有学者基于运营维度和产品维度对企业绿色创新绩效开展评价。Zhu等(2012)通过企业绿色创新环境绩效、运营绩效和经济绩效揭示了企业绿色创新实现形式。Triguero等(2013)提出声誉、品牌形象和利润率直接刺激企业开展绿色技术创新。Huang和Li(2017)从绿色产品和绿色流程两个方面验证了企业绿色创新环境和组织绩效的正向影响。张玉明等(2021)以2012—2018年中国沪深两市重污染上市企业为样本,实证研究结果表明,财务绩效对绿色创新的影响仅集中在短期内。郭莉和程田源(2022)用绩效期望差距解释了同群效应对企业绿色创新的促进机理,具体而言,对于绩优企业而言,同群企业的绿色创新行为会缩小领先企业与同行业平均绩效的差距,也就是削弱企业领先优势,企业会选择实施绿色创新,期望能够保持遥遥领先。当同群企业的绿色创新不活跃时,绩效期望顺差较大,领先企业处于明显的优势地位,反而抑制了其创新行为。

四、总结与述评

在我国经济由高速增长向高质量发展的背景下,如何提升中小制造企业绿色创新行为成为学术界关注的焦点。

一方面,根据文献研究可知,现有中小制造企业绿色创新行为研究,主要集中在中小制造企业绿色创新行为特征、影响因素及促进对策等方面。

影响因素主要从内部和外部进行研究,也有部分学者对某一具体的绿色创新影响因素进行深度研究。从内部角度来看,主要影响因素包括:缺乏可用性资源、缺乏管理者认知及支持、知识吸收能力薄弱等。基于中小制造企业资源能力的有限性,中小制造企业是否主动开展绿色创新主要看外部因素能否给中小制造企业足够的动力和支持。从外部角度来看,结合制度理论和利益相关者理论分析,主要影响因素包括:强调外部环境对企业组织行为的影响、政府环境监管、支持政策、利益相关者的绿色需求、供应网络中的合作及伙伴关系等。也有部分学者研究相关利益主体支持对中小制造企业绿色创新的促进作用,例如,政府可以通过提供财政激励、技术资源、试点项目和税收减免等政策来推进绿色技术创新,从而促进中小制造企业进行绿色创新;金融机构可以通过融资等给中小制造企业提供良好的金融环境。但是现有关于中小制造企业绿色创新的研究多集中于外部支持主体对中小制造企业绿色创新的支持上,缺少对利益相关主体间复杂的交互关系机制研究,使得现有中小制造企业绿色转型发展的措施不系统,成效不显著。

另一方面,随着合作共赢理念的发展,中小制造企业与外部组织合作越来越频繁。因此,关于外部网络如何促进中小制造企业绿色创新行为的研究也越来越多。但现有研究多集中于外部支持主体在资源、能力上为中小制造企业绿色创新行为提供的帮助,且大多研究针对的是外部网络中单一支持主体对中小制造企业绿色创新的影响,涉及多元主体的研究不多,缺少对外部网络中支持主体间协同作用的研究。对外部多元主体形成的协同网络在中小制造企业绿色创新行为变动中的影响机制研究不足。缺少对外部网络与中小制造企业绿色创新间关系的研究,使得中小制造企业绿色转型发展中外部支持措施不系统,成效不显著。

综上所述,本书基于中国中小制造企业绿色创新行为的考察,运用社会网络理论、企业战略行为理论、新制度主义理论和协同治理等理论,开展协同网络视角下中小制造企业绿色创新支持的研究,具有重大的理论意义和现实意义。中小制造企业绿色创新行为的关键外部影响因素是什么?社会网络情景下中小制造企业绿色创新行为将怎样演化?外部协同网络对中小制造企业绿色创新行为的作用机制和边界条件是什么?怎样形成对中小制造企业绿色创新的协同支持体系?为推动中小制造企业绿色创新转型发展应该设计怎样的环保政策及创新政策？这些都是要深入研究的问题。本书的研究能够在一定程度上弥补现有文献研究的不足，有助于区域绿色创新体系建设和中小制造企业绿色转型实践。

第三节 研究目标及研究内容

一、研究目标

1. 识别影响中小制造企业绿色创新的关键外部因素

通过文献研究，梳理出中小制造企业绿色创新的外部影响因素，并基于 Fuzzy DEMATEL 方法对中小制造企业绿色创新外部因素进行系统分析，确定影响中小制造企业绿色创新行为的关键外部因素。

2. 探究网络条件下中小制造企业绿色创新行为演化模型

根据文献分析探讨了影响中小制造企业创新意愿的四类主要因素，构建了基于前景理论的中小制造企业创新意愿演化博弈模型并进行仿真，通过改变参考点和相关变量，描述了中小制造企业在面对不同参考点时，绿色创新意愿与参考点之间的内在联系。

3. 探究外部协同网络对中小制造企业绿色创新行为的作用机制

通过对外部协同网络如何影响中小制造企业绿色创新行为进行理论研究，在此基础上进行实证检验，从而得出外部协同网络对中小制造企业绿色创新行为的内在作用机制，为构建中小制造企业绿色创新外部协同网络提供理论依据。

4. 探究创新平台关系治理对中小制造企业绿色创新行为的作用机制

构建创新平台关系治理、协同创新氛围、风险感知与中小制造企业绿色创新行为之间的概念模型。基于浙江省 270 家中小制造企业的调查数据开展层次回归分析，为创新网络治理的理论研究提供了新思路，为驱动创新网络条件下中小制造企业绿色创新提供了新路径。

5. 构建中小制造企业绿色创新外部协同网络

根据前文的理论研究，参考中小制造企业绿色转型协同支持的国内外实践,提出中小制造企业绿色创新外部协同网络的设计思路及方法,得出中小制造企业绿色创新外部协同网络的构建路径,为中小制造企业绿色创新外部协同网络的构建与运行提出对应的政策建议。

二、研究内容

本书对影响中小制造企业绿色创新的关键外部因素进行了系统性分析,剖析了网络条件下的中小制造企业绿色创新行为决策机制,探究了协同支持网络对中小制造企业绿色创新行为的影响机制,同时提出中小制造企业绿色转型协同支持体系的相关建议。研究的具体内容如图1-1所示。

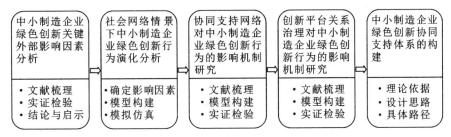

图1-1　研究内容之间的逻辑关系

1. 中小制造企业绿色创新关键外部影响因素分析

影响中小制造企业绿色创新的关键外部因素是什么?这是首先要解决的问题。第三章通过定性与定量相结合的方法识别影响中小制造企业绿色创新行为的外部因素,并运用Fuzzy DEMATEL方法进行实证分析,最终得出中小制造企业绿色创新的关键外部影响因素。

(1)从中小制造企业绿色创新特征出发,基于战略管理环境学派和利益相关者理论,从宏观和微观两个层面归纳出12种影响中小制造企业绿色创新行为的外部因素。

(2)设计关于中小制造企业绿色创新外部影响因素关联程度的问卷调查表,运用Fuzzy DEMATEL方法计算综合影响矩阵并绘制因果图,最终得出4种影响中小制造企业绿色创新的关键外部因素。

(3)基于影响中小制造企业绿色创新的关键外部因素提出促进中小制造企业绿色创新的政策措施及建议。

2. 社会网络情景下中小制造企业绿色创新行为演化分析

不同情景和因素变化下中小制造企业绿色创新行为演化特征是什么？这是当前中小制造企业绿色战略行为研究的重要问题。第四章基于前景理论构建网络条件下中小制造企业绿色创新行为演化模型，通过改变参考点和相关变量，描述了中小制造企业在面对不同参考点时，绿色创新意愿与参考点之间的内在联系。

（1）分析基于前景理论的网络条件下中小制造企业绿色创新行为主要影响因素及相应策略。

（2）构建中小制造企业创新意愿仿真模型。

（3）模拟仿真。

3. 外部协同网络对中小制造企业绿色创新行为的影响机制

外部协同网络与中小制造企业绿色创新行为之间有怎样的联系？这又是一个核心的理论问题。第五章采用理论研究和实证研究相结合的方式，提出外部协同网络、管理者认知、合作能力与中小制造企业绿色创新行为之间的关系模型和研究假设，并对研究假设进行实证检验。

（1）通过文献梳理，首先对管理者认知及合作能力的内涵、发展及运用进行梳理。

（2）构建外部协同网络、管理者认知、合作能力与中小制造企业绿色创新行为关系的理论模型。

（3）在前人研究的基础上，分别构建外部协同网络、管理者认知、合作能力与中小制造企业绿色创新行为的测量题项。

（4）向浙江省中小制造企业发放调查问卷，进行描述性统计分析、共同方法偏差检验及信效度检验。

（5）对外部协同网络与中小制造企业绿色创新行为的主效应、管理者认知的中介效应和合作能力的调节效应进行实证检验。

4. 创新平台关系治理对中小制造企业绿色创新行为的影响机制

在中国经济转型过程中，中小制造企业借助创新网络开展绿色创新存在高失败率，如何通过关系治理推动绿色创新顺利实施，成为亟须解决的问题。第六章采用理论研究和实证研究相结合的方式，提出创新平台关系治理、协同创新氛围、风险感知与中小制造企业绿色创新行为之间的关系模型和研究假设,并对研究假设进行实证检验。

(1)通过文献梳理,首先对创新网络关系治理及创新平台关系治理的相关文献进行分析。

(2)构建创新平台关系治理、协同创新氛围、风险感知与中小制造企业绿色创新行为关系的理论模型。

(3)在前人研究的基础上,分别构建创新平台关系治理、协同创新氛围、风险感知与中小制造企业绿色创新行为之间的测量题项。

(4)向浙江省中小制造企业发放调查问卷,进行描述性统计分析、共同方法偏差检验及信效度检验。

(5)对创新平台关系治理与中小制造企业绿色创新行为的主效应、协同创新氛围及风险感知的链式中介效应进行实证检验。

5. 中小制造企业绿色创新协同支持体系构建的实现路径及政策建议

在前面论证了协同支持对中小制造企业绿色创新的重要性及内在机理的基础上,第七章基于系统理论、协同治理理论,对中小制造企业绿色创新协同支持体系进行系统设计,并提出促进中小制造企业绿色创新行为的政策建议。

第四节 研究方法及技术路线

一、研究方法

(1)文献回顾法。通过阅读大量国内外协同学、协同治理、协同创新、企业战略行为、中小制造企业绿色创新行为影响因素及作用等方面的相关文献,了解和借鉴这些领域的基本理论、科学研究思路和研究方法及最新研究成果,为本书提供理论基础。

(2)问卷调查法。与客观数据相比,问卷量表测量能够更准确、更直观地刻画研究变量,并且具有易操作、概括全面的优点,因此,本书使用问卷调查法收集数据。第三章的问卷调查的主要对象为中小制造企业的中高层管理者以及在中小制造企业绿色创新研究领域做学术研究的专家或学者,第五章和第六章的问卷调查对象主要为对企业绿色发展战略比较清楚,可较好地反映企业状况的浙江省中小制造企业中高层管理者。

(3)定量分析法。基于 Fuzzy DEMATEL 方法识别影响中小制造企业绿色创新的关键外部因素,运用演化博弈构建中小制造企业绿色创新仿真模型,进行中小制造企业绿色创新行为演化过程及机制分析。收集问卷后,运用 SPSS 22.0 统计分析软件,综合利用描述性统计分析和变量之间相互关系的统计方法,确定测量层面因素并检验数据的信度和效度,并依托路径分析,使用 AMOS 22.0 软件来对本书的模型和假设进行验证。

(4)规范分析法。根据文献研究进行关键问题的提炼;根据文献研究提出外部协同支持对中小制造企业绿色创新行为影响的假设;根据专家诊断提出中小制造企业绿色行为变动机制及支持体系的构建,实现路径及制度需求。

二、技术路线

通过对中小制造企业面临的经营环境问题进行分析,笔者认为进行绿色创新是中小制造企业经营发展中的必然选择。本书总体上采用规范的管理学研究方法,即"理论研究+模型构建+实证检验"的模式,应用社会网络理论、企业战略行为理论、新制度主义理论和协同治理等理论开展研究。本书首先通过 Fuzzy DEMATEL 定量分析方法确定影响中小制造企业绿色创新的关键外部因素。其后运用演化博弈构建绿色创新仿真模型,剖析网络条件下的中小制造企业绿色创新行为决策机制。再通过大样本实证探索外部协同网络对中小制造企业绿色创新行为的影响机制及边界条件,从而构建中小制造企业绿色创新外部协同网络,更好地促进中小制造企业绿色转型。紧接着探究创新平台关系治理对中小制造企业绿色创新行为的影响机制,为驱动创新网络条件下中小制造企业绿色创新提供路径指导。最后在以上分析的基础上构建中小制造企业绿色创新协同支持体系。因此,本书拟采取的技术路线如图 1-2 所示。

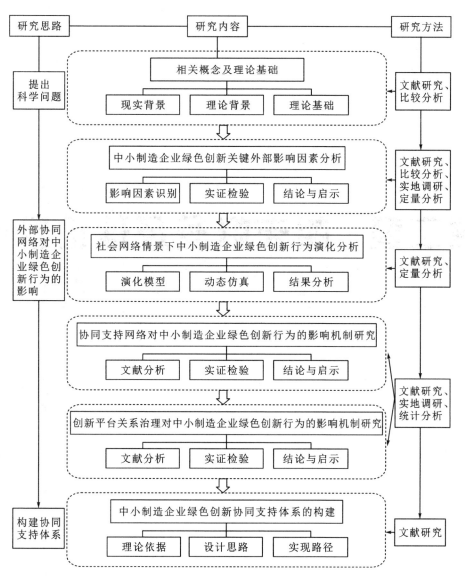

图 1-2 本书的技术路线图

第二章 相关概念及理论基础

基于协同网络视角下中小制造企业绿色创新支持研究中的理论需要，本章分别阐述了中小制造企业、绿色创新、外部协同网络和管理者认知的起源、内涵、特征等相关研究，并综述了社会网络理论的发展、内涵、研究层次和研究分支（强弱关系理论、结构洞理论、社会资本理论和嵌入性理论）；企业战略行为理论的起源与发展、内涵和驱动因素（完全理性因素和有限理性因素）；新旧制度主义的区别、新制度主义理论的三大流派（历史制度主义、理性选择制度主义和社会学制度主义）；利益相关者理论的起源与发展、界定与分类。

第一节 相关概念

一、中小制造企业

中小制造企业属于典型的组合概念，其中，"中小"是其规模属性，"制造"是其行业属性，"企业"是其经济属性。从规模上来看，我国企业主要包括大型企业、中型企业和小微型企业，中小制造企业归属于中小企业领域；从行业上来看，我国工业包括对自然资源的开采、对农副产品的加工和再加工、对采掘品的加工和再加工以及对工业品的修理、翻新的物质生产部门，中小制造企业归属于工业制造业范畴。三者之间的关系如图 2-1 所示。

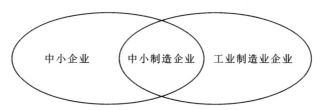

图 2-1 中小制造企业的规模和行业范畴界定示意图

"制造业"这一概念最早可追溯到 1803 年萨伊在《政治经济学概论》中的阐释，即"当这类劳动用于分割、组合或改造天然产物并使其满足我们的各种需要时，我们称其为制造业（Manufacturing Industry）"。制造业是指遵照市场需求，将已获得的生产资料，如资金、设备、技术、物料等，经过制造过程加工为可供市场使用和利用的制成品或最终产品的行业总称。制造业是一个国家现代化过程中的物质基础，是衡量一个国家综合国力的重要标志。制造企业是制造业在市场中开展生产和交易活动的重要载体，它是满足社会需要并以能够盈利为目的，通过规模性生产经营活动和劳务活动等主营业务，实现自主经营、自负盈亏、独立核算并且有法人资格的经济组织。

另外，制造企业的分类与制造业的系统性行业分类紧密相关。根据《国际标准行业分类(修订本第4版)》，制造业共涵盖22个行业门类，占总行业分类比重25%。《北美行业分类系统》将所有产业分为33个门类，而与制造业相关的行业门类高达16个。尽管我国采用的国民经济行业分类(GB系列)与国际产业分类标准(ISIC)有诸多不同，但在参考国际产业分类标准的基础上，我国《国民经济行业分类(GB/T 4754—2017)》和中国证监会《上市公司行业分类指引(2012版)》均指出，采用两位代码13-43覆盖了制造业共31个行业门类，包括农副食品加工业，食品制造业，酒、饮料和精制茶制造业，烟草制品业，纺织业，纺织服装、服饰业，皮革、毛皮、羽毛及其制品和制鞋业，木材加工和木、竹、藤、棕、草制品业，家具制造业，造纸和纸制品业，印刷和记录媒介复制业，文教、工美、体育和娱乐用品制造业，石油、煤炭及其他燃料加工业，化学原料和化学制品制造业，医药制造业，化学纤维制造业，胶和塑料制品业，非金属矿物制品业，黑色金属冶炼和压延加工业，有色金属冶炼和压延加工业等制造业。(见表2-1)

表 2-1 制造业细分行业类别

序号	类别	序号	类别
1	农副食品加工业	9	家具制造业
2	食品制造业	10	造纸和纸制品业
3	酒、饮料和精制茶制造业	11	印刷和记录媒介复制业
4	烟草制品业	12	文教、工美、体育和娱乐用品制造业
5	纺织业	13	石油、煤炭及其他燃料加工业
6	纺织服装、服饰业	14	化学原料和化学制品制造业
7	皮革、毛皮、羽毛及其制品和制鞋业	15	医药制造业
8	木材加工和木、竹、藤、棕、草制品业	16	化学纤维制造业

续表

序号	类别	序号	类别
17	胶和塑料制品业	25	铁路、船舶、航空航天和其他运输设备制造业
18	非金属矿物制品业	26	电气机械和器材制造业
19	黑色金属冶炼和压延加工业	27	计算机、通信和其他电子设备制造业
20	有色金属冶炼和压延加工业	28	仪器仪表制造业
21	金属制品业	29	其他制造业
22	通用设备制造业	30	废弃资源综合利用业
23	专用设备制造业	31	金属制品、机械和设备修理业
24	汽车制造业		

资料来源:《国民经济行业分类2017》,国家统计局官网。

在经济发展的不同阶段,不同国家对不同行业中小企业的划分标准均进行了动态调整。一般而言,各国界定中小企业主要从质和量两个维度考虑,质维度的指标主要包括企业组织形式、融资方式和行业地位等,量维度的指标主要包括员工人数、实收资本和企业资产总值等(毛文静,2000)。例如,2001年出台的《美国小企业法》中对中小企业的界定标准为"雇员人数不超过500人";英国、欧盟等在采取量的指标的同时,也以质的指标作为辅助指标,如市场份额较小、所有者亲自管理和企业独立经营等。

《关于印发中小企业划型标准规定的通知》(工信部联企业〔2011〕300号)文件中将我国的中小企业划分为中型、小型和微型三种类型,划分标准根据企业的从业人员、营业收入、资产总额等定量指标并结合行业特点进行划分。表2-2给出了我国中小工业企业的具体划型标准。其中,中型和小型企业须同时满足从业人员和营业收入所列指标的下限,否则下划一档,即从业人员大于等于300且小于1000,企业营业收入大于等于2000且小于40000的企业属于中型企业;从业人员大于等于20且小于300,企业营业收入大于等于300且小于2000的企业属于小型企业。微型企业只需满足所列指标中的一项即可,即从业人员小于20或营业收入小于300的企业属于微型企业。本书中研究对象的选择及其有关数据的收集和处理均限定在我国中小工业企业划型标准内的制造业企业。

表 2-2　我国中小工业企业具体划型标准

行业名称	指标名称	计量单位	微型	小型	中型
工业	从业人员（X）	人	X<20	20≤X<300	300≤X<1000
	营业收入（Y）	万元	Y<300	300≤Y<2000	2000≤Y<40000

资料来源：由《中小企业划型标准规定》（工信部联企业〔2011〕300号）中摘选。

与大企业相比，中小企业具有自身独特的优劣势，具体而言，中小企业存在融资困难的障碍，难以吸引资金，尤其是风险资金，难以从外部获得迅速增长所必需的资金。进一步地，资金瓶颈导致企业研发投入和技术设备投入不足、教育与培训不完善，内部研发资源和能力有限（Hausman，2005），缺乏足够的技术能力，对外部资源依赖性强。在经营方面，家族化的产权约束条件使中小企业不愿意委托权威或他人决策、过分沉溺于运作层次的决策（Sethi et al.，2001）。另一方面，中小企业受制度环境的制约，没有能力通过影响市场的需求来获得市场份额（朱莺，2004），往往不能抓住需要大规模生产的市场机会，且没有提供一体化的产品或生产系统的能力。然而，正是由于这些缺点的存在，使中小企业拥有很多大企业不具备的优点。在管理方面，中小企业几乎不存在官僚作风（Sivades and Dwyer，2000），所以具有良好的内部沟通能力；中小企业灵活、专注、执着，有较强的运作技能与客户知识，所以能敏捷地创造联盟进而利用外部网络的能力，并且对变化的市场反应迅速。中小企业更容易产生紧迫性、能更快适应变化、更灵活、更愿意冒险、充满着能量与创意，所以中小企业更具创新活力且创新成本较低。不仅如此，中小企业还在产生不连续创新的破坏性技术的商业化方面具有优势（Kassicieh et al.，2002）。中小企业与大型企业的区别见表 2-3。

表 2-3　中小企业与大型企业的区别

内容	中小企业	大型企业
营销	对变化的市场反应迅速	有综合的批发和服务设施；对现有产品的营销能力强
管理	较少的官僚作风；企业家擅于快速利用机会	管理者能控制复杂的机构并实现公司战略；可能产生官僚主义；通常不愿冒险，在新机会面前缺乏活力

续表

内容	中小企业	大型企业
内部交流	有效的非正式内部沟通网络，迅速解决内部问题；有能力为适应外部环境变化而迅速对企业进行重新组织	内部交流不够通畅；对外部机遇或威胁反应迟钝
技术力量	通常缺乏专业技术人员；通常不能支持一定规模的正式研发活动	能吸引高质量的专业技术人员；能支持建立大规模的研发实验室
外部交流	通常缺乏时间和资源来研究如何利用外部的科技资源	能利用外部科技资源；提供图书和信息服务；能把研发活动转包给专业研究中心；能购买关键技术信息
金融支持	难于吸引资金，尤其是风险资金；创新风险大，缺乏上市能力	具有借贷和上市能力；有能力支持多元化以开发新技术、开拓新市场
经济规模	在某些领域，经济规模是小企业的进入障碍；没有提供一体化的产品或生产系统的能力	具有在研发、生产和销售中实现规模经济的能力；能提供一系列补充产品；有投资大项目的能力
增长	难以从外部获得迅速增长所必需的资金；管理者有时不会处理复杂的组织问题	具有扩大生产的融资能力；能够通过多元化和兼并来获得增长
专利	常常在处理专利问题上存在困难，不能花时间或经费来从事专利诉讼	能聘请专利专家；能通过专利诉讼保护专利免于侵权
政策法规	通常不能处理复杂法规；依照法规行事单位费用一般较高	有能力投资法律部门来处理复杂的法规要求；有能力分担法规费用；能够资助研究如何按法规行事的研究费用

资料来源：Rothwell R. Innovation and firm size[J]. Journal of general management, 1984,8(3)。

正是由于中小型企业与大型企业在营销、管理、内部交流、技术力量、外部交流等方面的差异,使得中小制造企业在绿色创新方面和大型企业也存在明显差异。由于缺乏市场竞争力,在面对市场动荡时,中小制造企业往往会比大型企业遭受更大的影响。此外,中小制造企业的绿色创新能力依赖于其所在区域是否处于一个鼓励与激发合作创新的网络环境中。相比于大型企业,中小制造企业绿色创新主要内部障碍是技术障碍,其次是资金障碍和管理及人力障碍,同时面临的主要外部障碍是市场障碍,其次是缺乏政府支持和不良的外部合作关系(谢雄标和孙静柯,2021)。绿色创新领域发挥自主自觉的主体作用,需要一系列的制度安排和政策设计。这包括建立公平的市场竞争秩序、规范的风险投资制度、有效的产学研合作机制、鼓励容忍失败的文化氛围,以及社会支持提供者如基金会和非营利组织所提供的支持,这些都需要社会各界协同创新才能实现(Diego et al.,2017)。

二、绿色创新

1. 绿色创新的起源

进入 21 世纪,社会各界对于环境保护的呼吁日益强烈,对环境造成负面影响的企业活动受到限制,因此,企业不得不采取相应手段以满足日益严格的环境要求。随着环境规制的不断增强和低碳观念的逐渐普及,绿色创新已经成为国内外学者关注的热点问题。绿色创新被视为一种积极的环境战略,是企业试图以绿色创新手段实现可持续发展而做出的战略选择(Eiadat,2008;Tomomi,2010)。然而,在已有研究中,"环境创新""生态创新""可持续创新"和"绿色创新"之间存在一定程度的混淆,因此,在对绿色创新的内涵进行阐述之前,为避免概念混淆,本书将对所使用的"绿色创新""环境创新""生态创新"和"可持续创新"的概念进行辨析。

基于环境科学视角的研究主要使用环境创新这一概念。Oltra 和 Jean 指出,环境创新是能够对环境持续产生价值的新的或改进的工艺流程、创新系统等(Oltra and Jean,2009)。基于生态学视角的研究更多使用生态创新的概念。OECD(2008)将生态创新定义为"与相关的替代方案相比,创造或改进产品的生产、营销、组织和体制安排(不管是否有意识)等能够减少环境危害"的创新,目前这一定义被学者们广泛引用。Schiederig 等(2012)将可持续创新定义为"可以促进可持续绩效的创新,这些绩效包括生态、经济和社会标准"。Chen(2008)认为,绿色创新主要是指企业为实现经济效益和环境效益双赢的可持续发展目标。

在对以上概念进行区分的基础上,学者们认为它们四者的主要区别在于研究的侧重点不同以及语义的细微差别,例如"环境"通常用于区别某一中心事物,不同的环境表现为不同的状态;"生态"侧重表现生物与生物、环境间的密切关联;"可持续"强调创新的可持续发展导向。相比之下,"绿色"一词更能体现创新的目的和意义,即通过环境和资源效率的提升来达成经济效益和环境效益的双赢(Horbach,2008;Tarnawska,2013)。此外,"绿色创新"概念近年来在管理学领域得到广泛使用,在处理企业面对资源环境的问题上具有更加丰富的内涵(Schiederig et al.,2012),所以,本书采用"绿色创新"这一表述。

绿色创新的研究历程详见表2-4。绿色创新的研究最早始于20世纪60年代,西方发达国家快速经济发展引起的环境污染问题使得经济学界和生态学界开始关注如何从"治理"环境污染向"防止"环境污染的思考转变,其主要特征也从"去除污染与资源化"逐渐演变至"源头削减",从而拉开了对绿色创新讨论的一系列研究。总的来说,绿色创新研究与环境保护活动密切相关。参与研究的国家主要是以美国为代表的发达国家,研究动机主要源于现代工业的高速发展所导致的环境污染问题,这引起了广泛的社会关注。因此人们不得不从绿色创新的角度来反思造成这一问题的原因以及解决这一问题的技术途径。

表2-4 绿色创新的研究历程

名称	年代	主要特征
末端技术	20世纪60年代	去除污染与资源化
无废工艺	20世纪70年代末	资源合理利用
废弃物最少化技术	20世纪80年代中期	零排放
清洁生产技术	20世纪80年代末	节能降耗与减排
污染预防技术	20世纪90年代至今	源头削减

资料来源:作者根据论文整理。

2. 绿色创新的内涵

随着全世界范围内对绿色发展问题的持续关注,国内外理论界对绿色创新的内涵也不断发生变化。截至目前,绿色创新尚无完全清晰且被广泛接受的定义。

绿色创新的概念最早出现在 Fussler 和 James(1996)的专著《驱动绿色创新》中,绿色创新是指那些能为消费者和企业提供价值,同时大大降低对环境影响的新产品和新工艺。国内学者杨庆义(2003)提出,绿色创新是指创新活动中创新设计、创新过程、创新目标和创新成果的绿色化。Beise 和 Rennings(2005)认为绿色创新是企业为了避免和降低环境损害,采用新的或改良的流程、技术、实践、系统和产品。Chen 等(2006)指出,企业绿色创新是指与绿色工艺或产品相关的技术创新,包括节约能源、污染防治、废物利用等类型的软件或硬件创新。Andersen(2008)以及 Foxon 和 Andersen(2009)认为绿色创新是能够在市场上增加绿色收入、减少环境影响的同时,为组织创造价值。它可以是在市场、产品和服务过程中创造的新空间,也可以是由社会、环境或可持续性问题主导的解决问题的过程。Carrillo-Hermosilla 等(2009)认为绿色创新是一个系统、技术或社会变革的过程,包括了某种理念的发明及其在环境改善实践中的应用。Reid 和 Miedzinski(2008)提出一个更详细的定义,认为绿色创新是在满足人类需求时,为了使用最少的自然资源和产生最少的有害物质,从而创造新的产品或改善流程、系统、服务和程序设计。刘薇(2012)将绿色创新归纳为三种创新,即绿色技术创新、绿色制度创新和绿色文化创新,同时认为三者之中绿色技术创新是核心和主要部分,制度和文化为绿色创新提供必要的支持和引导。国内学者张钢和张小军(2013)在归纳前人研究的基础上指出,绿色创新是指以实现经济、社会和环境协调发展为目标,采用创新理念和技术,降低对生态环境的破坏和污染,提高资源利用率,以此推动经济增长和可持续发展的创新活动。针对绿色创新的双重外部性、绿色创新结果的界定和度量、绿色创新的自觉性三个方面的争议,李旭(2015)基于动机—过程—结果的框架将绿色创新分为三类,一类为资源节约型绿色创新,此类创新除了提高效率和增加收益外,还因提高效率节约大量的资源;二类为环境友好型绿色创新,此类创新强调减少环境成本即环境负外部性所进行的创新;三类为混合型绿色创新,即波特假说所指的既可以减少环境负面影响也可以提升企业竞争优势的创新。杨静等(2015)提出绿色创新是企业在生产经营过程中利用新技术方法、新流程及组织结构产生正面环境效益,同时提升企业经济效益和降低环境成本的创新活动。Rennings等(2016)则认为绿色创新是指那些为了避免或减少环境污染,最终有益于环境效益和可持续发展的新工艺、技术、实践、系统和产品等形式的创新。虽然学者们对绿色创新概念的界定各有千秋,但是减少环境影响与追求可持续发展的方向是一致的(Diego et al.,2017)。绿色创新的实践不仅仅是采用低碳技术,还包括创造和使用新知识,以及对价值、规则和能力的改变。

立足上述概念辨析,本研究主要从中小制造企业的微观层面出发解析绿色创新,关注企业基于"趋利"和"责任"组合导向下主动关切环境污染,进而整合、学习和吸收内外资源和能力,通过对其生产经营的技术工艺、组织流程、产品制造展开不同程度的积极的绿色创新活动。

3. 绿色创新的特征

与传统创新相比,绿色创新需要遵循生态规律,并以资源节约、消除浪费和污染为基础,以不断改进和创新为动力,以经济、环境和社会可持续发展为目标(李敏,2018)。本书将绿色创新的特征归纳如下:

(1)研究领域的多样性及价值观的公共性。由于环境恶化逐渐成为人类社会发展所面临的共同问题,因此绿色创新不仅仅是单纯的个体、企业或行业的问题,而是关乎全球发展的公共性问题。具体而言,学术界关于绿色创新问题的公共性研究主要体现在以下两方面:一是研究领域的多样性。学者们从化工(Cai and Ye,2021;Yang et al.,2022)、建筑(邢丽云和俞会新,2018;赵艳玲等,2022)、汽车(Albort-Morant et al.,2016;Wang et al.,2021)、金属(Amores-Salvadó et al.,2014)、农林渔业(Beltrán-Esteve and Picazo-Tadeo,2015;Cagliano et al.,2016;郭昕和李玉红,2022)、煤炭(张意翔等,2022)等领域研究了绿色创新的重要作用。二是体现价值观公共性的研究。绿色创新体现了一种战略性的企业社会责任感和价值观,强调了绿色创新与传统创新的区别在于企业创新活动对环境的影响,体现人与自然之间的和谐相处(Chuang and Huang,2016;Lee and Tang,2017)。

(2)内容的多样性。绿色创新是紧贴时代变迁的创新活动,顺应了新经济时代由"增长"到"发展"的变化,其内容具有多样性。Chen(2011)对绿色创新的定义具有较高的引用率,他从内容导向视角出发,指出绿色创新是在绿色产品或绿色生产过程中表现出的,包含节约能源、防治污染、设计绿色产品、循环利用废弃物和改进环境管理技术等内容。从单个企业视角来看,现有对绿色创新的研究包括从技术层面进行的绿色产品创新(包括绿色产品设计、绿色材料、绿色包装等)(Amores-Salvadó et al.,2014;毛蕴诗和王婧,2019;李勃,2020)、绿色工艺创新(包括绿色工艺、绿色设备、绿色回收处理等)(Burki and Dahlstrom,2017;雷星晖等,2021;金昕等,2022),也包括绿色管理(机构变更、建立环境评估与管理系统等)(叶红等,2015)和服务(如低能耗服务)等(孙建鑫等,2022)非技术性创新(Lin and Ho,2008;Antonioli et al.,2013)。组织双元理论在绿色创新领域得到运用后,绿色创新又可分为利用性绿色创新和探索性绿色创新。前者强调利用现存的环境知识和技术来改进绿色产品和绿色流程以满足现在市场和消费者的需求,后者是指发现和使用新的环境信息、知识和技术开发新的绿色产品和绿色流程,以满足潜在的市场和消费者的需求(Wang et al.,2020;Sun and Sun,2021)。

(3)过程的复杂性。绿色创新将生态学思想全面引入技术创新活动中,强调通过运用新技术、新工艺提高资源利用效率并减少环境污染,具有过程的复杂性。绿色创新是一个复杂的过程(Weng and Lin,2011;田红娜和毕克新,2012),具体体现在两方面:一是对于产品而言,绿色创新不应该只体现在设计和生产环节,而应该在整个产品生命周期中都考虑对环境的影响(Hart,1997;Amores-Salvadó et al.,2014)。二是绿色创新过程涉及包括政府、服务提供商、供应链企业等众多参与者(Bar,2015;Hojnik and Ruzzier,2016a),如何协调各方关系,并进行有效合作也是绿色创新过程复杂性的体现(Hall and Clark,2003;Baldassarre et al.,2017)。

(4)结果的外部性。Rennings(2000)认为,在生产与扩散两个层面上,企业的绿色创新结果都可以产生正面的溢出效果。生产阶段的溢出效应与一般创新相同,即生产阶段的正外部性是指企业在进行绿色创新的同时,其创新成果不仅可以由企业自身享有,同时其他企业和个人也可通过学习和模仿享受企业所带来的创新成果,这一正外部性使得其他企业也获益。扩散阶段的外部性是绿色创新所特有的特征,由于一般意义上的创新具备了新颖性而忽略了减少资源消耗和环境保护,虽然对企业自身来说实现了创新,但社会和他人却承担了企业一般创新所带来的环境后果。环境效益被认为是绿色创新区别于一般创新的一个重要特征(Cuerva et al.,2014),除了创新活动本身所带来的溢出效应(如技术溢出和知识外部性),还包括外部环境成本带来的外部性,即绿色创新的结果具有双重外部性(卞晨等,2021;苏媛和李广培,2021)。也就是说,基于"三重底线"(满足环境—经济—社会绩效)的原则,绿色创新的结果不仅对企业绩效产生影响,而且会减少对环境带来的负面作用(减少负外部性),并且给社会带来正向影响,使他人和社会受益(正外部性)(Niesten et al.,2017;杨柳勇和张泽野,2021)。

4. 绿色创新的测量

现阶段无论是实业界对企业绿色创新实施与发展的关注还是学术界对绿色创新的研究都尚处于探索和发展阶段,因此,还难以从资源分配以及组织架构等方面对绿色创新进行系统的测量,现有研究更多的是从侧面对企业在绿色环保方面的行为与倾向对绿色创新进行刻画(张钢和张小军,2013)。根据现有文献,绿色创新的测量包含量表测量法、指标测量法、绿色专利衡量法以及其他测量等方法。

(1)量表测量法。Chan(2005)在Sharma和Vredenburg(1998)测量企业环境战略的量表的基础上,得出7个绿色创新测量题项,旨在衡量企业在多大程度上采用了绿色创新。具体包含企业对不可再生材料的采购、能源消耗、废物与污染物排放、使用清洁能源等方面做出的努力。Eiadat等(2008)的研究提出了一个4题项量表来衡量环境创新战略,该量表从4个具体的领域衡量了环境创新战略,即对危险及有毒的废物进行了销毁或控制;由于资本和技术投资,公司的环境绩效发生了根本性的变化;启动了新形式的环境管理以实现可持续发展(如ISO14000);在防治空气污染和/或水污染方面做出了努力和变化。Yu等(2017)的研究采用了5个题项对环境创新战略进行测量,具体为:企业制定了节能、循环利用或减少废物的年度目标;企业有一个明确的环境使命来指导环境决策;企业有一个清晰的环境管理(信息)系统来收集有关环境影响的数据;企业有一个职责明确的环境经理和/或一个独立的环境部门/团队;企业定期为员工提供培训,以提高他们保护环境的意识。Pacheco等人(2018)使用以下五个方面来评估绿色创新:采用环境友好型原材料、降低资源和能源消耗、关注产品的环保性能、减少生产制造过程中的有害物质排放、采用清洁技术处理和回收废弃物。

Wijethilake 等(2018)通过5个题项对环境创新战略进行测量,即如果新的可持续发展理念不起作用,人们就会受到惩罚(反向相关);可持续性创新在项目管理中很容易被接受;可持续性技术创新(研究成果)很容易被接受;可持续性创新因为风险太大而受到抵制(反向相关);在管理方面积极寻求可持续性创新和想法。

(2)指标测量法。杨静等(2015)借鉴了企业可持续发展战略的定量方法,基于三重底线理论,设置了包含经济、环境、社会3个方面的14项具体指标,用于企业绿色行为的测量。其中,经济指标包含对绿色活动的经济成本与投入;环境指标包含企业生产经营中需要履行的有关环境的责任与义务,以及企业所受环境规制约束的严厉程度,此外,还包含企业环境认证体系制度建立的完善程度以及企业对污染排放物的处理等方面;社会指标衡量了企业对社会、对利益相关者和对员工职业健康安全等行为的关注。最终,通过计算指标的加权平均数对企业绿色创新的实施程度进行赋值,构造一个反映企业绿色创新的连续变量。Lin 等(2020)的研究主要通过 CSR Hub 数据库中的数据对企业绿色创新进行测量。该研究选择3个子类别,即能源和气候变化子类,环境政策和报告子类以及资源管理子类,通过计算企业在这3个子类别上的平均得分衡量企业的绿色创新实施情况。其中,能源和气候变化子类衡量企业利用适当的节能操作、战略和政策,开发更好的可再生能源和具有替代性的环境技术以应对气候变化的有效程度;环境政策和报告子类包括企业对环境报告标准的遵守情况以及对投资者、监管机构或利益相关者要求的透明度的遵守情况;资源管理子类反映了企业如何有效使用自身资源制造或交付产品和服务,这一子类还包含了对企业减少水、能源和材料使用能力的评估。

(3)绿色专利的衡量方法:鉴于我国目前尚未建立专门的绿色技术专利分类索引,一些研究者(例如齐绍洲等(2018)、姜照华(2019))分别采用了世界知识产权组织(WIPO)的"国际专利分类绿色清单"和美国专利商标局(USPTO)的"环境友好型技术专利分类索引"作为依据,通过国家知识产权局官网的数据来核算企业的绿色专利数量。另外,根据周力和沈坤荣(2020)的观点,相对于绿色全要素生产率(TFP),绿色专利数量更能实际反映企业的绿色创新水平。因此,采用企业的绿色专利数量来评估其绿色创新能力,可以有效排除因企业自身生产效率提高或污染转移等非技术性因素所带来的影响。肖小虹等(2021)指出,使用企业当期的绿色发明型专利申请量和绿色实用型专利申请量之和来衡量绿色创新(王旭等,2019),更能够准确反映不同企业之间的绿色创新水平差异,并在回归模型中,经过加一处理并取对数,进一步加强了对绿色专利数量的度量。吴建祖和华欣意(2021)认为绿色专利具有环保特性,同时也代表着企业的技术实力,因此,使用企业当年申请的绿色专利数量与总专利数之比来衡量绿色创新更为合适。杨立成等(2022)认为,专利数据能够较为准确地度量企业的创新成果,相对于专利授权,专利申请能够更全面地反映企业对知识资源的利用,而且具有更高的可靠性、及时性和稳定性。余伟和郭小艺(2022)通过世界知识产权组织(WIPO)发布的"国际专利分类绿色清单"中的IPC代码来识别和核算绿色专利数据。他们指出,专利类型通常包括发明专利、实用新型专利和外观设计专利。与实用新型专利和外观设计专利相比,发明专利的技术含量更高,获得难度更大,更能代表企业的创新质量。此外,发明专利的授权周期更长。因此,使用绿色发明专利申请数量的自然对数加一来衡量企业的绿色创新更为合适。

(4)其他测量方法。曾江洪等学者(2020)采用内容分析方法从企业社会责任报告中提取绿色创新关键词句进行打分以度量企业绿色创新。解学梅和朱琪玮(2021)引用Mallin等(2013)使用内容分析法量化环境信息的编码准则对绿色工艺创新和绿色产品创新进行赋值:如果企业社会责任报告对相关指标有文字描述,评分为1;如果涉及量化或详细深入的描述,评分为2;如果没有描述,评分为0;最终数值分别为所有指标的评分总和。聂飞等(2022)采用LP指数和ML指数两类全要素生产率指数衡量绿色创新。

在测量方面,现有研究仍以量表测量法为主要测量方式,但现有关于绿色创新的测量量表多来自对环境战略或可持续发展战略等其他构念测量量表的改编。Chiou等(2011)学者的绿色创新测量量表是最广为学者们接受和应用的企业绿色创新衡量方式。因此,本研究也沿用这一测量方式,即将绿色创新从绿色管理创新、绿色工艺创新和绿色产品创新3个方面6个题项进行测量。

三、外部协同网络

1. 社会支持网络

在社会学领域,早期研究将社会支持当作从一个人的朋友或熟人网络得来的一般性资源,这种资源可以帮助个人对付日常生活中的问题或危机。张文宏和阮丹青(1999)认为,"从一般意义上说,社会支持指人们从社会中所得到的来自他人的各种帮助"。近年来,学者们把重点放在社会网络的构成及社会网络怎样为个人提供社会支持上。丘海雄等(2008)认为,社会支持既涉及家庭内外的供养与维系,也涉及各种整体性与个体性支援与帮助。社会支持不仅仅是一种单向的关怀或帮助,它在多数情形下是一种社会交换。帕迪森(1977)把社会支持分为工具性和情感性两种;车文辉(2004)把社会支持分为3个方面:财务支持、精神支持和行为支持。

总体而言,已有研究的界定至少包含了社会支持的以下特征:①社会支持需要从社会网络中获得,既包括了来自政府、社会整体性组织的各种制度性支持,又包括来自家庭、亲友等个体性组织的非制度性支持;②行动者获得的社会支持类型会因其寻求支持的目的、不同的支持主体和社会关系类型的不同而不同;③对于个体性社会支持关系而言,社会支持不仅仅是单向的接收帮助或关怀,多数情况下是社会网络成员的相互交换。

社会网络作为一个社会学概念,指的是社会个体成员之间因相互交流而逐渐建立的相对稳定的关系体系。它主要侧重于不同个体之间的交流和沟通(何星舟,2016)。个人的社会支持网络则是指个人可以通过这个社会网络获得各种支持,例如金钱、情感、友谊等。通过社会支持网络,人们更容易解决日常生活中的问题和危机,以维持正常的生活运作。在社会层面上,社会支持网络作为社会保障体系的有益补充,有助于减轻人们对社会的不满,缓解个体与社会之间的冲突,进而有益于社会的稳定。在已有对社会支持网络的研究中,大致可分为两类:

(1)弱势群体的社会支持网络研究。进行此类研究的学者一般从社会支持网络的角度来分析弱势群体的弱势缘由,并以社会支持网络能够对弱势群体产生何种影响作为研究的中心论点。Hikichi(2018)的研究表明,2011年东日本大地震之后,那些能够更好地获得社区交往网络支持的人,可以更好地获得心理修复。良好的社交网络可以实现贴心互助服务的交付和获取,提升老年人等弱势群体对社会支持的接入便利性。魏爱春和李雪萍(2019)指出,社会网络是主体与客体之间相互建构的过程,社会中的弱势群体不再是社会支持的被动接受者,他们也会通过发挥主观能动性,积极建构对自身发展有利的社会网络。

(2)社会支持网络的比较研究。此类研究侧重于分析不同支持对象倾向于提供何种支持内容,个体特质对于社会支持的需求有何影响等。如张文宏和阮丹青(1999)对天津市城市和农村居民的个人社会支持网络规模和网络构成模式进行了比较研究。研究结果显示,尽管亲属在精神支持网络中也扮演重要角色,但其在财务支持网络中的作用更为显著,尤其在农村居民中这一趋势更加明显。在亲属之间,兄弟姐妹和其他亲属相对于父母在提供支持方面扮演更重要的角色,尤其在财务支持网络中。此外,配偶在精神支持网络中的作用相对较弱,而同事和朋友在提供精神支持方面的作用相对较大,超过了其在财务支持网络中的作用。李黎明等(2019)发现在职场交往中个体与上级互动越频繁,个体的收入分配公平感越强。

在社会支持网络理论视角下,个人的生活嵌入到各种各样的社会关系中,个人并不是单独存在而是处于社会网络之中。与个人有关的社会网络是社会个体成员间因交往互动而形成的。个体所处的社会网络对行动者本身的心理和现实生活都会产生巨大的影响。心理上,个体的思想观念和行为方式在很大程度上受周边人际关系的影响,因此每个人都会有意无意受到周边组织或个人的影响而改变其决策或思维方式,从众心理就是一个生动的例子。同时,个人社会网络信息还深刻地影响了他们自身的生活状况。具体来说,"个体的社会网络越庞大,他们与网络中的异质群体互动越多,网络成员拥有的资源越多,那么网络成员在社会网络中可利用的社会支持也就越大,个体能够获取的社会资本就越多"。

2. 外部协同网络

Meiseberg 和 Ehrmann(2013)指出,外部网络是中小企业在与大规模企业的市场竞争中存活的关键因素。借助外部网络,中小制造企业可以获得互补性资源,也可以通过知识共享提高企业竞争力和绿色技术创新能力(Reuer and Ariño,2007)。外部网络对企业资源具有重要影响。Birley

(1985)研究指出正式与非正式网络都提供信息、财政以及其他资源,其中非正式网络能够提供有价值的信息以及建议。Weaver等(2002)通过访谈大量企业管理者得出,良好稳定的企业网络可以帮助降低企业对外部资源的依赖性。在现有市场竞争和合作创新的经营环境中,中小制造企业属于弱势群体,更加需要从外部获得支持。因此,本书借鉴社会支持网络定义提出外部协同网络概念,是指地方政府、供应链企业、科技中介、行业协会、金融机构等多主体协作,为中小制造企业提供支持并具有协同机制的社会网络。具体而言可以从参与主体与协同机制两方面介绍协同支持网络。

首先,外部协同网络中的参与主体包括地方政府、供应链企业、科技中介、行业协会、金融机构等。本书参照Lee(2010)的分类,将网络参与主体分为以下几类:

(1)政府支持主体。政府在国家创新体系中起着极为重要的作用。政府在资金上的扶持以及相关有利措施的制定与实施(如产业政策、人才政策、专项计划、税收减免、金融支持等)会对企业生产经营活动产生重大的影响。在全球经济一体化的背景下,各国都在积极制定鼓励企业与其他组织进行合作的相关政策。

(2)企业支持主体。在市场经济中,任何企业都无法单独存在,一定会与供应链中的其他企业产生交流与合作。供应商、采购商、合作者及竞争者等相关企业的经营活动会影响中小制造企业的生产经营活动。顾客与客户可以为中小制造企业提供产品信息和市场信息,降低中小制造企业的市场风险;供应商可以为中小制造企业提供所需的设备、原材料及产品技术知识等;竞争者可以与中小制造企业一起解决技术问题,建立相关的技术标准等。

(3)中介支持主体。中介服务机构包括技术中介、行业协会、金融机构、保险机构等。作为科技与经济结合的中间环节,中介服务机构可以为中小制造企业提供创新所需的知识和信息等资源,是企业与市场间技术转移和知识流动的纽带,也是中小制造企业联结其他技术主体的桥梁。中介服务机构以知识和信息为载体为企业技术创新提供全方位服务。

(4)社会公众支持主体。企业的经营活动除了受到供应链企业、政府、中介机构等的影响之外,还会受到社会公众的影响,例如媒体、民间组织等。

媒体可以为中小制造企业提供舆论支持,为中小制造企业塑造某种形象。民间的环保组织也可以为中小制造企业提供相关的信息与技术支持。

其次,外部协同网络中的运行机制是协同机制。协同机制是一种能够促使子系统相互作用形成协同效应开放性的动力机制(周莹和刘华,2010),有效的协同机制在企业协同创新过程中具有正加强作用,可以调节企业合作模式与协同效应间的关系(解学梅等,2014)。Schiuma 和 Lerro(2008)认为协同机制由约束机制、激励机制和实现机制构成。曹静等(2009)将协同机制划分为风险管理机制、激励机制、成果导入机制和利益分配机制。解学梅等(2014)则指出,协同机制包括文化相融机制、技术互补机制和成本利益分配机制。协同支持网络中政府支持主体、企业支持主体、中介支持主体和社会公众支持主体相互交流合作,共享知识、信息等资源,共同为中小制造企业提供支持服务,以达到协同的效果。

四、管理者认知

1. 管理者认知的研究进展

自 20 世纪 80 年代以来,许多学者在行为决策理论的基础上延伸了关于战略管理的认知视角,作为对理性分析模型的有益补充。这一视角详细分析了管理者的认知与战略诊断以及战略决策制定之间的关系(Dutton and Narayanan,1983;Hambrick and Mason,1984;Schwenk,1984)。在战略管理实践中,管理者的认知也引起了学界广泛的重视。例如,Ohmae(1991)在他的著作《巨人的观点:像战略家一样思考》中充分阐释了认知在战略制定中的关键作用。此外,Huff(1990)出版的方法学著作《为战略思维绘图》以及 Walsh (1995)对管理者认知的全面综述,为战略学者的深入研究提供了方法上和概念上的理论基础。认知学派早在 Mintzberg 等人(1998)对战略管理流派的划分中就占据了重要地位,被视为将较为客观的"设计、计划、定位和企业家学派"与较为主观的"学习、权力、环境和构造学派"连接起来的桥梁。

一大批战略管理学者通过研究和发展概念、方法和论据来丰富和完善战略管理者认知观(Narayanan and Kemmerer,2011;Wrona and Gunnesch,2013;罗勇根等,2021;吕冰等,2022)。学者们在个体层面、团队层面、组织层面和行业层面对管理者认知开展研究:

(1)个体层面。个体层面关注管理者(CEO)个人的心理、知识和认知对组织战略选择决策与组织绩效的影响,CEO来源和CEO权力是认知视角关注的管理者认知因素,其基本假设是CEO的个人性格、背景、经验和经历等都对其管理者认知的形成和发展有重要的作用。关于管理者认知的一个基本观点是:管理者的认知包括其认知内容、认知结构和认知方式,这些都会显著地影响管理者的战略决策和领导行为;而管理者的认知会受到组织内外部信息以及管理者背景、经历和个性等的影响(武亚军,2013)。

(2)团队层面。囿于个体管理者认知的有限性,就需要发挥团队整体能力认知的独特优势(Barringer et al.,2005)。从信息处理的视角来看,管理者团队内的职能差异能够引入多元化的信息处理视角,这丰富了管理者的知识结构,增强了他们对环境变化的敏感性,因此,管理者能够更及时地对战略做出反应,并提高整体绩效(Nadkarnis and Barr,2008;Kaplan,2011)。从团队层面的视角来看,当不同的组织个体组合在一起并形成决策团队时,原本分散的知识结构也会聚合成一种集体性的知识结构,这种团队型的战略决策和管理认知便成为了团队成员认知协调的结果,也就是团队成员以谈判、争论等形式完成认知社会化的过程。

(3)组织层面。组织层面的管理认知主要关注组织作为一个整体所表现出来的心智、思想等,即所谓的"共享认知图式"。当企业战略管理的研究关注企业的组织行为时,他们倾向于宏观层面上的组织行为集体反应,因此,就企业战略管理的研究而言,管理者认知分析适合在组织层面进行。组织层面的管理认知对组织的作用体现在两个方面:积极性和消极性,前者表现为在不断变化的环境中,共享管理认知对于组织行为连贯性的作用,后者表现在组织行为偏差受管理者认知偏差的影响,从而导致企业忽略潜在风险和信息,产生战略盲点。

(4)行业层面。在行业层面,研究者主要关注的是竞争者识别如何导致战略群体(Strategic Group)的出现,以及管理者认知如何影响行业的形成(王永健,2014;杨大鹏,2017)。张璐等(2021)指出,管理者认知的意义建构过程是实现个体层认知到组织层逻辑的主要路径。马若男(2021)在回顾相关文献的基础上,引入高管团队对外部环境中的机会和外部环境中的威胁两种注意力配置方式,探讨了高管团队注意力配置对行业多元化影响的内在机理,揭示了管理者认知因素对行业多元化战略的影响。

Narayanan 等(2011)进行了全面系统的总结,构建一个管理者认知研究的战略整合框架(见图 2-2)。具体包含三大部分的内容:管理者认知的影响因素(前因)、管理者认知的构成及其内部关系以及管理者认知的后果(产出)。

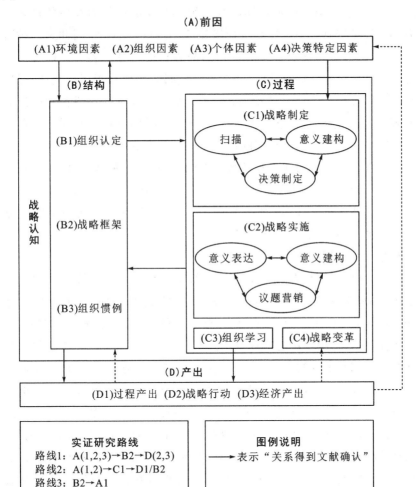

图 2-2　管理者认知研究的战略整合框架

(资料来源:Narayanan and Zane(2011)。)

2. 管理者认知的内涵

关于管理者认知的概念,目前主要有两类:一类将管理者认知看作一种知识结构或认知表征,其含义是指信念和心智模式是管理者决策的基础,其目的是协助管理者获取、保留和处理特定的信息(王永健,2014)。Narayanan等(2011)指出,管理者认知是指管理者在战略决策过程中所依赖的知识结构,它强调从微观认知的视角解读企业战略行为背后的逻辑。管理者的认知结构具有稳定性和情景依赖性(尚航标,2010),因此是一种可重复的行为模式,主要反映管理者认知的静态特征。另一类将管理者认知看作是一种认知过程。此时的"认知"是一个动词,主要指管理者获取、保留和处理信息的过程。管理者被认为是"信息加工者",通过管理者对信息的搜集和解释来决定组织响应行为。因此,认知过程表现为"扫描—解释—行动"三个步骤,是一个信息加工的动态过程。和苏超等(2016)认为管理者认知是指管理者所拥有的知识和环境解释的特质,是一种认知过程,反映了管理者特有的知识结构和认知模式,是管理者对于环境问题的关注、解释过程。综上所述,本书中的管理者认知是指中小制造企业管理者对绿色创新行为的价值认知及风险可控的认知。

3. 管理者认知的特征

(1)惯例性。管理者认知是指具有特定思维信念和心智模式的管理者基于经济决策或战略规划的需要对特定信息进行加工和处理的过程(Gavetti and Levinthal,2000)。该思维信念和心智模式受制于认知惯例。

首先,作为组织惯例的代理者,管理者对信息搜寻可能是能动的选择也可能是环境刺激下的被动反应(王永伟等,2012;黄晓芬,2018),组织惯例是日常流程经验的累积,由于管理者的决策行为对企业整体行为产生重要影响,因此管理者在自我强化机制中扮演着关键的角色。在自我强化机制仍然有效的情况下,管理者的作用体现在不断引导组织选择适当的盈利策略,并从路径依赖中获取经济利益。这包括调整企业的组织惯例,从而影响路径依赖特征的发展(穆文奇等,2014)。如管理者在进行联结方选择时会根据以往合作经验或基于现有闭合关系网络,选择强关系下的合作伙伴继续进行深入合作,即在进行合作伙伴选择的过程中,经验累积起主要作用。

其次,经过一系列认知过程后,管理者形成可重复使用的思维信念和心智模式,组成管理者稳定的知识体系,该知识体系一旦形成并确立,不论是环境刺激引起的被动反应还是主动适应的能动选择,管理者在行为决策时都会依托长期累积的知识进行行为决策。通过行动不断审视其决策的有效性,一旦决策被证明是可行的,会进一步明确其现有认知模式的有效性;反之则会推动管理者修改原有判断、预测和决策的各种规则,重新进行各种新的尝试和判断,重新扩展或深化现有知识体系,修订管理者的心智模式和思维信念(黄晓芬,2018)。基于以上分析可知,管理者在对环境进行判断、解释、预测和决策过程会依托已经确立的知识体系,形成惯例性。

(2)可适性。根据 Dess 等人(1984)对环境动态性的定义,环境动态性指的是影响环境变化的程度以及变化方向的不可预测性。随着环境动态性的增加,组织面临的不确定性也逐渐增加(Ensley 等人,2006)。这种不确定性表现为决策的实际结果与预期结果之间的差距,它反映了决策所需信息的可获得性以及管理者利用这些信息的能力(Simon,1955)。因此,环境动态性越高,管理者对于识别和解释信息的能力要求就越高。此外,环境动态性越高,管理者面临的经营风险和不确定性也越大。反之亦然。管理者在快速变化的行业环境中形成的认知肯定与在稳定行业环境中形成的认知有显著不同(Bogner 和 Barr,2000)。

环境动态性对管理者的认知产生的影响主要体现在以下三个方面:第一,管理者在快速变化的行业中需要保持高度警惕,不断关注行业环境的变化。从学习的角度看,在组织与环境不断互动的过程中,管理者会通过持续学习将环境变化引起的战略调整内化到其认知知识结构中。具体而言,通过不断学习,管理者在认知知识结构中的概念数量不断增加,概念之间的因果关系链也不断增加,最终表现为管理者的认知复杂性提高。第二,管理者的认知知识结构是否发生变化取决于其注意力的分配。只有当管理者关注到环境中的变化时,管理者的认知知识结构才可能发生变化。否则即使环境动态性很高,管理者的认知也不会随之改变。环境中的变化是否引起管理者的注意又取决于这些变化的显著性。第三,当管理者在快速变化的行业中时,企业面临的经营风险将逐渐增加。这一方面是因为管理者难以准确理解环境变化的原因和制定相应的应对策略。另一方面,即使管理者制定了策略,由于环境迅速变化,这些策略会变得时效性有限,不再适应当前的环境情况。信息处理理论认为,在不断变化的外部环境面前,管理者由于危机感会主动积极地搜索其他信息,不断丰富自己的知识结构,从而增加环境敏感性(邓新明等人,2021)。

(3)可塑性。可塑性是指管理者具有面对突发事件、冲突事件和复杂事件时快速调整心智模式和思维信念的弹性知识体系。可塑性认知是最为主动性的认知模式,强调组织个体的主动性与预测性,其意图在于驱动组织搜索新的资源与能力,并主动探索企业潜在的机会,规避企业可能存在的风险,以期预测和引导外部环境的发展趋势(黄晓芬和彭正银,2018)。在动态环境下,网络组织的发展与演化过程中会遇到各种情境,多主体的网络组织在进行决策制定、战略制定时,要考虑遇到的特殊情境。基于情境分析以及组织的资源供应情况,做出具体的行为决策。具体包括:①应对性认知。事件的紧急程度对管理者认知的影响。如果组织面临的是突发事件,如原组织的退出、新组织的加入,就需要管理者具有较强的应变能力,能快速确定合作的联结方、联结方式、联结范围等。反之,如果管理者面临的是渐进性事件,就需要管理者有一定的事件认定与规划能力,恰当地处理联结关系,稳步地推进事件开展。②冲突性认知。由于组织联结动机的差异性,在组织合作过程中会遇到冲突性合作事件,此时管理者要合理分配其关注力,确定好冲突事件的处理方式,避免事件之间的冲突带来的合作损失。③匹配性认知。还要考虑任务的复杂性程度。基于任务复杂性程度,管理者要对任务进行解释判断,考量如何进行任务分配,资源如何分配,确定任务实现的方式等(黄晓芬,2018)。因此,管理者面对复杂多变的组织任务,其认知要具有一定的可塑性,以适应组织任务的需要。基于以上分析,管理者认知具有一定的可塑性。

(4)前瞻性。个体的前瞻性是指在行为决策时不受外界环境干扰,采取积极主动的行为以改变当前的环境(Bateman and Crant,1993)。组织的惯性和路径依赖不仅让跨组织的资源转移和市场的变迁变得异常困难(Argote et al.,1998),而且当市场、技术出现变革或竞争模式让组织感到不适应时,组织往往难以开发出新的功能。学者们从演化经济学的角度着手,提出了一个组织能力发展的搜索模型。这个模型特别强调了"向前看"这种逻辑的重要性。该模型认为,认知行为逻辑与组织惯例能在组织的层次结构中共存,管理者对于战略决策问题的认知表现,在深层次上推动了组织的搜索行动,进而促使组织能力不断积累。此理论打破了以往的能力发展模式,不再具有半自动化、惯例和路径依赖的特点(黄晓芬和彭正银,2018)。

在网络组织环境下,管理者的前瞻性表现在以下几点:①配置认知的前瞻性。在联结网络中,管理者积极主动的搜索完成复杂网络任务所需要的关键性资源。通过法律契约和关系契约保障网络关系和网络结构的稳定,并保护企业的关键性技术以防止被竞争者复制。积极主动地从网络内外部探索有用的信息以丰富现有的知识体系,进而保障战略决策的有效性和及时性。②意愿认知的前瞻性。一方面,管理者积极主动地在网络内外部搜寻企业发展所需的新信息,对外界环境事件进行判断,确定可能的发展机会或潜在风险。同时,管理者有为自己的行为决策负责的意愿,包括经营失败承担损失的意愿;另一方面,管理者愿意将自己所获得的信息以及本企业累积的知识和技能与联结方共用,共同进行产品研发和流程设计。③能力认知的前瞻性。首先,洞察能力包括对联结网络内外环境的观察力,发现哪些环境信息是有用的,哪些应该引起重视;其次,判断能力有助于管理者对联结网络内外所发生的环境事件做出准确判断,对事件进行特征界定,如网络内部成员的进退问题、外部突发的不可控事件等。基于以上分析可知,联结网络的管理者认知具有一定的前瞻性。

4. 管理者认知的影响因素

(1)管理者层面。学者们基于产业结构观,主张管理者是完全理性的,且同一行业内管理者对行业的认知是相同的。他们认为,管理者的认知特征主要受到行业整体环境的影响,而与个体的统计特征无关(Nadkarni and Barr,2008)。然而,另一些学者则持有管理者认知的观念,他们认为管理者是有限理性的,无法对环境形成全面准确的认知。因此,他们依赖以往的工作经验来评估当前的工作环境,而这些经验会受到管理者的个体人口统计特征的影响(廖中举,2014)。Daniels等人(2002)主张,在相同的行业环境中,不同的管理者可能会有不同的认知模式。甚至在同一家企业内,由于不同的任务环境,高层管理者可能比中层管理者拥有更为复杂的认知模式。Kaplan(2011)也认为管理者的人口统计特征是影响管理者认知的重要因素,这些特征能反映出管理者在以往工作经验中积累的知识。然而,虽然人口统计数据可以反映出管理者从以往经验中积累的知识,但它们无法提供对特定环境内容的理解(罗勇根等,2021)。一些学者从团队层次进行了研究,包括高管团队的信息处理能力、高管团队的构成特征以及高管团队的激励等因素(Thomas et al.,1994;Cho and Hambrick,2006)。焦豪和杨季枫(2021)指出,个体层面因素包括管理者认知与情绪、领导风格、员工创造力、管理者任期、管理者经验和技能、管理者国际视野等。

(2)组织层面。王永健(2014)基于已有文献分析发现,管理者认知的影响因素包括组织特征,如组织结构(Ginsberg and Venkatraman,1992)、组织的规模和年龄等。由于规模和年龄通常会导致组织僵化,因此研究人员常常将这两个因素视为组织惯性的代理变量进行考察。此外,企业资源能力也会对管理者认知产生重要影响,这包括诸如财务资源、企业的生产制造和研发能力等方面。这些因素都会对企业决策者对外部环境的解释造成影响(Duttonand Ducan,1987;Ocasio,1997)。在实证研究方面,Denison 等人(1996)的研究结果显示,企业能力对机会解释具有正向影响,然而,对威胁解释具有负向影响。Plambeck(2012)的研究则表明,组织的冗余资源可以降低企业战略决策者对突发事件的负面解释。最后,组织的战略、组织的过去绩效以及治理结构等也会对管理者的认知产生影响(Tuggleet al.,2010;Plambeck,2012)。焦豪和杨季枫(2021)强调了组织层面的多种因素,包括组织资源、组织文化、组织结构、市场导向、组织学习和信息技术等。

(3)外部环境。这个观点主要强调了管理者的认知与外部环境相匹配。例如,尚航标等人(2012)的研究表明,当环境动态性增加时,战略决策者的认知知识结构复杂性会增加,但集中性会降低。相反,邓新明等(2021)认为,在快速变化的环境中,由于管理者的注意力有限,他们更容易出现认知惯性、认知选择性和认知凝滞等问题,因此更有可能拒绝将新概念纳入其认知知识结构中。他们更依赖于现有的知识结构,从而使他们的认知变得更加集中,认知复杂性降低。在特定的环境下,资源环境和任务环境也会对管理者的认知结构产生影响。Nadkarni 和 Perez(2007)的研究发现,本土资源和本土活动的复杂性会对高管的本土心智复杂性产生正向影响。而Nadkarni 和 Barr(2008)则认为,企业所处行业的变化速度越快,高管的注意力会更加聚焦在特定环境而非一般环境上。

5. 管理者认知的后果

众多学者秉承"认知—行为"的研究范式,探讨了管理者认知对动态能力的构建、战略反应速度、战略变革、创新等企业战略行为的影响。主要包括两方面的内容。

一个是关注高管的注意力焦点配置对企业战略行为的影响。这些研究多数认为,战略决策者对议题的注意力分配会影响其对议题的反应速度和方式。例如,企业高管对新技术发展的关注如何影响企业市场时机选择、投资和战略反应速度等方面。此外,战略决策者对不同类型信息的关注也会导致企业采取不同的行动,特别是在战略变革、战略反应和创新等方面。

另一个重要研究方向是探究管理者对企业战略行为或绩效的影响。研究发现,管理者的解释对外部环境会影响企业的知识搜索策略,其中,机会解释对知识搜索的深度和广度都有正向影响,而威胁解释只对知识搜索深度有负向影响。此外,越来越多的研究将管理者的认知与企业绩效联系起来,研究发现管理者认知的不同维度会对员工工作态度、工作绩效和企业绩效产生影响。管理者的认知复杂性和集中性的提高会对企业绩效产生积极的影响,即管理者认知所带来的多样化信息处理视角对企业绩效提升具有正向意义。

近年来,越来越多的研究致力于深化理解管理者的认知与企业绩效之间的关系。这些研究为不同方面的企业绩效提供了新的视角。例如,储小平等(2008)的研究探讨了中国民营家族企业员工对组织环境的认知如何影响员工的工作态度和工作绩效。研究发现,员工对以工作为导向和以所有权为导向的组织环境认知存在差异,这会影响员工的工作态度和绩效。Bouquet等(2009)的研究关注跨国公司总部高管的国际注意力对总部绩效的影响。研究结果显示,国际注意力与总部绩效之间存在倒"U"形关系,表明高度集中或高度分散的国际注意力都可能对总部绩效产生负面影响。邓新明(2020)指出,管理者的认知复杂性和集中性的提高有助于提升企业绩效水平。具体来说,管理者的认知多样性和信息处理角度对企业绩效的提升具有正向作用,这意味着管理者拥有不同的信息处理视角,可以更好地适应复杂多变的环境,从而提高绩效。

这些研究强调了管理者的认知能够对企业绩效产生深远影响,包括员工工作绩效、总部绩效以及整体企业绩效。对于外部和内部环境的变化,管理者是如何感知、解释和反应,都对企业的成功和发展具有重要意义。

第二节 理 论 基 础

一、社会网络理论

1. 社会网络理论的发展

英国人类学家布朗在20世纪30年代首次提出了"社会网络"的概念,成为了社会网络理论演进的关键节点。这一概念在当时为社会网络研究的出现与发展奠定了基础。在接下来的几十年里,社会研究领域的学者开始探索"社会结构"和"社会网络"这些隐喻概念的真正含义。随着社会网络研究的不断发展,一些重要的概念开始涌现,包括"二方关系""三方关系""结构洞""中心度""密度"和"中心势"等。在1938年,Moreno和Jennings开创了社会计量学的研究方法,为社会关系的图形研究奠定了基础,将社会网络理论引入了现代社会学研究。在20世纪40年代,Radcliffe-Brown首次提出了"社会关系网络"的概念,主张使用关系网络来分析群体结构。此后,社会网络研究方法被广泛应用于社区研究以及基于社会心理学的群体行为研究。社会网络理论的出现使社会或组织结构研究由经验性归纳研究转变为可解构的可视化计量研究,社会关系网络的复杂性逐渐被揭示。

大量学者开始运用社会网络方法研究不同领域的问题。例如,Warner(1941)首次关注社会网络与生产效率的关系,并将其运用到社区群体的研究中。虽然社会网络研究机构在地理学、传播学、政治学等多个领域中使用了社会网络分析方法,但并未出现社会网络研究的通用范式。White(1976)的研究认为,结构范式对社会网络研究具有普适性,随后的研究开始接受了这一理论,并采用了基于结构范式的网络分析指标。在1977年,Bott提出了使用"关联度"和"密度"作为网络结构的测量方法,并应用于对20个伦敦家庭的测量。这标志着社会网络理论开始建立系统的评价方法,包括网络中心性、均衡性和关联性等指标。1989年,Freeman出版了《社会网络分析的研究方法》,首次对社会网络研究方法进行了系统性总结。此后,Stanley Wasserman等人在前人研究的基础上对社会网络研究的方法进行了分类和归纳,并出版了《社会网络分析:方法与应用》以及《社会网络分析手册》,为未来研究提供了系统的框架和规范。1998年,Watts等学者引入了关于网络路径长度和聚类系数测度的研究方法,将"小世界性"定义为拥有"短平均路径和高聚类系数"的网络特征。这一概念为物理学和心理学领域的小世界网络研究提供了基础。同一时期,Barabási(1999)提出了关于网络计量的重要测量指标——度数分布,并研究了互联网网址关系、演员与影片的关系网络等。他的研究证明了大多数网络关系具有非随机性,并引入了"无标度"网络的概念。

在企业领域,Uzzi(1996)研究了嵌入性和网络结构对主体经济行为的影响。Gulati(1998)从组织结构的角度研究了网络结构对合作关系和组织演化的影响。随后的研究延伸到了企业行为研究,包括联盟关系的形成、治理、资源获取和产出效率等方面。社会网络理论的发展经历了多个关键节点,涵盖了多个学科领域,为理解和应用社会网络分析方法提供了重要的基础。如图 2-3 所示为社会网络理论的演进过程与关键节点。

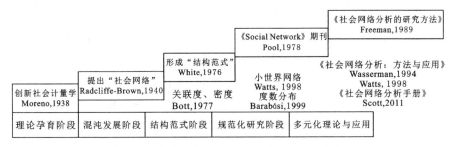

图 2-3　社会网络理论的演进过程与关键节点

2. 社会网络理论的内涵

对于社会网络的内涵,国内外的学者们在研究中给出了不同的理解(见表 2-5)。学术界较为认可的社会网络定义是,在社会情境中个体或组织之间产生的直接或间接联结关系,通过这种联结关系使信息、知识、人才等各类资源在网络中进行共享与整合。

表 2-5　社会网络理论的定义

学者	定义
Granovetter(1985)	社会网络中嵌入着大量的丰富的社会资源,包括人们的经济行为
Hakansson(1987)	社会网络是指行动主体在参与活动过程中通过彼此之间的资源流动而形成的正式或非正式的关系网络
Coleman(1990)	社会网络是社会资本的重要组成部分,企业可通过人际关系、社会关系增加企业所需要的资本
Uzzi(1997)	组织间基于信任关系而建立的嵌入性互动关系,组织成员可利用嵌入性关系转移信息与资源
Gulati(1999)	社会网络是由提供信息、资金等资源的联系所构成的网络结构
Wang 等(2005)	社会网络是个体获得社会资源的一种重要渠道,是一种重要的个人资本
Munshi 等(2009)	社会网络是一种个人及团队的特殊资本,可以促进共享信息、分担风险、提高收入、减少机会主义行为等作用

续表

学者	定义
杨隽萍等(2017)	社会网络是个体之间、组织之间特定的关系连结,包括非正式关系与正式关系
Burt 和 Burzynska(2017)	基于中国情境将社会网络定义为关系,并将中国情境下的关系定义为创业者正式与非正式关系
崔月慧等(2018)	社会网络是由许多节点通过特定形态的社会关系连结而形成的,是行为主体之间知识与资源交换、传递活动过程中建立的各种联系的集合
朱庆莹等(2019)	社会网络是指社会成员、组织之间形成的关系网络及网络密度等,包含强连接网络和弱连接网络
李航飞等(2020)	社会网络是指区域内行动主体之间交往的渠道,是通过资源和信息流动而形成的主体之间的各种正式或非正式的关系网络

资料来源:作者根据相关文献整理。

3. 社会网络理论的研究层次

1)国外学者关于社会网络理论的研究层次 在研究层次上,社会网络分析大致分为整体网络研究、子群网络研究和网络中的个体研究。

(1)整体网络研究。整体网络研究通过研究网络整体的构成、规模、密度、关联等指标特征,刻画了网络整体结构与关系特点。其中,整体网络构成包括个体人口统计学特征、企业规模等网络中成员类型特点和上下级关系、联盟关系等成员间关系特点。整体网络规模指网络中的个体数量,用于描述网络对个体的覆盖范围。Dunbar(1992)对于网络规模的研究表明了社会群体网络规模的最大行为者数量为150,并被定义为"Dunbar Number"。整体网络密度表示为网络中实际存在关系数量与可能存在最大联系数量之比,整体网络密度反映了经济生态耦合协调空间关联网络的紧密程度,网络密度越大,成员间的关联关系就越紧密。网络关联研究重点考察网络的可达性(reachable)、关联性(connectivity)、距离(distance)和互惠性(reciprocity)等,旨在考察网络中的关系特征。

(2)子群网络研究。与整体网络分析方法类似,子群研究也可以从结构属性和关系属性两方面进行考察。微观研究视角下的子群研究多采用聚类分析的方法提取整体网络结构中的凝聚子群,考察子群结构特征以及子群之间的关系特征。多以派系（Cliques）研究、k-丛、k-核以及块模型研究（Blockmodels）等研究方法为代表。宏观视角下的子群研究核心在于通过将整体网络中的个体划分为不同子群以考察整体网络的结构特征。具体操作路径有"由局部到总体"或"由总体到局部"两种方式。"由局部到总体"的研究路径以子群聚类结构作为划分标准，旨在考察整体网络的结构性特征是如何由各部分子群网络构成的。"由总体到局部"的研究思路则从整体网络出发，通过对整体网络中的子群研究以探索子群结构特征。

（3）个体研究。孤立的个体行为与社会网络中的个体行为由于"关系"的影响而呈现出不同。由于社会中极少存在孤立个体，所以在普遍联系的社会网络中研究在关系制约下的个体行为具有现实意义。如 Burt(1992)提出的"结构洞"(Structural Holes)的概念就表明个体在网络中的位置对其资源获取具有重要作用。对行为主体"中心度"的研究则刻画了在网络中具有更大影响力或更大权利的行动者位置。通过对行动者所拥有直接关系总量的测度表明居于网络中心位置的个体拥有更大的影响力。对于有向网络来说，中心度又可分为点入度（in-degree）和点出度（out-degree），分别代表行动者接受和发出关系的数量。对于网络中两个行动者之间的关系，则可以采用接近中心度以及中间中心度进行测度。表 2-6 为国外学者关于社会网络理论的研究层次及主要观点总结。

表 2-6　国外学者关于社会网络理论的研究层次及主要观点

研究层次	主要观点	代表学者
整体网络研究	通过对网络总体规模、密度、关联等特征的研究体现网络整体特征。是对于网络结构和网络关系的总体描述	Dunbar(1992)
子群网络研究	通过凝聚子群、派系、k-丛、k-核等方法研究总体网络中的部分关系结构。可对整体网络进行因子分析以划分子群，或对一定标准下的子群所组成的整体网络结构进行研究	Moody and White(2003)
个体研究	以中心度、结构洞、关联系数等对网络中的个体间关系进行研究，考察个体在网络中不同位置条件下的资源与能力优势	Ronald(1992)

资料来源：作者根据相关文献整理。

2)国内学者关于社会网络理论的研究层次　国内学者对社会网络理论的研究可大致分为网络主体和网络生命周期两个维度。

(1)网络主体。从网络主体维度可分为集群网络、企业网络和个人网络。程聪等(2012)在对浙江省172家企业调查的基础上,实证检验了集群企业社会网络嵌入性对其关系绩效的影响。同时证明了企业间关系张力在二者关系之间的中介作用。简兆权等(2010)的实证研究验证了企业网络中的信任程度与知识共享程度之间的正相关关系。他们发现,信任程度越高,知识共享越频繁,进而有助于提高技术创新的绩效。刘畅等(2016)的研究针对农村微型企业发现了不同类型的网络对资源获取能力的不同影响。个人网络对资产型资源获取能力更有帮助,而商业网络则更有利于知识型资源的获取。董慧梅等(2016)的研究聚焦在集群网络创新扩散的拓扑形态、创新扩散强度以及密度对产业集群创新扩散的影响。该研究发现,集群网络的不同特征会影响产业集群内的创新扩散过程,包括其拓扑结构、创新扩散的程度和网络的密度。侯光文等(2017)则从社会网络的角度研究了集群网络关系、知识获取以及协同创新绩效之间的关系。他们发现,集群创新网络的不同特征,如网络强度和网络稳定性,对企业的创新绩效产生不同程度的影响。这意味着集群网络的质量和稳定性对于促进企业内的协同创新和知识共享非常重要。Huang和Wang(2018)通过对余姚市塑料产业集群的研究强调了重点企业在集群网络中的重要作用,他们指出,这些重点企业对于集群网络的演化具有关键影响,能够显著促进集群内企业的组织学习,从而提高整个集群的绩效。王黎萤等(2021)的研究从企业网络合作行为的角度探讨了专利合作网络对企业创新绩效的影响。他们构建了基于专利合作广度与深度组合的二元结构子网,并验证了专利合作网络对企业创新绩效的正向影响。最后,韩炜和彭靖(2021)的研究强调了创业网络的重要性,指出创业者的个人网络是创业企业初始网络的基础,会在后续创业过程中继续发挥关键作用。这表明个人网络对于创业初期的资源获取和支持至关重要。

(2)网络生命周期。从网络生命周期维度的研究可划分为网络形成、网络治理和网络演化。吕一博等(2015)通过建立集群网络演化的多主体仿真模型,研究了个体组织的惯性对集群网络演化的影响,强调了集群网络作为复杂自适应系统的特性。白鸥和魏江(2016)识别了基于制度的关系治理和基于情感的关系治理两种不同的网络治理机制,并分析了这些机制对服务创新绩效的影响过程和作用路径。这为网络治理研究提供了更多的理论和实践洞察。张路蓬等(2019)的研究强调了企业关系资本和认知资本对新兴技术扩散网络的形成具有积极影响。他们还指出结构资本中的双边传递对技术扩散网络的形成产生了消极影响。此外,他们强调新兴产业的技术扩散网络逐渐从"规模互补-合作"导向演化为"研发互补-竞争"导向,这表明在新兴产业中,技术扩散网络的动态变化和演进过程。刘景东和朱梦妍(2019)的研究通过探讨技术创新网络中的治理机制,分析了技术创新网络中的治理功能和表现形式。这有助于理解技术创新网络中的协作和治理问题。吴钊阳等(2020)通过探讨协同创新网络主体的行为规则,建立了网络演化模型,这有助于深化对协同创新网络的理解和优化网络组织。郝晨等(2021)的研究对国际社会创业过程中多元网络的形成进行了探讨,特别强调了多元网络中的关键要素以及这些要素在不同阶段的作用。他们的研究有助于深化对国际社会创业和多元网络形成的理解。这些研究为网络管理和协同创新提供了更多的理论和实践见解。表2-7为国内学者社会网络理论研究维度与研究内容。

表2-7 国内学者社会网络理论研究维度与研究内容

研究维度	研究内容	研究主题	代表学者
主体维度	集群网络	集群网络嵌入性与关系绩效;集群网络关系、结构与创新绩效等	程聪(2012);董慧梅等(2016);侯光文等(2017);Huang和Wang(2018)
	企业网络	企业网络信任与创新绩效;企业网络与企业创新;企业网络能力等	简兆权等(2010);王黎萤等(2021)
	个人网络	个人网络与知识获取能力;个人网络与创业等	刘畅等(2016);韩炜和彭靖(2021)

续表

研究维度	研究内容	研究主题	代表学者
演化维度	网络形成	网络形成机理；网络形成与价值共创等	张路蓬等（2019）；郝晨等（2021）
	网络治理	网络治理与服务创新绩效；网络治理的实现等	白鸥和魏江(2016)；刘景东和朱梦妍(2019)
	网络演化	组织惯性与集群网络演化；网络演化机制	吕一博等（2015）；吴钊阳等（2020）

资料来源：作者根据相关文献整理。

4. 社会网络理论的研究分支

（1）强弱关系理论。Granovetter(1973)在《弱关系的力量》中首次提出"关系强度"概念，并根据时间长度、情感密集度（Intensity）、亲密度（Intimacy）及互惠服务（Reciprocal Services）将社会关系划分为强关系（Strong Ties）和弱关系（Weak Ties），并提出关系质量的概念。

弱关系理论指出，个体同家人、朋友、亲属等常接触的人员构成的频繁互动关系（强关系），容易导致从网络成员处获取的信息具有较大的重复性和冗余性，不利于获取多样性知识和资源。而由于疏远的不常互动的关系（弱关系）成员间具有较大的差异性，能够提供差异化信息，因此有助于与弱关系成员进行多样性知识分享和增加接触新颖知识和信息的机会，并且弱关系在社会网络中具有搜寻优势，能够满足彼此对多样化信息的需求，搭建彼此信息交换的桥梁。虽然并非所有的弱关系都能成为成员间信息交换的桥梁，但只有通过弱关系才可以搭建信息交换的桥梁（Granovette,1985）。Granovette(1985)从弱关系理论出发，分析经济行为与社会网络之间关系问题，指出经济行为是通过弱关系力量嵌入在社会网络之中的，经济交易行为的基础是信任，并以此将弱关系理论应用于经济研究领域。

学者们对"弱关系有利于成员知识分享和异质性资源获取"的假设表示质疑，提出了强关系理论。强关系理论认为，信任是网络关系的重要变量，而网络成员间信任关系的形成往往需要较长时间、经常性的互动和投入，而在个体间差异较大的弱关系中信任关系难以维持，因此弱关系理论的基础自相矛盾。Bian(1997)认为，尽管"弱关系"在传播信息方面具有比较优势，但基于亲缘、血缘、地缘和友缘而形成的"强关系"社会网络能够在市场规则不完善的背景下充当商业往来的重要机制,同时相较于"弱关系"而言,基于信任和义务的"强关系"更能发挥"关系桥"的作用。Wang 和 Chang(2013)通过 Facebook 实验研究发现强关系朋友提供的信息和推荐有更高的感知诊断性。陶秋燕和孟猛猛(2017)指出,强关系意味着主体间更多的信息和交流,利于企业获取高质量和深层次的知识资源。同时,支持强关系理论的学者亦指出,由于强关系网络内部个体成员间具有较大相似性,资源和信息的冗余和重复也会导致信息沟通和资源交换的质量下降。

就弱关系理论与强关系理论来看,网络成员间的异质性体现了弱关系力量,而网络成员间的同质性则体现了强关系力量。弱关系力量有利于成员间多样化信息和资源的交流与互动,而强关系力量则有利于网络成员间信任关系的形成和维系。早期的研究认为强关系嵌入有益于利用式创新,而弱关系嵌入有益于探索式创新(Su et al.,2015)。阳镇等(2021)提出,对于企业来说,在进行双元创新过程中,需要与所在组织场域的利益相关方保持适当的社会关系平衡,包括强关系和弱关系。这种平衡可以帮助企业构建自身的社会网络联系,为企业的双元创新行为提供更多资源和社会支持。这一研究强调了社会关系在不同类型创新中的重要性,并强调了在创新过程中的关系管理的复杂性。这也为企业提供了在不同创新活动中更好地协调和管理社会关系的指导原则。在社会网络理论中,虽然学者关于弱关系与强关系对网络成员的作用仍存在争议,但不可否认的是两者都是社会网络理论发展过程中的重要理论,在未来研究中仍是主流研究方向之一。

(2)结构洞理论。Burt(1992)在他的著作《Structural Holes:The Social Structure of Competition》中首次提出了社会资本的数量与社会网络成员间的关系强度并不存在必然联系,这一理念具有开创性,同时引入了结构洞(Structural Holes)理论,该理论成为了社会网络结构学说的核心之一。社会网络结构学说认为社会是由多元化的网络结构组成的,而网络结构受到结构洞的影响,从而影响了网络成员间的关系和网络规则的制定。结构洞理论为社会网络理论提供了重要的视角,将研究重点从关注网络成员关系拓展到关注社会网络的结构化属性。

Burt 将结构洞定义为社会网络中的个体或组织,与一部分网络参与者存在直接联系,但与另一部分参与者之间没有直接联系或者联系中断的情况。这会在网络关系中形成非冗余的"空白区域",也就是结构洞。这一理念为网络关系提供了两种主要形式:开放式网络和封闭式网络,分别对应结构洞的存在和不存在。结构洞理论自提出以来,在社会网络研究领域得到广泛关注,成为社会网络和社会资本研究的重要理论之一。

与关系理论不同,结构洞理论强调网络资源与网络优势源于网络结构中缺失的"洞穴",认为在社会网络中,网络成员有的是直接稳定的联系,有的是松散低效的联系,如图 2-4 所示,A 与 B、C、D、E 之间是直接稳定的联系,但 B 与 C 之间是松散低效的联系,这时 B 与 C 之间就形成了一个关系空洞,这个关系空洞就是 A 的结构洞。Burt(2004)指出结构洞具有连接不同群体的中介功能,使中介者即结构洞所有者可获得掌控群体内外的优势。因而在图 2-4 中 A 的网络地位相对较高,在获取资源上具有一定优势。Burt(2015)进一步指出群体内协同会强化结构洞的排外功能,结构洞强化程度越高,越难将结构洞联结起来。即 A 与 B,A 与 C 之间的联结越强,B 与 C 越难联结起来,但如果联结成功,B 与 C 之间将获取全新且有较高价值的资源。

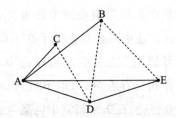

图 2-4 社会网络中的结构洞

有关结构洞形式的开放式网络与无结构洞的封闭式网络对网络成员资源优势的影响,存在两种相互冲突的观点,这两种观点均经过了实证检验:一种观点,由 Burt 等学者代表,认为结构洞形式的开放式网络能够增加网络成员接触多样性和异质性资源的机会,从而使占据网络结构洞位置的网络成员具有更大的资源优势(Burt,1992;Burt,1997;Ahuja,2000;彭正银等,2019;许冠南等,2020)。另一种观点,以 Coleman(1988)为代表,认为封闭式网络能够提升网络的稳定性,促进网络成员之间的信任机制的形成(Zollo 等,2002;魏龙和党兴华,2018;崔月慧等,2018)。这种信任机制有利于提高网络成员的声誉,减少投机主义和机会主义,从而促进成员之间的资源共享。这两种观点之间存在一定的矛盾,但它们都在研究中得到了验证,表明不同的网络结构可能对成员的资源获取和共享产生不同的影响。

(3)社会资本理论。"社会资本"一词最早被 Hanifan(1916)用来指代无形的社会关系,此时社会资本的概念还比较模糊。之后 Bourdieu(1985)基于社会学研究背景,提出社会资本是在稳定且持久的网络中,被公认的、具有制度化的一类关系资源,社会资本是社会网络的一种表现形式。基于前人的研究,Coleman(1990)从功能视角指出社会资本是个人依赖社会结构获得的资本,且是实现特定目标的必要条件,并通过期望与义务、社会关系内部信息网络、规范与有效惩罚、权威关系、有意创建及多功能社会组织这五种形式表现出来。宏观层面的社会资本主要是指特定地域范围内人们普遍认同的信任、行为规范、道德、传统文化、宗教习俗等因素,这些因素有助于提高社会的运行效率和整合度(Putnam,1993)。更准确地说,它们可以被称为"社会规范"。微观层面的社会资本是指企业通过社交网络和与企业主个人特征相关的因素,来影响资源配置的能力。这种社会资本与个人或企业之间的具体社交关系和互动有关,通常包括信任、合作、互惠关系等。(林志帆和龙小宁,2021)。Schafft 和 Brown(2003)指出,社会资本是促进社会交易并帮助个人及群体实现共同目标的规范和网络,主要由两个核心理论命题构成:一是社会资源假说,即拥有社会资本者能够更好地实现自身目标(Flap,2002);二是投资假说,根据社会资本的潜在价值,人们会对能够产生预期回报的社会关系进行投资(Dubos,2017)。从社会资本的构成来看,Nahapiet 和 Ghoshal(1998)将社会资本划分为三个维度:认知维度,指的是代表组织之间的共同理解和支持;关系维度,指的是组织之间因定期互动而建立的信任、友谊和尊重关系;结构维度,指的是相互作用的频率、两个组织中各部门之间的联系频率以及相应等级间的联系数量。

总体而言,社会资本理论的核心思想集中在关注社会网络的价值,特别强调社会网络的重要作用,包括信息传递、信任建立和互惠互助等功能(Acar,2011)。这有助于解释社会网络的形成和其对个体和组织的影响机制。在社会资本理论的核心概念中,社会网络是社会资本的重要表现形式,具有显著的经济效应(南永清等,2017)。个人的社会网络有助于社会资本的发挥(高远东等,2021)。实际上,社会资本是由个体和组织嵌入社会网络中的各种资源所构成,社会网络本身便是社会资本的重要组成部分。作为社会网络的成员,个体和组织不仅可以通过社会网络获取所需的资源,还可以利用社会网络中的共享价值和相关的回报来解决多方面的实际问题。在组织研究领域,社会资本理论认为组织间的社会网络是竞争优势的重要来源。组织所嵌入的社会资本有助于降低交易成本,并帮助组织成员更有效地实现组织的目标。

(4)嵌入性理论。嵌入性相关研究是社会学和经济学领域的热点问题,对解释社会结构如何影响经济生活具有重要意义。Polanyi(1944)在其著作《The great transformation: Economic and political origins of our time》一书中最早提出嵌入性概念,书中指出经济活动并不是孤立存在和运行的,所有的经济行为都嵌入一定的社会环境之中,而且其根源与动机不一定是为了谋取利益,而是多种经济因素与非经济因素共同作用的结果。之后,嵌入性广泛地用于揭示在企业间网络背景下,社会结构对经济行为的影响(Schumpeter,1950)。Granovetter(1985)认识到人类的经济活动与社会结构紧密相关,将社会学与经济学进行交叉研究,并提出了社会网络的嵌入性理论。同年,Granovetter指出社会结构如何影响行为和制度是社会学研究的核心问题,经济活动会受到社会关系结构的影响,并对"忽略社会化"研究和"过度社会化"研究予以批判和反驳,认为社会经济活动既不会极端地脱离社会情境,同时也不会完全受社会情境的约束。1992年,Granovetter对社会网络的嵌入性进行了补充和完善,将嵌入性划分为关系嵌入性与结构嵌入性。关系嵌入性强调社会活动主体嵌入一定的社会网络关系之中,使得活动主体在决策、实施等活动中会受到其他网络参与者的影响。结构嵌入性强调个体活动者与其他活动者的网络结构具有相关性,个体活动者及其网络嵌入整个社会网络之中。

Granovette开创性地提出嵌入性理论以解释社会网络结构对经济行为的影响,但他并未解释社会网络结构对经济行为会通过何种机制产生何种影响这一重要问题。然而,关于社会网络结构对经济活动是正向效应还是负向效应的争论仍未达成一致。尽管很多组织理论研究学者认为社会结构在经济行为中起着重要作用,但许多经济学家则认为社会关系对经济交易的影响微乎其微,甚至会通过屏蔽市场交易来降低交易效率(Uzzi,1997)。因此,关于嵌入性如何影响经济活动的研究争论在今后仍是主要研究方向之一。

绿色创新不仅仅是某个企业的单独特征,还涵盖了企业间和集群间行为的相互关系,更应被视为同时具备内部联结和其他主体交互的网络行动。本书将探讨协同支持网络,涉及企业社会资本、网络强弱关系和结构洞相关问题,故而选择社会网络作为研究基础理论。

二、企业战略行为理论

1. 企业战略行为理论的起源与发展

Chandler(1962)所著的《战略与结构》中对企业战略定义如下:"企业战略是决定企业的远期目标并为实现远期目标而采取的必要的行动和资源配置方式。"随后,Ansoff 对这一概念进行了强化,并形成了"Anthony—Ansoff—Andrews"研究范式,该范式在 20 世纪 70 年代末期被广泛认可和传播。企业战略虽然有宏观的概念,却不只是简单的宏观问题,而是要通过宏观的角度来指导微观的运作,即需要通过具体的微观行为来达成企业宏观的目的。企业战略行为强调的是企业针对内外部环境条件所做出的战略性反应或行动。Andrews(1971)强调,企业的战略行为是企业与其所处的环境相互作用的过程,并且这个过程会导致组织内部结构的改变。企业可以通过采取不同的战略行为来改善自身的市场地位、进入新市场、增强自身的市场竞争力、创造新的商业模式、增加自身价值并获得更多的利润。

在国外,企业战略行为指的是那些与企业战略管理产生联系的行为,包括战略思想、战略选择和战略行动等多个方面,具体来讲它们在认知、感情与私人空间方面的相互影响模式,是决定企业长期发展所需的企业自身组织结构和组织内部微观行动之间相互驱动的过程(Grundy,1998)。有些企业希望以自身的方式决定其战略行为,无论是基于理性还是感性的考虑,其目标通常是展示自身独特的组织特点或者使自身看起来是唯一的。根据 Mintzberg 和 Lampel(1999)的观点,企业的战略行为抉择通常与企业所处的发展阶段、业务模型、生产流程成熟度、不确定性水平以及环境特征等因素密切相关。他们认为企业选择战略行为的过程应考虑这些要素。Combs

和 Ketchen（1999）强调了企业战略行为决策与企业把握和运用战略性机遇窗口的过程之间的关系。一旦企业认识到自身的能力和资源，以及所面临的威胁和机会，确定了战略性机会窗口，企业的战略行为就应该立即对准特定的目标客户群，以满足他们的需求。此外，风险承担态度在企业战略行为中也扮演着关键角色，如 Shinkle（2012）所提到的。企业的风险偏好和风险规避倾向会影响其行为的异质性。企业的战略行为动机和行为表现可能受到其对风险的态度影响。此外，Crozet 和 Milet（2017）的研究强调，企业的战略行为往往受到外部同行企业的行为刺激，如果竞争对手进行了服务化转型并取得了一定成就，那么企业通常会受到刺激，进而采取类似的战略行为，这种现象常常被称为"跟风"。企业的战略创新行为往往受外部环境的刺激。这种观点在国内外许多研究中都有所涉及。

在国内，刘志锋是最早一批开展企业战略行为相关研究的学者，他提出企业战略行为是战略执行过程中战略决定者展现出来的各种行为的集合，并且这种行为是由企业内外部环境共同影响的。吕镇（1994）提到，企业战略行为不仅指的是企业宏观层面在面临重大问题时的方案抉择，同时还包括处理这些问题的过程。前一个内容称为战略姿势，可分为进攻型和防御型两种类型；后一个内容称为分析，即在企业的战略方案选择过程中决策主体能否系统地、有步骤地考虑更多影响决策的因素。此外，谢洪明等（2005）认为，企业战略目的与企业所面临的内外部环境共同影响企业的战略行为，这类行为还与个体和组织在社会网络之间的关系相互作用。李安民（2006）还提出企业战略行为是一种组织决策行为，包括了战略抉择行为和战略执行行为。进一步地，蓝海林（2014）结合我国国情，提出中国企业战略行为的概念架构是由我国新兴市场和特殊制度，以及企业对资源的获取和传统管理能力共同构成的。张婷等（2018）指出，如果想要在国内背景下研究多点接触对企业战略行为的影响就需要考虑国内企业的特征。李宏贵等（2019）认为企业战略行为是指企业在不同制度逻辑指导下表现出的行为方式，每种制度逻辑都对应一种或几种核心的战略行为方式。

2. 企业战略行为理论的内涵

依据《汉语大词典》，"战略"有三种释义：①作战的谋略；②指导战争全局的计划和策略；③比喻在一定历史时期指导全局的方略。"战略"一词对应英语单词"strategy",《牛津英语词典》对其的第一种解释是:"A government or province under a strategus",意为古希腊将军统治下的政府、行政省,或可理解为司令部;第二种解释是:"The art of a commander-in-chief, the art of projecting and directing, the larger military movements and operations of a campaign",意为司令官的指挥艺术,或是战役中较大军事行动的指挥艺术和科学技能。从中外词典的释义中可知,"战略"一词源自军事领域,含有从宏观视角制定长远计划、行为之意。

战略是面向未来的长远规划,而从 Mintzberg 对战略定义的五个方面来看,"战略是一种计划"被视为其最基本定义,因而企业战略则是要面向企业未来发展的规划与布局,是关乎企业发展方向的问题。《孙子》中有曰"善战者,求之于势",意为只有建立了正确的战略方向方能成功。为应对复杂多变的市场环境所伴随的激烈竞争,企业需要制定科学、长远、宏观的企业战略,谋求稳定、向上的发展。企业战略是企业为实现特定目标、谋求自身发展而设计的全局性和长远性的行动纲领或方案。在制定企业战略时,企业考虑市场环境的变化,包括市场机会和潜在威胁,然后利用自身的资源和优势,以最有效的方式满足目标市场的需求,从而实现企业既定的发展目标。这一过程涉及战略制定、执行和监控,旨在确保企业在不同市场条件下取得成功。

依据《汉语大词典》,"行为"包括:①举止行为;②指受思想支配而表现出来的活动。在组织行为学理论中,"行为(behavior)"是指"任何可以观察和测量到的个人的反应或行动"。可见,"行为"强调的是个人、团体或组织等,在工作、生活、学习和交流等方面表现出来的动作或反应,具有可描述性、交互性和可控制性等特点。

企业战略行为,作为一种组织行为,则是强调企业针对内外部环境因素所做出的战略性反应或行动,具有丰富的内涵定义。从经济学的角度来看,企业战略行为是指企业旨在通过影响竞争对手对其行为的预期,从而使竞争对手基于这些预期做出对企业有利的行动(Schelling,1960)。有限理性观点指出,企业战略行为是战略决策主体的议程和战略问题相关时,他们在认知、情感与个人空间方面的相互作用模式,是强调能决定企业长远发展所需的企业内部组织结构和组织内部微观行为之间相互驱动的过程(Grundy,

1998)。国内外学者从经济学、管理学、心理学等多学科及交叉学科的角度切入企业战略行为并展开了大量研究,主要是从两个层面展开:一是认为企业战略行为是企业在市场竞争过程中所采取的经济行为,以实现企业的竞争战略,这其中又包含有经济学宏观视角和企业经营视角两个维度;二是从决策主体的认知和人性、情感这一层面,认为战略行为是决策和执行的过程,而这一过程是由小型的、具有决策能力的和相互交错的企业核心领导层、决策层等决策主体来做出的战略决策并予以实施的战略行为。

3. 企业战略行为理论的驱动因素

企业战略行为的制定与实施,受到一定条件的制约和影响。Mintzberg(1984)也将这些研究视角划分为十大学派,并将它们归纳为理性因素和非理性因素。详见图2-5。

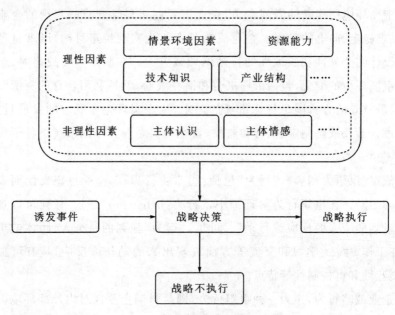

图2-5 企业战略行为驱动过程

(1)理性因素。情景环境因素是企业所处的制度环境、经济环境、社会文化环境、法律法规等背景的总括。具体而言,制度环境对企业跨区域市场进入的战略行为具有一定影响,产业环境特征、企业能力特性和区域制度差异等三个方面的因素形成了企业对市场进入模式的影响与作用机制。李宏贵和李悦(2018)对多重制度逻辑下新创企业创新合法化的战略行为展开分析,认为企业为了实现创新合法化,可以通过调整其战略行为适应制度环境来实现。企业制度的变迁,使得企业战略行为在不同参数条件下会导致截然不同的结果,而在转型期我国企业的制度影响与战略行为,依然是制度和资源能力制约着企业的战略行为(蓝海林,2009)。Porter(2006)以"五力模型"结合产业组织理论的战略管理思想分析了产业结构、市场规模等要素与企业战略行为之间的作用关系。Wernerfelt资源观从企业内部环境来考察战略行为,强调企业战略资源对于企业战略管理及企业绩效的重要作用。Barney(1991)认为企业资源的价值、稀缺性、无法模仿和替代的特点,从而使企业的异质性和资源非流动性获得企业持续竞争优势。技术知识因素在影响企业战略行为的选择时,通常会使企业在技术的学习和使用,以及知识的转化和利用的过程中,更加注重使用效益,并能达到最大化。因此,企业战略决策主体将更加关注新技术使用的绩效,以及将新技术转化为知识,并对其进行管理、维护、转化以及存储与企业知识库后的利用(Conner and Prahalad,1996)。产业观遵循了"结构—行为—绩效"的分析范式,认为产业结构会影响企业的战略行为,从而进一步影响企业的绩效。刘海兵和许庆瑞(2018)指出,产业结构在决定或限制战略行为中扮演了中心角色。

(2)非理性因素。卡内基学派是非理性因素认知观研究的代表,他们认为"决策者的认知属性将会对企业战略行为构成影响",Simon和March(1958)以有限理性、企业组织结构和特定资源基础为前提假设的战略行为研究视角,关注企业组织内部的决策过程以及战略行为的制定与实施。Nadkarni和Barr(2008)首次从经济和认知两个角度综合研究产业情境管理者认知和战略行为间关系,并强调认知在其中的中介作用。黄永聪(2015)则认为,企业非理性因素是影响战略行为的重要因素,而影响战略行为的认知因素主要分为个人、团队、组织和环境四个层面。企业高管认知信仰体系的变化可能会推动企业进行重大战略调整(Ginsberg et al.,1991)。研究表明,在竞争激烈的商业环境中,企业管理者更倾向于坚持原有战略,因为管理认知容易导致惯性,从而限制了企业采用新战略的可能性(苏超等,2016)。管理认知对企业战略行为和组织能力的演化具有重要影响,可能创造或中断企业动态发展路径(纪雪洪等,2019)。同时,姚梅芳等(2022)提出,企业主导逻辑是战略行为的源头,领导者和管理者需定期审查其主导逻辑，以确保战略行为符合服务主导逻辑。社会情感财富理论强调了非经济因素在家族企业经营决策中的重要作用，为分析家族企业战略决策提供了新思路，成为组织管理流程、战略选择、公司治理、利益相关者关系和业务风险承担等决策的重要理论基础(李新春等，2020)。

绿色创新属于中小制造企业主动的环境战略行为之一，受理性因素(如政府环境规制、相关支持政策、绿色科技发展水平等)和非理性因素(如管理者认知、管理者环境注意力、高管环保意识等)的影响。本书将探讨协同网络视角下中小制造企业绿色创新支持体系，故而选择企业战略行为作为研究基础理论。

三、新制度主义理论

1. 旧制度主义与新制度主义

与传统的旧制度主义的静态分析相比，新制度主义更加关注行动者的能动性，是一种动态的分析范式。新制度主义在研究工具和理论方面吸收了行为主义和理性选择分析的元素，丰富了旧制度主义的研究内涵。在研究倾向上，新制度主义改变了旧制度主义的国家为中心的倾向，转向以社会为中心的研究。在分析途径上，新制度主义强调制度对公共政策的影响，将制度作为变量，并探讨不同的制度安排对公共政策的影响。此外，新制度主义引入了对个人行为的解释元素，弥补了旧制度主义在这方面的不足。

新制度主义和旧制度主义的差异主要表现在以下几个方面：①分析对象：旧制度主义关注个别组织的制度化过程，而新制度主义关注组织场域所处环境的影响力。②分析内容：旧制度主义侧重于组织的规范层面，即组织依靠自身的身份认同来维持自身存续。新制度主义关注制度的认知层面，强调社会认知过程。③分析方法：旧制度主义关注个体行为、个体间互动关系和权力冲突，而新制度主义强调宏观层面的环境和社会文化影响。④关注点：旧制度主义关注制度对个体行为的影响力和制度变化的可能性，而新制度主义强调制度的稳定性和持续性。⑤研究视角：旧制度主义关注制度影响个体行为的机制，而新制度主义关注个体对社会的认知和认知过程的影响力。总之，新制度主义强调社会认知和认知过程在制度分析中的重要性，将研究重点从个体行为转向了社会认知和环境的影响力。

2. 新制度主义理论的三大流派

一般而言，新制度主义包括历史制度主义、理性选择制度主义和社会学制度主义三大流派。

(1)历史制度主义：历史制度主义关注制度在个体行为偏好形成中的重要作用。它强调制度的塑造和历史发展对个体偏好的影响，认为偏好不是先验的，而是在制度的影响下形成的。此外，历史制度主义关注社会成员之间的权力关系和制度对权力关系的影响，以及历史、路径依赖等因素。这种方法强调多因素的组合和案例分析，以解释制度和其影响。

(2)理性选择制度主义：理性选择制度主义着重解决集体行动困境，将制度视为解决这些困境的工具。它强调制度是事前的合同，能够推动个体之间的合作和确保合同履行。在理性选择制度主义中，个体偏好被认为是稳定的和先验的，制度不影响偏好的形成。这种方法关注个体的策略选择，强调均衡状态和收益成本分析，以解释制度的作用。

(3)社会学制度主义：社会学制度主义批判理性选择制度主义中对原子化个体的过度强调，认为个体存在的意义是在社会关系中形成的。它强调个体的赖以生存的社会关系和文化背景，认为个体行为不能脱离社会和文化环境解释。社会学制度主义强调制度的制度化过程，即社会秩序的形成和再生产，这一过程不是通过规则和强制实现，而是在社会脉络中自主发生。制度在社会学制度主义中被看作是存在于认知、文化和象征层面的社会秩序。

这三种制度主义各自有其独特的优点和局限性，它们提供了不同的视角和方法，以解释制度和其对个体行为的影响。历史制度主义强调历史和路径依赖，理性选择制度主义强调均衡和策略选择，而社会学制度主义强调社会关系和文化的影响。综合运用这些制度主义视角有助于更全面地理解复杂的社会现象。

新制度主义的引入进一步丰富了中小制造企业绿色创新动机的思考维度。有别于利益相关者理论，新制度主义对制度的深入阐述和分类，提醒人们在追溯企业绿色创新动机的"制度性"议题时，应该全面地认识制度多元性对绿色创新的作用和影响，既应该关注来自对正式制度压力的刺激，如政策法规、行政文件等，又必须接受来自非正式制度的监督，如社区、NGO 和消费者等等。因此,新制度理论对制度全面性的解释有助于将中小制造企业绿色创新的"制度"触发集中于统一框架。

四、利益相关者理论

1. 企业利益相关者的起源与发展

利益相关者理论的萌芽始于企业社会责任这一概念,学者们通常将 Freeman 于1984年出版的《战略管理:一种利益相关者方法》这本书当成利益相关者理论正式出现的象征,而 Freeman 对利益相关者的内涵界定也成为了经典。随后,关于企业利益相关者的研究大批涌现,利益相关者理论与经济、管理、社会及政治等相关领域的研究相结合,在不同程度上均有很大的发展。利益相关者理论是探讨企业社会责任的重要基础理论,它的兴起和发展并不是由企业社会责任的支持者一时兴起杜撰出来的,而是有着较为深刻的理论背景。回顾企业利益相关者的发展,它的研究主要存在产权理论和契约理论两大理论基础。

(1)产权理论。产权理论是由 Ronald Coase 于1960年首次提出的。该理论强调了产权在经济活动中的重要性。明确划分产权可以减少交易支出和社会投入,有助于合理配置资源并促进经济发展。产权是经济所有制的法律外在体现,涵盖了关于资源的所有权、控制和使用的规则。不同的产权安排会影响人类活动和资源配置。不同的学者从不同角度对产权进行了定义。Furubotn 和 Pejovich 认为,产权是与物的投入相关的,规定了人类活动和资源分配的准则。Alchian 则认为,产权是对资源的要求和标准,是社会的必需工具。这些定义突显了产权在人类交互和资源分配中的关键作用。对于公司而言,产权不仅包括股东的所有权,还包括债权人、高级管理层、员工、用户、供应商、政府和社区等不同利益相关者。这些利益相关者都与公司的活动和资源分配有关。

(2)契约理论。契约理论起源于科斯的经典论文《企业的本质》(1937年)。科斯认为,契约的完备性和时效性对市场与企业之间的选择具有关键性影响。契约理论分为两个主要方向:完全契约理论和不完全契约理论。完全契约理论认为市场和企业之间的区别是契约的完备性,而不完全契约理论认为契约是不完备的,因此企业和市场存在不同。企业可被看作是多个契约的"综合体",其中包括股东、债权人、高管、员工、用户、供应商、政府和社区等。这些契约通常是不完备的,无法详尽规定企业活动的所有细节。企业社会责任(CSR)可以被视为一种伦理和道德约束,对企业活动进行了约束,尤其是在契约不完备或潜在契约可能发生异常情况时。企业社会责任超越市场标准和法律法规,对企业的活动提出了更高的道德和社会责任。

众多学者对企业利益相关者进行了定义。Ansoff(1987)提出,企业如果想缔结合适的契约目标,则一定要从整体平衡契约的各个利益相关者之间互相矛盾的利益诉求出发,其中也许包含管理层、普通员工、股东、供应商与消费者。Charkham(1992)根据利益相关者和企业之间是否具有交易性的契约关联,进一步把利益相关者划分成契约型利益相关者和公众型利益相关者。其中契约型利益相关者为股东、消费者、工作人员、销售方、贷款人、供应商;而公众型利益相关者则包括客户、政府部门、监管者、媒体、压力集团和当地社区。

2. 企业利益相关者的界定与分类

Freeman(1984)将企业的利益相关者依据三个维度进行分类:所有权、社会利益和经济依赖性。此种分类的结果是非常清楚的:一类包含董事、管理者和另外的投资者等,他们持有公司的股权,身为利益相关者,拥有企业资产的所有权;第二类包含媒体、政府的各级管理机构和特殊团体,身为利益相关者,他们和公司有着不同社会利益的关系;最后一类包含的群体较多,有员工、管理机构、公司的管理者、竞争对手、客户、债权人、和供应商等,身为利益相关者,他们和企业在经济上互相依赖,紧密相关。

目前,Clarkson提出了一个具有代表性的利益相关者分类,主要以利益相关者与企业之间的亲近程度为标准,将他们分为首要利益相关者和次要利益相关者两类。首要利益相关者包括投资者、顾客、股东、供应商以及员工等,这些群体在很大程度上对企业的发展和生存产生重要影响(Clarkson,1993)。次要利益相关者,如媒体,与企业不直接交互,而是受到企业运营的间接影响,通常不会对企业的生存和发展产生根本性影响。

另一种分类方法是根据相关群体在公司经营活动中承担的风险种类,将利益相关者分为自愿利益相关者和非自愿利益相关者两类。自愿利益相关者主要指那些主动与企业进行人力或物质资本投资的群体或个人,他们在承担企业的决策活动和经营管理过程中将要出现的风险时是自愿的。而非自愿利益相关者是指那些在承担企业的决策活动和经营管理过程中将要出现的风险时是非自愿的(Clarkson,1994)。

Fineman 和 Clarke(1996)将影响企业采取环境保护行为的利益相关者分为四类：①有环保使命的组织或个人,如环保组织和社会环保活动家,通过游说和道德谴责等方式对企业施加环保压力。②政府和监管机构,通过法律手段约束企业的环保行为。③那些间接受益于企业环保绩效的组织或个人,如金融机构、消费者、供应商和各种媒体,他们通过督促企业提高环保绩效来满足需求或实现利润。④企业内部员工,如首席环境执行官、环境管理者、公共关系经理、生产、销售、法务人员等,在企业环保决策和活动实施过程中扮演重要角色。这些利益相关者是否能够对企业行为产生影响取决于他们是否能够通过财务损失(如市场份额丧失、股价下跌等)或损害企业声誉等方式对企业施加压力。

从国内的研究来看,不同学者根据不同的标准和方法对企业的利益相关者进行分类和管理。例如,万建华(1998)根据利益相关者与企业是否有契约关系,将其分为一级利益相关者和二级利益相关者。一级利益相关者包括资本所有者和顾客,而二级利益相关者包括社区和公众。吴玲等人(2003)在考虑了企业与利益相关者之间的分类和绩效评价后,建立了一种新的分类管理的定量模型,该模型具有绩效和管理的双向信息反馈特性。这个模型不仅可以用于定量管理利益相关者,还提高了可控性,并引导了利益相关者管理。陈宏辉和贾生华(2004)使用米切尔评分法和多维细分法对我国企业的利益相关者进行了实证研究。他们根据主动性、重要性和紧急性三个维度将我国的利益相关者分为核心利益相关者、潜在利益相关者和边缘利益相关者。温素彬(2008)根据企业与利益相关者投入的不同资本形态,将利益相关者分为货币资本利益相关者、人力资本利益相关者、社会责任利益相关者和生态资本利益相关者四类。杨皖苏和杨善林(2016)将政府、员工、股东、顾客、债权人、供应商和公益组织以及个人纳入利益相关者的范畴。李粮(2020)根据企业利益相关者与决策制定或决策执行的相关性,将利益相关者分为与决策制定更相关的和与决策执行更相关的两类。李倩倩(2020)根据利益相关者与企业的紧密联系程度,将其分为首要群体和次要群体。王娟茹等(2021)研究的利益相关者主要包括政府、竞争者、环保组织、媒体、供应商、顾客、企业高管、企业员工和企业股东等九类。

  本书基于利益相关者理论,重点关注与中小制造企业绿色创新相关的利益主体,构建分析框架,开展中小制造企业绿色创新外部影响因素评价体系的应用研究。与中小制造企业绿色创新相关的利益成员主要包括政府、供应商、金融机构、技术中介、竞争者、消费者、社会公众等,首先政府部门除了颁布相关法律法规还履行监管机制;供应链上下游企业的绿色原材料需求,可以提升整个供应链的绿色行为;金融机构的绿色支持可以激励中小制造企业开展绿色创新;技术中介的信息、知识资源可以帮助中小制造企业解决绿色生产技术;竞争者的绿色行为可以促进企业提升绿色核心竞争优势;消费者和社会公众通过提高绿色需求,并监督周边企业环境行为,从而促使中小制造企业进行绿色创新。

第三章 中小制造企业绿色创新关键外部影响因素分析

基于中小制造企业自身资源能力的有限性，中小制造企业是否开展绿色创新在于外部因素能否对其产生足够的动机。因此，本章基于新制度主义理论，从政府、市场、社会三个方面建立了中小制造企业绿色创新外部影响因素指标评价体系。笔者邀请高校专家和企业专家判断各影响因素与其他影响因素的直接关联程度，并采用 Fuzzy DEMATEL 方法对专家问卷形成的直接影响矩阵进行处理，得到中小制造企业绿色创新各外部影响因素的影响度、被影响度、中心度和原因度，并绘制因果关系图，从而确定各影响因素的关联程度和关键因素。笔者根据结果分析出了三个关键因素，分别是"地方政府监管""相关企业绿色行为"和"高校、科研院所及技术中介的技术支持"，以及一个结果因素，即"绿色供应网络合作"。

第一节 研 究 背 景

在当今追求世界和平与发展的时代，尽管经济全球化深入发展和科学技术日新月异，但我们不得不面对整个世界生态环境恶化的趋势没有得到根本扭转的问题。保护生态环境已经成为世界各国必须面对的全球性挑战，实现人与自然的和谐共生迫切需要国际社会共同努力。尽管国际社会已经形成了一些基本共识，一些发达国家却不愿意承担相应的责任和义务。同时，发展中国家也面临着经济发展与环境保护的双重挑战，因此，保护和改善全球生态环境的任务任重而道远。作为世界上最大的发展中国家，中国高度重视生态环境问题，强调生态环境保护是功在当代、利在千秋的事业，明确提出绿色发展理念，大力推进生态文明建设和美丽中国建设，积极做全球生态文明建设的重要参与者、贡献者、引领者，在构建人与自然生命共同体中贡献中国智慧，为建设一个清洁美丽的世界提供中国经验。2015年制定的《中国制造 2025》作为我国实施制造强国战略第一个十年的行动纲领，明确提出了"创新驱动、质量为先、绿色发展、结构优化、人才为本"的基本方针；2017年，十九大报告提出必须深入贯彻落实"绿水青山就是金山银山"的发展理念；2021年开始实施的"十四五"规划强调推动绿色发展，促进人与自然和谐共生；2022年二十大指出，大自然是人类赖以生存发展的基本条件。这都证明了，在今后的发展中，绿色发展仍占据重要的地位。绿色创新无疑是实现绿色发展的重中之重,推动企业特别是中小制造企业开展绿色创新,使整个开发、生产、流通环节实现节能减排,从而实现绿色发展,保护生态环境。尊重自然、顺应自然、保护自然,是全面建设社会主义现代化国家的内在要求。必须牢固树立和践行"绿水青山就是金山银山"的理念,站在人与自然和谐共生的高度谋划发展。

自1978年改革开放以来,我国的经济发展水平迅速提高,依据《中国统计年鉴》数据,我国国内生产总值从1978年的3678.7亿元迅速跃升至2021年的114.9万亿元,中国经济实现了跨越式发展。然而,这种快速发展也导致了资源浪费和环境破坏(Ren et al.,2018),中国成为经济大国的同时,也成了最大的能源消费国。国家统计局于2022年10月8日发布的党的十八大以来经济社会发展成就系列报告显示,2021年全国能源消费总量为52.4亿吨标准煤,比2012年增长30.4%。众所周知,环境是人类生存的栖息地,能源是经济和社会赖以发展的重要物质基础。近年来,随着国民经济的快速发展,能源需求与能源短缺问题日益凸显。能源消耗高,造成污染排放大,导致能源浪费和环境污染,我国因此面临着巨大的生态环境危机。种种情况使得政府采取了一系列的措施来解决生态环境问题,如"十三五"规划中提出了"创新、协调、绿色、开放、共享"的发展理念,"十四五"规划中再度强调了绿色发展与可持续发展的重要性,提出要尊重自然、顺应自然、保护自然,坚持节约优先、保护优先、自然恢复为主,完成经济社会发展全面绿色转型、加快推动绿色低碳发展。

中小企业作为我国国民经济发展中的主力军,不仅是我国经济高质量发展的重要推动者,也是最大的污染者。中小企业创造的价值占国内生产总值的60%,纳税占国家税收总额的50%,而年均排放约占国内污染源的60%(龙文滨等,2018),对生态环境造成了严重破坏。2016年环保部(现生态环境部)以责令停产来监督中小企业环境污染,给经济发展带来了巨大压力;2018年5月生态环境部发文明确禁止"一刀切"行为,强调对中小制造企业绿色转型的引导与支持,让绿色创新成为企业应对环境挑战的一种方式(Berrone et al.,2013);2019年1月,生态环境部、全国工商联联合发布的《关于支持服务民营企业绿色发展的意见》指出,支持中小企业走绿色发展新路,要以优化营商环境、深化"放管服"改革为中小企业创造良好的外部环境,积极推动落实环境保护税、环境保护专用设备企业所得税、第三方治理企业所得税、污水垃圾与污泥处理及再生水产品增值税返还等优惠政策来增强企业绿色发展能力;2022年9月,工信部发布《"十二五"中小企业成长规划》,明确指出要深入贯彻落实科学发展观,紧紧围绕加快转变经济发展方式的主线,不断完善政策法规体系,营造环境,改善服务,大力扶持小型、微型企业发展,鼓励、支持和引导中小企业进一步优化结构和转型成长,提高企业技术创新能力和企业管理水平,推动中小企业走上内生增长、创新驱动的发展轨道。虽然国家出台了很多政策来推动中小制造企业绿色创新,但大部分中小制造企业认为履行环境责任的行为会产生成本支出而不能产生收益,在面临多重压力时,会优先考虑短期商业利益而不是生态效益(胡美琴等,2007)。这说明中小制造企业绿色创新存在诸多障碍,在此现实背景下,中小制造企业如何实现"发展与环保"的双赢,如何找寻一条"转型发展"的路径,如何践行绿色创新,成为各界广泛关注与深入讨论的课题。

本书基于上述如此重要的现实问题,回顾现有研究发现,绿色创新相关研究逐渐增加,其中包含战略层面的绿色创新发展、企业绿色创新改革等,还包含了企业层面的绿色创新影响因素、评价体系、具体措施以及部分地区企业绿色创新案例等研究,所以中小制造企业绿色创新的研究也积累了一定的成果。这些研究成果也证明了中小制造企业绿色创新存在许多突出问题:首先,从企业自身来看,由于绿色创新本身就是一项创新型活动,周期长、知识和技术要求高、投入风险大,加之中小制造企业本身资源能力有限,因此,中小制造企业在这种状况下都不太愿意进行绿色创新;其次,从我国国情现状来看,虽然经济收入逐年增加,但许多消费者仍要将最大一块支出用于改善生存物资的品质和结构,说明在当前背景下,我国消费者的消费能力有限,绝大多数消费者还未形成绿色消费观念,由此可见,正是由于绿色需求不足,导致我国绿色创新严重滞后。

除了有学者研究中小制造企业绿色创新的现状之外,还有部分学者从内外部角度对企业绿色创新进行全面研究,也有学者对某一具体的绿色创新影响因素进行深度研究。从中小制造企业绿色创新影响因素来看,有政府层面的政策法规、监管力度等因素,法律法规不够完善,监管力度不足,导致中小制造企业有机可乘;有企业自身层面的管理者认知、资源能力有限等因素;还有市场层面的由于消费者绿色需求不高,且竞争企业绿色创新水平也不高,导致的中小制造企业绿色创新动力不足的因素。

本书从众多的学术研究中发现,影响中小制造企业绿色创新的因素可以分为内部因素和外部因素，但目前研究较少关注复杂多样的外部影响因素之间的交互关系。从外部视角探究中小制造企业绿色创新是研究的趋势之一，明晰外部因素之间的交互关系进而识别关键因素是制定促进中小制造企业绿色创新组合政策措施的前提。因此，系统分析中小制造企业绿色创新外部影响因素，识别中小制造企业绿色创新关键外部影响因素，将有助于提高生态环境效益和制定更有效的环境保护政策。

第二节　中小制造企业绿色创新外部影响因素梳理

由于中小制造企业资源能力的有限性，其绿色创新行为主要受外部因素影响。而现有研究多集中于单一因素或单一主体对中小制造企业绿色创新行为的影响机制及对策研究，鲜有对多因素、多主体共同作用下，中小制造企业绿色创新行为的变动机制进行探究。实际上，绿色创新活动本身是一种具有高度不确定性的社会行为，中小制造企业由于资源能力的有限性，对外部网络环境因素更是高度关注。明晰外部因素之间的交互关系进而识别关键因素是制定促进中小制造企业绿色创新组合政策措施的前提。因此，本书采用定性与定量相结合的 Fuzzy DEMATEL 方法，系统分析复杂网络情景下中小制造企业绿色创新外部影响因素，具有重要的理论意义和现实意义。

一、影响因素分析框架

任何一个企业的利益都有与之相关的各个利益主体，将利益相关者与企业利益相关联进行研究(王琦，2018)，为研究企业绿色创新提供了较好的研究视角。本章从利益相关者角度出发，深入探讨下述几个问题：与中小制造企业利益相关的主体有哪些？中小制造企业应该如何满足利益相关者的利益需求？在开展绿色创新的道路上又会遇到怎样的障碍？这些利益相关者应如何发挥各自的作用来促进中小制造企业绿色创新？许多学者将利益相关者分为内部利益相关主体和外部利益相关主体(莎娜，2012；于飞，2014；盛丽颖和冯艳茹，2022)，其中内部利益相关主体包括企业管理者和员工，外部利益相关主体包括消费者、竞争者、供应商、政府以及社会公众等，而本书在借鉴其分类方式的基础上,主要探讨外部利益相关主体。中小制造企业的利益相关者也是环境公共治理的主体,结合新制度主义理论,可以深入探讨分析影响中小制造企业绿色创新的外部影响因素。

1. 中小制造企业绿色创新外部利益相关主体

消费者的利益需求是与中小制造企业生产经营相关的重要因素。中国消费者协会的数据显示,在2004年,我国就有超过一半的消费者愿意购买绿色产品。中国绿色消费者报告还指出,阿里平台上绿色消费者规模从2011年至2015年,近4年增长14倍,且在2015年规模超6500万人,绝大部分绿色消费者购买过环境友好类或绿色健康类的产品。这些数据都表明消费者在购买商品时,若产品的功能、款式和价格能满足需求,则消费者会逐渐关注产品的绿色性能,且愿意为购买绿色产品付出额外的价格。拥有绿色性能的产品逐步得到广大消费者的青睐,与此同时,消费者也越来越倾向于关注开展绿色生产的企业。因此,消费者的绿色利益需求有助于中小制造企业绿色创新的开展。

中小制造企业是否开展绿色创新还受到竞争者的影响。在市场环境中,如果竞争企业通过开展绿色创新取得了消费者的关注,并且获得了较高的利益收入,那么其他的企业也会在利益驱动下效仿获得高收益的竞争企业,来获取消费者的青睐,从而获得市场占有率,实现利益收入。许多研究也表明,同行竞争者的压力会促使企业向环境友好型转变,从而采取向竞争者学习的方式来提高自身的竞争优势。因此,竞争者这一利益相关主体会促进中小制造企业开展绿色创新。

供应商作为供应链中的一员,在整个生产过程中,起到重要的作用。整个供应链的运作需要供应链上各个环节的配合与合作,因此,绿色供应链生产的实现不是某一个企业能够完成的。如果某一供应商提供的生产原材料不是绿色原材料,那么下游企业生产、加工的产品也不是完全意义上的绿色产品。鉴于此,绿色供应商和中小制造企业结成绿色战略合作伙伴,将从源头上控制污染,从而生产出真正意义上的绿色产品。与此同时,供应商作为中小制造企业的利益相关主体,一方面促进中小制造企业开展绿色创新,为整个供应链创造更多的绿色收益;另一方面也可以满足消费者和社会的需求,从而实现合作多赢。

政府在中小制造企业绿色创新中扮演着引导者和监督者的角色。一方面,政府会制定相应的支持政策,包括政府采购和税收优惠等方式,来促进中小制造企业开展绿色创新,与此同时,政府还会通过宣传来引导中小制造企业进行绿色生产制造;另一方面,政府也会制定相应的法律法规来规范中小制造企业的生产行为,监督中小制造企业生产模式和过程,对污染较大的企业给予相应的惩罚,对积极开展绿色生产的企业给予一定的奖励。政府通过政策支持和环境规制来发挥其监督控制的作用,从而规范和扶持中小制造企业绿色创新发展。

中小制造企业的外部利益相关主体还涉及社会公众等第三方监督主体。社会公众等第三方监督主体包括社会公众、媒体及其他非营利组织。随着互联网的快速发展和社会公众环保意识的增强,中小制造企业的绿色监督已经变成了由政府主导,社会公众、媒体和其他非营利组织共同参与的监督。其中,社会公众通过对绿色生产企业的产品的消费倾向以及对污染生产企业的检举等行为,促进中小制造企业开展绿色创新;媒体通过信息披露直接或间接地影响中小制造企业绿色创新行为;其他非营利组织通过收集相关政策法规、需求、技术等信息,为中小制造企业绿色创新发展提供服务。因此,第三方监督主体的参与,起着越来越重要的作用。

图3-1直观地表达了中小制造企业外部利益相关主体与中小制造企业绿色创新之间的关系,为后文构建中小制造企业绿色创新外部影响因素框架奠定了基础。

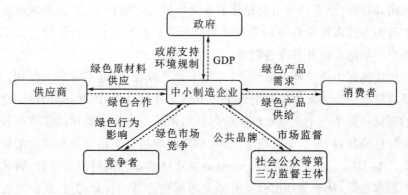

图3-1 中小制造企业绿色创新外部利益相关主体关系

2. 新制度主义理论视角下的影响因素细分

企业绿色创新需要社会各界的协同,中小制造企业绿色创新更是如此。因为中小制造企业资源少、能力弱,其绿色创新风险更大,且绿色创新具有外部性,所以更需要政府、非营利组织、创新中介、消费者等社会群体的协同支持(Johanna et al.,2012;吴利华等,2015)。中小制造企业绿色创新往往伴随着组织战略转型的整个过程,并且在战略转型的不同阶段会受不同因素的影响,在多元化发展的社会主义市场经济下,中小制造企业绿色创新也会受多元公共管理主体的影响。新制度主义理论强调治理主体的多元化,而中小制造企业的绿色创新正是在政府主导下,非政府组织调动各方资源共同作用的结果。

(1)新制度主义理论首先强调政府的"掌舵"作用。从政府视角来看,中国政府通过制定一系列强有力的环境规制来促进企业污染控制(Li et al.,2019)、新能源利用(Shen and Lyu,2019)和开展绿色技术创新(Liu et al.,2018),但政策的实施离不开政府的监管(黄昱橙和张雨濛,2018)。政府参与监管是企业绿色创新扩散的助推器(于丽静和陈忠全,2018)。理论和实践证明,严格的惩罚可以促进企业的环境绩效(Fang et al.,1997;Jia et al.,2017)。环境规制对于绿色创新的提高具有促进作用(Kammerer,2009;何爱平等,2019)。

(2)新制度主义理论还强调市场的动态平衡作用。从市场视角来看,供应网络中的合作伙伴关系直接影响中小制造企业绿色创新。一方面中小制造企业的生存依赖于满足供应链需求的能力(Gronum et al.,2012),另一方面中小制造企业绿色创新是由合作伙伴推动的(Scarpellini et al.,2012),这些因素存在复杂的交互关系,中小制造企业资源能力的有限性是基本出发点(Jesus,2017),合作是中小制造企业绿色创新的必然途径(Urbaniec,2009;Gerstlberger,2010)。中小制造企业不主动开展绿色创新很大程度上是因为从外部网络获取的资金、信息、知识等支持不足(Googins and Escudero,2014)。研发补贴一直是促进创新的核心公共政策。近些年,政府部门提出要建立"绿色信贷",包括贷款贴息和绿色补贴等机制,来激励企业绿色创新行为(蓝传晓,2020)。在科技服务机构的协调和沟通下,科技企业和高校、科研院所之间形成了稳定的合作关系,提升了企业的创新能力(刘秋红等,2019)。科技服务机构与中小制造企业之间的资源共享、优势互补、缩短了创新周期,大大促进了中小制造企业技术创新能力的提高(孟庆敏,2012)。

(3)新制度主义理论还包含社会多方参与的协同治理。从社会视角来看,中国公众的绿色意识不断增强,对环境要求也越来越高,大量理论研究的文献阐述了公众参与环境治理的多重优势,公众参与可以调动多种力量来协调不同利益集团之间的矛盾冲突,监督企业的环境行为(Chen et al.,2018)。Weng和Lin(2011)也证实了消费者绿色需求的增加会促进企业绿色创新。赵爱武等(2018)基于消费者异质需求视角,也验证了消费者对产品属性的异质偏好会影响企业环境创新绩效。在一项基于战略联盟的研究中,学者们发现行业协会的社会网络或社会嵌入性在影响中小制造企业获取创新资源方面起到关键作用(Zhang et al.,2018)。

综上所述,影响中小制造企业绿色创新的因素主要分为三个层次:政府、市场和社会,在不同层次下有相对应的因素分类,基于此,构建中小制造企业绿色创新外部影响因素分析框架(见表3-1),以便后续展开理论和实证研究。

表3-1 中小制造企业绿色创新外部影响因素评价体系

母因子	子因子
政府因素	地方政府监管
	政府环境规制
	政府相关政策支持
市场因素	顾客绿色需求偏好
	绿色供应网络合作
	金融机构资金支持
	高校、科研院所及技术中介的技术支持
	相关企业绿色行为
社会因素	公众环境关注
	社会监督
	绿色科技发展水平
	行业协会的信息与沟通支持

二、政府因素

1. 地方政府监管

生态环境具有公共物品属性,企业参与环境治理的成本与收益并不对等,因此,企业缺乏积极参与保护环境的动机(李青原和肖泽华,2020)。此外,个别地方政府片面追求 GDP 增长而忽略地方环境治理,使得环境违规成本降低,进一步削弱了企业降污减排的动机。随着我国进入绿色发展新时期,绿色创新被纳入新的发展理念,对环境保护的重视程度得到不断加强。各级地方政府的环境监管执行力度也随之提升,有利于促进企业积极参与环境治理(谢东明,2020)。而绿色创新是有效协调环境规制与企业绩效的关键,是企业参与环境治理保护自然的重要方式之一,不但有利于地区节能减排,而且有利于企业向绿色节能转型(齐绍洲等,2018)。企业进行绿色创新不但可以实现生产技术进步,达到节能减排的目的,从而降低环境违规成本,还可以通过生产绿色产品吸引更多消费者,快速抢占绿色产品市场,取得绿色竞争优势(Hart,1995)。然而,企业进行绿色创新也面临着资金投入大、周期长、收益不确定等因素(王佳和梁锦锦,2022)。

政府监管是促使企业积极参与生态环境保护的重要驱动力,波特假说认为严格的监管使企业更加关注污染排放问题,产生更大的创新和创新补偿,为其带来高于环境成本投入的收益。根据波特假说,监管能够给企业带来外部压力和进步动力,推动企业积极进行创新(Murillo-Luna et al.,2008)。Berrone等(2013)也认为来自监管和规范的外部压力有助于促进中小制造企业进行环境方面的创新活动。政府环境监管水平不断提高,势必会使得企业环境违规成本增加,迫使其参与绿色创新的意愿提高。一方面,企业通过绿色创新可以提高企业生产技术水平,降低生产环节的污染物产生和资源消耗,有效规避环境规制成本;另一方面,企业绿色创新可以生产节能环保的绿色产品,在市场竞争中占据领先优势,帮助企业提升业绩,弥补企业环境成本。国内外学者围绕地方政府监管对企业绿色创新行为的影响开展了广泛的研究。Berrone(2013)及Lin和Ho(2011)在文章中都有提到,监管压力通常是由政府机构或由政府支持的组织通过监管和惩罚施加的,可以为企业提供清晰的行为标准,并迫使它们变现出特定的行为。Banerjee(2003)研究发现,政府施加的外部政治压力会激励企业采取绿色创新行为。Eiadat等(2008)指出,企业的绿色创新受到政府的环境规制、利益相关者的压力和管理者的重视程度等多方面因素的影响。魏泽龙和谷盟(2015)指出,在倡导绿色转型的背景下,政府层面的合法性显著促进了企业绿色绩效的改善。

2. 政府环境规制

企业绿色创新与其他经济活动一样,无法脱离所处的政策环境,只能在特定环境规制下展开。环境规制是政府通过制定环境保护政策和利用市场机制等方式干预企业行为,降低环境污染的负外部性,实现环境与经济协调发展的社会性规制(王锋正等,2018)。作为政府干预企业环境行为的重要工具,环境规制以其强制力约束企业环境行为,督促企业进行绿色创新。例如,环境规制通过限定技术标准和污染物排放浓度与总量、对违反环保法规的企业进行经济惩罚等措施约束企业环境行为,促使企业为避免受罚而采用绿色设备或工艺,因而有利于企业绿色创新(曹洪军和陈泽文,2017)。有研究指出,环境规制会倒逼企业进行生产工艺流程和加工技术绿色革新,最终实现整体生态负效应最小化、社会总收益最大化的绿色创新目标(郭捷和杨立成,2020)。也有研究指出,环境规制水平越高,越能刺激企业通过绿色创新弥补挤占生产总成本中的污染治理费用,由此促进企业绿色创新(徐建中和王曼曼,2018)。基于行业异质性的实证研究发现,在高耗能行业和成本难以转嫁的行业,当环境规制强时更容易诱发企业进行绿色创新行为(王班班和齐绍洲,2016)。由此可知,环境规制以法制法规的强制力和稳定性特征,督促企业履行环保义务,加大企业节能减排压力,使其在环境规制的强制性要求下进行绿色创新。

长期以来,环境规制通过提供规范性内容将环保需求转化为严格的政策,因而被认为是实现企业绿色发展的重要措施(Chen and Hardle,2014)。环境规制能够促进创新的理论主要有"诱导创新理论"和"进化论"两种。前者认为研发活动受利润动机的引导,环境规制加大了企业的投入成本,降低了企业的利润空间,企业在利润最大化动机驱使下,会通过研发活动提高企业的创新能力,这种理论也被称为"波特假说"(Porter,1995)。后者认为从进化角度来看,环境规制不应被视为成本,而应被看作一种契机,企业在环境规制下会发现新的盈利机会,通过创新同时改善环境和经济表现。从动态角度来看,短期内环境规制的实施可能对中小制造企业造成成本压力,但从长远来看,合理的环境规制会倒逼中小制造企业加大对产品研发的投入,促使其升级生产线和积极开展绿色创新活动,提高其创新水平。除此之外,中小制造企业由于工作环境的改善,可以吸引高素质人才来企业工作,从而提高劳动者的工作效率及创新能力,为企业提高绿色创新效率提供重要的人力资源保障,实现良性循环发展。学者们围绕环境规制对企业绿色创新行为的影响开展了广泛的研究。王娟茹等(2018)指出命令型和市场激励型环境规制均对绿色创新意愿和行为有显著的直接正向作用。赵息等（2018）根据2007年至2012年中国污染企业面板数据，研究得出环境规制对企业绿色创新具有显著的正向影响。

3. 政府相关支持政策

相比于传统创新，绿色创新过程具有高投入、高风险等不确定性特征，因此仅依靠企业自身资源或市场力量难以实现快速发展，降低了企业绿色创新的热情（Bai et al.，2019）。为此，政府有必要采取一些支持政策，引导和鼓励重污染企业承担起环境保护的责任，并向环保、绿色发展模式转变（Huang et al.，2019）。政府支持是中小制造企业开展绿色创新的主要动力，财政支持和政策引导对于创新的投入和转化都起着关键作用（贺祥民，赖永剑，2020）。政府支持作为有效的财政手段，成为学者们关注的热点主题。Luo（2016）认为在转型经济中，政府补贴有利于企业补充自身资源，并显著提高制造业企业的创新能力。姚东旻（2019）利用我国工业企业微观层面数据研究发现政府补贴能显著降低企业创新成本，增加企业自有资金，并对企业后续研发投入具有指引作用。Huang等（2019）则通过博弈模型，证实政府补贴是支持企业创新的有效干预方式。

基于资源基础观，企业把政府支持当作重要的外部融资来源，政府支持可以在研发时直接填补资金缺口，直接使企业在短期内获得流动性较强的资金，且其无偿性、金额稳定、政策持续性强等特点能使中小制造企业对研发活动的前景保持乐观，有效提高了企业创新意愿（董景荣等，2021），从而减弱了企业进行绿色创新时的不确定性和高风险性，减少了企业可能因创新失败而需要承担的经济损失。

此外，基于信号理论，政府支持可被视为政府部门支持企业创新的承诺。如果中小制造企业受到了政府补贴，就可以向市场上的投资者传递出某种积极的信号，即该企业的研发项目得到了政府的肯定与扶持，企业的研发与成长能力是值得信赖的，并且企业的创新项目受到了政府的监管，这又为投资者的投资活动增加了一重保障。获得政府部门的认可一方面可直接缓解中小制造企业融资约束问题（姜宁和黄万，2010），另一方面会促使企业提高创新效率以维系这种"隐性政治关联"（张志昌和任淮秀，2020）。Greaker和Hoel（2011）指出，在承诺技术许可费的前提下，绿色研发激励比普通产品研发的激励作用更大。Gronum（2012）认为政府相关支持政策减轻了中小制造企业资源缺乏压力，被认为是关键的外部因素。李蕊英(2013)提出，政府在促进经济、社会、环境的和谐统一发展，转变我国发展模式的问题上有非常重要的作用，其中政府相关支持政策尤为突出。Marquis和Qian(2014)认为，政府补贴带来认证效应的同时也使企业受到更多的外部监控，面临更大的合法性压力，迫使企业为了避免"脱钩风险"而更为严格地履行政府合约。而绿色创新不仅有利于通过生成环境绩效构建政治合法性，还可以凭借其经济贡献提升市场合法性，因此，成为企业降低规制压力、重塑合法性的重要战略方案。

三、市场因素

1. 顾客绿色需求偏好

根据创新获利理论，绿色创新不仅涉及过程、产品及组织创新的实践活动，还包括它们的商业化，即将创新成果推向市场进行盈利(Hall and Clark, 2013)。与传统创新相比，绿色创新的市场不确定性更大(Berrone et al., 2013)，顾客是决定绿色产品需求的关键因素。随着绿色需求偏好的增强，顾客更愿意选择资源节约、环境友好的产品(Li et al., 2016)。

一方面，客户需求是企业绿色创新的关键推动力，中小制造企业为抢占更多的市场份额会选择绿色创新行为(设计和研发资源节约型产品或环境友好型产品、采购绿色原材料等)。Zhang等(2008)研究指出，客户绿色环保需求对企业改善环境绩效有一定的促进作用。Lewis和Harvey(2001)的研究发现客户需求大多来自终端消费者及供应链下游伙伴。此外，市场传递了客户绿色环保需求的信号，企业为了继续获取客户信任，稳定上下游合作关系，会进行绿色技术创新，来提升产品竞争力。绿色创新行为的实施传递给社会正面的信号，企业不仅提高了自身的技术水平，还履行了保护环境的社会责任，更容易得到社会大众的好感度，从而树立绿色的品牌形象。优质的品牌形象无疑提高了产品的销售能力，消费者愿意为绿色、安全的品牌付出额外的价格，这也提高了企业的议价能力，加大了利润空间。Cleff(1999)和Rennings(2000)等研究发现，市场需求、顾客满意程度是企业绿色技术创新的重要驱力。

另一方面，客户的绿色压力表现为客户绿色需求的增加和环保意识的增强，对绿色产品的认可度提升，更倾向于选择环境友好型产品。针对绿色创新而言,市场绿色压力一方面提供了强烈的绿色需求,另一方面也倒逼企业开展绿色创新实现市场引领(侯艳辉等,2021)。在较高的市场绿色压力下,企业更倾向于满足绿色需求以及获取绿色声誉,这对企业开展绿色创新形成推力,从而形成绿色竞争优势(王娟茹和刘娟,2020)。此外,随着客户绿色压力的增加,降低了中小制造企业的市场环境不确定性,有利于提高企业选择绿色创新行为的积极性。Zhu和Sarkis(2013)以及杨德锋等(2012)的研究表明,顾客绿色需求偏好作为一种市场绿色压力,是企业选择绿色创新行为的重要驱动因素。Zhu等(2013)发现偏好购买绿色产品的消费者显著增多,这说明国民的环保意识正逐步提高。杨光勇和计国君(2021)研究认为,客户的环保意识高对企业绿色技术创新具有正向影响。也有学者认为除了客户的绿色环保需求,客户参与企业绿色技术创新过程会使企业获得更好的回报(Prahalad and Ramaswamy,2013)。

2. 绿色供应网络合作

绿色创新问题本质上是涉及技术、组织和市场的综合问题(Foxon and Andersen,2009),企业绿色创新成功的关键在于与其他企业开展有效的战略合作(张钢和张小军,2011)。绿色战略联盟是企业实现绿色创新的手段(焦俊和李垣,2011),绿色创新涉及产业价值链的各个环节,不仅涵盖直接利益相关者的互补性绿色资源,还包括边缘利益相关者的绿色社会关系,而且企业为了增强核心资源和能力,需要进行外包与合作联盟。中小制造企业绿色创新是由合作伙伴推动的,为了保持长期的互利共赢,绿色供应链网络中的合作伙伴、合作流程以及整个供应链网络必须协调统一,彼此建立战略型合作伙伴关系,形成绿色供应链网络企业联盟(常泰保,2013)。因此,中小制造企业的绿色创新需要在原材料、可回收物资利用和废料管理整个供应链上进行持续变革,因而要求企业与供应商进行卓有成效的协同运作。实践证明,企业间的合作越密切,越有可能进行绿色创新;而且网络合作是比企业结构特征更为重要的绿色创新驱动因素,企业与供应商及网络合作伙伴的强关系能够有力地推动企业采用环保创新技术(Mazzanti and Zoboli,2005),延伸产业链,发展循环经济。

此外,企业的绿色创新行为会受到纵向环境的影响,供应商能够将自身的绿色环保意识和知识传递给中小制造企业。供应商作为企业在供应链上的延伸,可以为中小制造企业提供"绿色创新"方面的资源和知识,有利于中小制造企业开展绿色创新活动(曹国等,2013)。最后,绿色供应商不仅能够确保绿色原材料的供给,而且可以保证采购产品的环保性能,满足企业绿色管理的需求(郭雪松等,2007)。中小制造企业可以通过与绿色供应商的紧密合作来降低绿色创新成本,为客户提供更好的服务,甚至能够引入全面质量管理和即时生产等管理战略来改进企业的生产流程,最终可能会超过客户和政府的环境期望,进而提高知识型企业的竞争力(刘彬和朱庆华,2005)。Geffen等(2000)研究发现企业与供应商间的良好合作关系,配以合适的激励措施,可以有效促进环保技术的创新。Vachon(2007)研究发现企业与供应商之间的环保合作与污染防治技术的投资正相关。

最后,随着中国经济的转型和生态建设的推进,资源愈加稀缺,供应商的地位日益上升。供应商会更加谨慎地选择自己的下游客户,因为如果选择了"绿色意识或绿色行为存在危机"的下游客户,那么供应商自身的社会公众形象会受到牵连,甚至会影响资金的回笼,带来经济上的损失(Pujari,2008)。因此绿色供应商能够对中小制造企业形成市场绿色压力,进而驱动企业开展绿色创新。侯艳辉等(2021)以54家知识型企业为研究对象,在绿色供应链视角下利用层级回归分析进行实证检验,结果显示供应商绿色压力对知识型企业绿色创新行为具有显著的正向影响。

3. 金融机构资金支持

绿色创新主要是指以推动节能减排、清洁生产、可再生能源使用等绿色技术发展为目标的创新活动(齐绍洲等,2018)。相较其他创新活动,绿色创新不仅具有投入高、风险大、周期长等特点,而且具有较强的环境外部性,这就使得企业在开展绿色创新活动时需要长期稳定的资金支持(Huang et al.,2019)。同时,企业内源融资有限,银行信贷已成为企业创新活动的重要资金来源(徐飞,2019)。但是,由于创新过程中的信息不对称、创新收益的不确定以及创新项目的难抵押,企业绿色创新往往面临资金不足的问题(余明桂等,2019)。因此,金融机构资金支持可能会对企业绿色创新产生一定影响。

首先,在缺乏资金的情况下中小制造企业很难对绿色创新项目进行投资(Hottenrott and Peters,2012)。金融机构资金支持不仅能够提高企业融资效率(唐松等,2020),而且能够降低企业融资成本(聂秀华等,2021),有效缓解中小制造企业的融资约束问题。其次,从分散风险角度出发,基于资源基础理论,企业获取资源的能力决定了其对企业内外环境的响应程度。金融机构资金支持有效提升了融资效率与融资可得性,缓解了金融错配问题,促使中小制造企业创新风险显著降低,使管理层更愿意以长远的目光进行绿色创新决策(钟廷勇等,2022)。再次,银行业金融机构出于自身绿色评级需要及维护自身声誉,对企业环境与社会风险的合规程度进行评估,将考虑环保因素的授信审批门槛抬高,加大对环保、低碳、节能等绿色项目的信贷供给,导致重污染企业融资渠道受阻,环境污染的机会成本加大。故中小制造企业会加大创新力度,不断提高产品"绿色"含量,开展绿色低碳技术研发项目来最小化生产成本,以创新投资实现长期绿色发展战略目标(程振等,2022)。最后,通过对经济增长和企业行为的影响,金融机构资金支持能够间接影响居民收入水平,提升城市财富。从居民个体角度出发,财富积累会加强个体对美好生活的向往与追求(董直庆和王辉,2021)。程名望等(2019)和Nguyenen等(2020)的研究指出,居民收入增长会增强其对环境的需求,从而增加对绿色产品的需求。在绿色产品需求的利益驱动下,企业绿色技术创新的意愿随之提升。

4. 高校、科研院所及技术中介的技术支持

绿色创新对企业研发强度和知识流动有较高的要求(Aldieri et al.,2019),由于自身资源和知识的匮乏,技术障碍是中小制造企业开展绿色创新过程中面临的主要内部障碍(谢雄标和孙静柯,2021)。中小制造企业要想最大程度地获取创新资源,在激烈的市场竞争中获取胜利,一个有效的方式就是与高校、科研院所及技术中介建立技术联系。高校、科研院所及技术中介是技术知识的信息源,通过技术产出、人才输出和绿色技术宣传促进中小制造企业绿色创新。

首先,高校、科研院所及技术中介从事基础研究或绿色技术研究,能够跟踪世界最先进的绿色技术,通过搜集企业和市场的相关信息,根据市场需要进行绿色基础的研究开发,然后向企业提供绿色专利、技术,提高中小制造企业的绿色生产能力(王仁文,2014)。中小制造企业将自身的市场优势与高校的创新优势相结合,有利于快速将绿色技术创新成果投入市场,缩短传统企业主导绿色技术创新发展模式下的研发周期,降低绿色技术创新风险(孙畅等,2021)。此外,根据资源基础观,虽然知识、信息等资源具有外溢性,但并非所有企业都能轻易获得这些资源,高校、科研院所及技术中介所提供的技术支持能够为技术知识的转移提供便利,为中小制造企业获得资源提供途径(Liao et al.,2020)。余菲菲(2015)指出,企业能够直接利用高校、科研院所以及技术中介的绿色技术知识与环境标准知识,寻求自身绿色技术研发的机会,提高绿色创新的成功率。

其次,技术创新活动主要靠人才,创新型人才是实现技术创新的重要支撑。人才是创新实施的主体,在创新活动的各个阶段都需要专业的人才。技术创新水平的提高需要各大高校、科研院所等高水平的人才队伍做后盾。高校、科研院所及技术中介从事创新型人才培养,能够为绿色创新活动提供源源不断的绿色研发创新型人才,保证中小制造企业自身绿色创新的人力资源投入。张在旭和黄卓琳(2020)通过对中国省际绿色技术创新效率的影响因素进行实证探究发现,高水平人才能够推动绿色技术创新活动发展,促进技术创新研究成果转化为现实生产力。高校、研发机构和企业形成很好的融合状态,共同实现绿色技术创新。

5. 相关企业绿色行为

绿色创新是一个系统工程,某一个企业的绿色创新行为会对相关企业产生正外部性。由于绿色技术成本相较于传统的技术成本更高,因此,绿色创新主体企业要获得竞争优势则需要通过绿色创新技术来为消费者提供有绿色价值的商品。Bearden和Etzel(1982)对参照群体进行了相关研究,认为参照群体是"对个体行为有显著影响的个人或群体"。

根据参照群体数据显示,相关竞争企业的绿色创新行为会影响该中小制造企业的环境行为。竞争者主要在与企业争夺资源及市场的过程中对中小制造企业造成环保压力。第一,竞争者通过提供绿色创新产品赢得更多消费者的青睐和政府资源,企业为赢得市场竞争优势和资源,会效仿竞争对手开展绿色创新战略(Menguc et al.,2010;Hojnik and Ruzzier,2016)。第二,良好的竞争环境使得中小制造企业能够转让绿色创新技术、知识进而增进收益、减少创新的外部性成本(曹洪军和陈泽文,2017)。

此外,基于中小制造企业供应链网络,其同类型或者上下游中小制造企业的环境行为会影响该中小制造企业的环境行为,从而指导或影响该中小制造企业的绿色创新决策。当企业感受到核心企业或上下游企业的环境压力后,不得不改善环境行为,以满足供应链的环境要求(马明月和赵刘威,2018)。例如,在处于同一地域或者供应链上下游中有紧密联系的中小制造企业圈内，往往会出现多家中小制造企业采取一致抱团进行绿色创新或不进行绿色创新行为的现象。近年来，随着环境政策对企业约束的不断加强，许多企业已经开始寻找以绿色创新为核心的新的竞争优势，竞争企业基于利益相关者的环保压力，也逐步开展绿色行为（王文波，2019）。因此，相关群体的有效协作机制，可以促进企业绿色创新发展。

四、社会因素

1. 公众环境关注

公众环境关注作为一种非正式环境规制，能有效补充环境规制措施。目前，中国正处于转型期，在正式制度不完善的背景下，非正式制度的影响更加突出。如媒体关注会显著促进企业绿色技术创新（张玉明等，2021），公众对新兴环保科技的需求也能显著激发绿色创新的市场活力（吴菲菲等，2020）。

公众环境关注能够通过正式制度渠道推动中小制造企业绿色创新。一方面，公众环境关注能够增加公众与地方政府之间的互动，通过信访、举报等方式反映环境诉求，从而获得政府响应，促使政府遵循其行政责任并采取措施进行污染治理；另一方面，环境政策失败在一定程度上源于委托代理问题，环境问题与官员晋升不存在直接关系，出于个人利益考虑，官员处理环境问题的动机较弱。公众环境关注通过触发行政问责机制发挥作用，在一定程度上约束权力，强化政府进行环境治理的行政压力，迫使政府提高管控力度，督促政府增加规制手段（苏昕和周升师，2019）。随着政府环境规制的加强，企业处理污染的成本增加，当持续排放污染的成本高于绿色创新成本时，将会迫使企业选择绿色创新。伊志宏等（2022）选用2010—2018年A股制造业上市公司面板数据作为研究样本开展实证研究发现，政府规制在公众环境关注影响企业绿色创新中发挥中介作用。

公众环境关注能够通过非正式制度渠道推动中小制造企业绿色创新。企业管理者和员工长期生活在企业所在地，不可避免地受到当地价值观念的影响。管理层也会去适应当地的价值观念以促进与当地的融合。一个地区如果公众环境关注程度比较高，往往意味着该地区环保观念更强。同时，各种环保组织能够为企业提供咨询指导和技术支持，并对企业环保表现进行专业评估，帮助企业提升绿色发展观念。当这种观念凝聚在企业文化当中时,企业会主动承担社会责任,减少污染行为,进行绿色转型、绿色创新。此外,公众通过联系媒体曝光、与中小制造企业协商或联合相关社会组织合作抵制等,推动企业迫于外界压力对原有的技术手段进行迭代更新,进一步地实现原材料使用效率的提升,从而带来污染排放的减少。目前,学术界聚焦于媒体公众外部舆论压力(徐圆,2014)、企业环境信息披露(王杰和刘斌,2014)、群体性环保诉求(崔晶,2013)等对企业绿色创新的影响研究。在互联网传媒快速发展的时代背景下,网络信息提升了公众对于环境问题的关注度,并在一定程度上缓解了公众参与环境治理时的信息不对称问题,推动了公众环境参与的广泛化和及时化,为公众进一步实现环境监督的权利奠定了基础。

2. 社会监督

环境问题的重要性日益凸显,企业的环境行为越来越受到社区居民的关注,越来越多的中小制造企业为了满足消费者的环保需求开始实施绿色创新战略(汪建成等,2021)。公司经营活动中信息不对称的现象为高管的机会主义行为创造了空间,而绿色创新活动投入资金多、回报周期长、不确定风险高的特点更凸显这一现象(Chen et al.,2008)。中小制造企业管理层可能会为了自身利益背离公司长远发展的目标,消极对待绿色创新,从长远来看损害了公司利益(陈守明等,2015)。基于有效监督理论,在媒体关注的作用下,管理层的环境决策被宣传放大,会面临来自投资者和社会公众更为广泛的监督。随着物质和精神生活的丰富,人们的绿色环保意识不断增强,会对企业污染行为相关的新闻产生兴趣。和正面信息相比,公众更容易接受负面信息,也更容易凭借负面信息做出判断和回应。在利益驱动下,媒体舆论倾向于报道企业的环境违规新闻或者以负面的态度去报道新闻,以吸引公众的眼球。公众通过负面消息可以更好地了解企业的环境违规行为,对企业的绿色声誉与价值产生怀疑,采取游行抗议、举报和网络传播等方式维护绿色环境(Pfarrer et al.,2010),引发舆论压力,迫使企业主动关注且进行绿色创新。一方面,媒体作为企业传递信息的媒介,能够向外界及时传递有效信息;另一方面,媒体作为一种外在的非正式监督机制,对企业生产经营行为可以发挥监督功能(Craven and Marston,1997),由此提高企业的治理水平。

媒体监督作为一种非正式的环境合法性方式,通过曝光企业行为,进而影响外部利益相关者对企业的形象和社会声誉的认知,促使外部利益相关者更加关注该企业的环境问题,期望该企业尽快改善环境绩效。企业为了获得非正式的环境合法性地位,满足外部利益相关者的环保诉求,会积极塑造绿色形象,重视环保管理,进一步提升绿色创新水平。同时,企业披露的环境信息在媒体宣传下可以产生广泛的声誉效果,提升企业信息的透明度,进而解决企业与外部利益相关者之间的信息不对称问题,有助于企业获得稳定的资金来源,增强了企业进行绿色创新的能力(张慧明等,2022)。张钢和张小军(2013)研究发现媒体作为外部利益相关者能够显著促进企业绿色创新。张济建等(2016)认为,环境方面的媒体报道可以帮助企业重视环保问题、加大环保投入,从而获得更好的绿色创新绩效。廖中举(2016)指出媒体监督作为一种社会压力,能够正向促进企业开展绿色创新行为。夏文蕾等(2020)通过实证研究发现,媒体环保监督对企业绿色技术创新有积极作用。汪建成等(2021)指出,非正式环境合法性(媒体监督)与企业绿色创新正相关。

3. 绿色科技发展水平

绿色创新战略的实施需要政治、经济、社会、科技等方面共同参与,尽管绿色发展理念强调在资源环境约束的条件下,实现经济、社会、环境三个层面的协调发展(黄跃和李琳,2017),但每一层面的绿色创新都离不开绿色科技。简单来说,经济层面上,绿色科技是绿色创新的根本驱动力,在转变区域经济发展模式上发挥着重要作用(肖黎明等,2019)。绿色科技的发明应用成为新科技革命竞争的核心力量,决定着国家未来的优势地位,更是解决人与自然矛盾困境的主导力量,重塑人类文明之光的利刃。

绿色科技能够为绿色创新提供技术支撑和智力支持(苏竣,2014)。黄娟(2017)指出科技创新是绿色发展的根本动力和重要支撑。Hossain 和 Uzzal(2018)指出,科技创新可以最小化工业生态边界的环境负担,不仅可以有效解决垃圾处理问题,提高资源的利用效率和可持续性,还有助于控制温室气体排放。在中国经济发展和工业化的过程中,科技创新通常能够改善生态环境的质量,并减少环境污染的程度(原毅军和谢荣辉,2015)。李凯杰和曲如晓(2012)、卢娜等(2019)的研究均证明低碳技术创新可以减少碳排放,这意味着如果有更高的绿色科技发展水平,更多的绿色技术产生,企业就能够更好地进行绿色科技研发和成果转化,从而更好地开展绿色创新。

肖黎明等(2019)通过比较我国各省绿色创新和绿色发展的协调度,发现西北省份科技投入力度小,教育资源缺乏,基础设施不完善,由此导致绿色创新产出水平较低,对生态环境的作用较小,从而使得绿色创新与绿色发展的协调发展度较低。

4. 行业协会的信息与沟通支持

在 Hillary 等(2004)的调查中,中小制造企业认为信息和技术指引是提高环境行为的最重要支持。行业协会在政府与企业之间起着承上启下的作用,为政府与企业间提供了信息交流的合作平台。在一项基于战略联盟的研究中,学者们发现行业协会可以充当环保信息和技术的交流渠道,利用专业化职员或共同使用内、外部知识资源,为行业的发展前景提供预测,并为成员企业提供整体化或个性化的信息和技术服务(Zhang et al. ,2018)。

行业协会为中小制造企业提供与清洁生产相关的信息和技术支持,促使企业减少排污数量(郭庆,2007)。徐建中等(2017)指出,行业协会及其他非政府组织能为企业提供绿色创新知识和技术,进而有助于高管环保收益意识的形成,促使企业加大绿色创新投入以生产更符合客户需求的绿色产品。谢雄标和胡阳艳(2020)认为,行业协会及科技中介可以降低中小制造企业绿色创新的技术风险。实践中,由于业主经理的环保知识和态度直接影响中小制造企业的环境表现,行业协会可以通过出版书籍、印刷资料、举办讲座、组织培训等形式,面向业主经理开展环保知识的宣教活动。例如,中国棉纺织行业协会在官方网站设置节能环保栏目,从节能降耗、减排治污、循环经济、环保产品四个维度向会员单位宣传推广节能环保理念。此外,针对中小制造企业资金匮乏、管理资源有限的特征,行业协会开展环保产品推广会、环保技术交流会等,推动环保产品的研制、生产和流通。例如,上海市建筑材料行业协会定期举办节能环保建材展览会,吸引了众多项目业主、建设施工单位、经销商及采购商的参与和关注(龙文滨等,2017)。Berrone 等人(2013)在实证研究中发现,相较于政府方面的制度压力,来自行业协会、利益相关者等方面的合宜性压力对企业绿色创新的促进作用更为显著。石茂琳(2022)指出,当企业面对规范压力,比如供应商和客户都更偏向绿色产品、行业协会也倡导企业保护环境时,企业不采取绿色创新战略,可能面临着和现有供应商合作中断甚至终止,失去倾向绿色产品的现有客户,被行业协会批评等惩罚,企业保持现状的经济收益降低。

第三节 基于 Fuzzy DEMATEL 方法的中小制造企业绿色创新外部关键影响因素识别

一、模糊集理论

美国教授 Zadeh 于 1965 年提出了模糊集合理论,它是一种强大的工具,而模糊理论则是在此基础上发展而来的。模糊数学通过处理决策过程中具有模糊性和不确定性的判断和评估,为解决现实中的决策问题提供了有力支持。在实际情境中,决策问题通常涉及到不精确性。例如,在专家访谈或打分时,决策者往往依赖自身的经验和专业知识,受到主观因素的影响较大。因此,决策的目标、约束条件以及可能的结果通常都是未知的。个人或群体的决策者的经验、观点和想法往往难以用明确的数值来表达。在这种情况下,模糊理论能够应对不确定性,它将这些不确定性转化为模糊数值。通过利用模糊理论,我们能够将各种因素的定性评价转化为定量评价,从而解决各类模糊性和不容易用精确数值描述的问题。模糊理论的强大之处在于它能够处理那些无法准确刻画的情境,为决策者提供了一种更灵活的方法来处理模糊和不确定性信息。它有助于在模糊性和模棱两可性的情况下做出更明智的决策,提高了决策的质量和可行性。

在复杂问题的决策过程中,由于不确定性因素较多,决策者很难对因素之间的影响关系做出精确的定量分析,而是根据自己的历史经验及专业知识给出"好""比较好"等概念性的语言描述。因此,需要利用模糊逻辑、模糊数学对这种语言评价进行量化计算。实际上,专家群体主观判断的语言变量可以用三角模糊数进行量化,并采用 Opricovic 和 Tzeng(2004)的模糊数转化成准确数值(CFCS,Converting Fuzzy data into Crisp Scores)的方法进行去模糊化。具体的步骤如下:

步骤1:定义一个模糊数 $\tilde{s}$ 和一个隶属函数 $u_{\tilde{s}}(x):R\rightarrow[0,1], x\in R$。

若 $u_{\tilde{s}}(x) = \begin{cases} 0, x < l \\ \dfrac{x-l}{m-l}, l \leqslant x \leqslant m \\ \dfrac{r-x}{r-m}, m \leqslant x \leqslant r \\ 0, x \geqslant r \end{cases}$

则 $\tilde{s}$ 为三角模糊数,记为 $\tilde{s} = (l, m, r), l \leqslant m \leqslant r$。

步骤 2:标准化三角模糊数。设三角模糊数 $\tilde{f}_{ij}^k = (l_{ij}^k, m_{ij}^k, r_{ij}^k)$ 表示专家 k 评定的因素 i 对因素 j 的影响程度,其中 $k = 1, 2, \cdots, p (1 \leqslant k \leqslant p)$。

$$xl_{ij}^k = \frac{(l_{ij}^k - \min l_{ij}^k)}{\Delta_{\min}^{\max}} \tag{3-1}$$

$$xm_{ij}^k = \frac{(m_{ij}^k - \min l_{ij}^k)}{\Delta_{\min}^{\max}} \tag{3-2}$$

$$xr_{ij}^k = \frac{(r_{ij}^k - \min l_{ij}^k)}{\Delta_{\min}^{\max}} \tag{3-3}$$

其中,$\Delta_{\min}^{\max} = \max r_{ij}^k - \min l_{ij}^k$。

步骤 3:计算左右标准值。

$$xls_{ij}^k = \frac{xm_{ij}^k}{(1 + xm_{ij}^k - xl_{ij}^k)} \tag{3-4}$$

$$xrs_{ij}^k = \frac{xr_{ij}^k}{(1 + xr_{ij}^k - xm_{ij}^k)} \tag{3-5}$$

步骤 4:计算总的标准值。

$$x_{ij}^k = \frac{xls_{ij}^k(1 - xls_{ij}^k) + xrs_{ij}^k xrs_{ij}^k}{(1 - xls_{ij}^k + xrs_{ij}^k)} \tag{3-6}$$

步骤 5:计算准确值。

$$f_{ij}^k = \min l_{ij}^k + x_{ij}^k \Delta_{\min}^{\max} \tag{3-7}$$

步骤 6:计算最终的准确值。

$$f_{ij} = \frac{1}{p}(f_{ij}^1 + f_{ij}^2 + \cdots + f_{ij}^p) \tag{3-8}$$

二、DEMATEL 模型

DEMATEL 方法,也被称为决策实验与评价实验法,最初由 Gabus 和 Fontela 于 1973 年提出。最初,它主要应用于科学和事务计划中。作为研究和解决复杂实际问题的工具,该方法不仅能够揭示标准、因果和影响指标之间的直接关系,还能够识别各因素之间的间接关系。系统因素分析主要运用矩阵和图论等基础工具,通过构建直接影响矩阵的方式,分析系统中各个因素之间的直接逻辑关联。它能够计算因素之间因果关系的强度,为各因素的中心度和原因度提供数据,从而判断各因素之间联系的强度。通过这一分析,DEMATEL方法可以构建复杂的因果关系可视化结构,有助于总结中小制造企业绿色创新行为的关键外部影响因素以及这些外部因素之间的内部关系。

在此方法中,原因度和中心度为分析过程的核心点,影响因素可根据原因度的正负分为原因因素与结果因素。原因因素对于系统问题及其他因素都存在影响,且原因度越大,影响程度越重要,而自身改变难度也就越大。与其相对应的是结果因素,结果因素受其他因素和整个系统的影响,原因度的绝对值表示其易得到改变的程度。此外,中心度则表示该影响因素对系统核心问题的影响程度,中心度越大,影响程度越大,越应受到重视。

DEMATEL方法的具体步骤如下。

步骤1:确定不同因素间的相互影响程度,将影响程度分为0、1、2、3、4、5六个等级,分别代表没有影响、非常弱影响、比较弱影响、中、比较强影响和强影响。

步骤2:定义直接关联矩阵A。组成专家组,由专家组中的专家各自对系统中各因素之间的影响程度进行打分,获得初始的$n \times n$阶直接影响矩阵$A = [a_{ij}]_{n \times n}$。

步骤3:定义标准化关联矩阵Z。定义$Z = [z_{ij}]_{n \times n}$,其中$0 \leqslant z_{ij} \leqslant 1$。

$$Z = s \times A \quad (3\text{-}9)$$

$$s = \frac{1}{\max\limits_{1 \leqslant i \leqslant n} \sum\limits_{j=1}^{n} z_{ij}}, \text{其中} \ i,j = 1,2,\cdots,n \quad (3\text{-}10)$$

步骤4:定义总影响关联矩阵T。

$$T = Z(I-Z)^{-1} \quad (3\text{-}11)$$

其中I为单位矩阵,$(I-Z)^{-1}$为$I-Z$的逆。

步骤5:计算总影响关联矩阵T各行D_i和各列R_j之和。

$$T = t_{ij}, \ i,j = 1,2,\cdots,n \quad (3\text{-}12)$$

$$D_i = \sum_{j=1}^{n} t_{ij} \quad (3\text{-}13)$$

$$R_j = \sum_{i=1}^{n} t_{ij} \quad (3\text{-}14)$$

其中,D_i为影响度,表示影响因素i对其他因素影响的影响值;R_j为被影响度,表示影响因素 j 被其他因素影响的影响值。

步骤 6:构建因果关系图。因果关系图的横坐标用 (D_i+R_j) 表示,称之为中心度(Prominence),表示系统中因素的重要程度;纵坐标用 (D_i-R_j) 表示,称之为原因度(Relation),用来判断系统中的因素属于原因组还是结果组。当 $(D_i-R_j)>0$ 时,因素属于原因组;当 $(D_i-R_j)<0$ 时,因素属于结果组。

DEMATEL 方法以矩阵工具和图论为基础,通过聚集专家或群组的知识和经验判断,构建复杂因素之间因果关系的可视化结构,得出每个因素的中心度和原因度,分析因素的所属种类(原因组或结果组),以便更好地理解和解决所要研究的问题。在此方法中分析各指标之间的影响关系的关键在于专家或群组经过判断决策建立直接关联矩阵,由于现实问题的复杂性、评价的不确定性和专家个体之间的异质性,决策结果往往不是确定数值而是"重要""满意"等模糊的语意表达。

三、Fuzzy DEMATEL 方法

在 DEMATEL 方法中,专家对系统中各类因素的打分采用的是语言术语,语言变量是在自然语言中以短语或者句子的形式存在(吉海涛,2009),需要对这些短语或句子进行处理,因此我们在 DEMATEL 方法中引入了模糊集合论,即对专家们语言评价进行三角模糊数的处理,从而解决专家评分模糊的语意表达。该方法在学术界已经取得了一些成果。例如供应链企业间知识创造影响因素识别(冯长利等,2016)、应急管理关键因素识别(Zhou et al.,2011)、服务集成商提升服务能力关键影响因素识别(武勇杰和赵公民,2014)、水电项目隐性成本关键因素识别(郭琦等,2016)等。本书采用 Li(1999)的模糊数与语意评价转换关系,利用三角模糊数方法对初始直接影响矩阵进行处理,提高 DEMATEL 方法的精确性。同时,三角模糊数形式并不适用于 DEMATEL 方法中的矩阵运算,因此需进一步对其进行解模糊化处理,获得清晰数值,构成新的初始直接影响矩阵。对现存解模糊化方法进行比较,为得到更为清晰的 BNP 数值,采取 Opricovic 和 Tzeng(2003)提出的 CFCS 解模糊化方法。Fuzzy DEMATEL 具体实施步骤如下。

步骤 1:确定系统包含的一组影响因素指标 $F=\{F_1,F_2,\cdots,F_n\}$,并设计专家评估的语意量表,即可以将影响程度的强弱分为六个等级,分别是:没有

影响"0"、非常弱影响"1"、比较弱影响"2"、中"3"、比较强影响"4"和强影响"5"。

步骤2：获得初始的直接影响矩阵。邀请专家，让其在语意量表的基础上成组比较因素指标间直接关系及其强弱，得到一个 $n \times n$ 阶的初始直接影响矩阵 $Z = [Z_{ij}]_{n \times n}$。

步骤3：利用模糊数与语意评价转换关系将语意表达转化为相应的三角模糊数（具体见表3-2），假设决策组由 Q 个评价者，N 个因素组成指标集 P。模糊三角数 $f_{ij}^r = (l_{ij}^r, m_{ij}^r, n_{ij}^r)$ 表示评价者 r 关于指标因素 i 对指标因素 j 的三角模糊评价，其中 $1 \leqslant r \leqslant Q, i, j \in P$。

表3-2 专家语意评价与三角模糊数的转换关系

影响等级的语意表达	相应的影响分值	相应的三角模糊数
没有影响	0	(0,0,0.2)
非常弱影响	1	(0,0.2,0.4)
比较弱影响	2	(0.2,0.4,0.6)
中	3	(0.4,0.6,0.8)
比较强影响	4	(0.6,0.8,1)
强影响	5	(0.8,1,1)

步骤4：CFCS方法解模糊化。根据隶属函数的左右得分分值进行加权平均得到总体分值，各总体分值构成新的初始直接影响矩阵。

1. 模糊数标准化

$$\bar{n}_{ij}^r = \frac{(l_{ij}^k - \min l_{ij}^k)}{\Delta_{\min}^{\max}} \quad (3-15)$$

$$\bar{m}_{ij}^r = \frac{(m_{ij}^k - \min l_{ij}^k)}{\Delta_{\min}^{\max}} \quad (3-16)$$

$$\bar{l}_{ij}^r = \frac{(r_{ij}^k - \min l_{ij}^k)}{\Delta_{\min}^{\max}} \quad (3-17)$$

其中，$\Delta_{\min}^{\max} = \max n_{ij}^k - \min l_{ij}^k$。

2. 标准化数值计算

$$N_{ij}^r = \frac{\bar{n}_{ij}^r}{(1 + \bar{n}_{ij}^r - \bar{m}_{ij}^r)} \quad (3-18)$$

$$L_{ij}^r = \frac{\bar{m}_{ij}^r}{(1 + \bar{m}_{ij}^r - \bar{l}_{ij}^r)} \quad (3-19)$$

3. 总标准化清晰值计算

$$X_{ij}^r = \frac{[L_{ij}^r(1-L_{ij}^r)+N_{ij}^r \times N_{ij}^r]}{(1-L_{ij}^r+N_{ij}^r)} \quad (3-20)$$

4. 最终清晰值计算

$$Y_{ij}^k = \min l_{ij}^k + (xX_{ij}^k \times \Delta_{\min}^{\max}) \quad (3-21)$$

5. 整合清晰值，得到因素 i 对 j 直接影响程度的量化值

$$Y_{ij} = \frac{1}{Q}(Y_{ij}^1 + Y_{ij}^2 + \cdots + Y_{ij}^Q) \quad (3-22)$$

进一步计算得到正规化直接影响矩阵 $X=[X_{ij}]_{n\times n}$，且 $0 \leqslant X_{ij} \leqslant 1$。

步骤5：计算综合影响矩阵 $T=[t_{ij}]_{n\times n}$。其中元素 t_{ij} 表示因素 i 和 j 的间接影响关系，综合影响矩阵反映了元素间的综合影响关系。

步骤6：计算每个因素的中心度和原因度，进行影响因素分析。其中，行和为 D，表示为因素的影响度。列和为 R，表示为因素的被影响度。中心度为 $D+R$，表示因素在系统中的位置及重要程度。原因度为 $D-R$（当 $D-R$ 是正值时，因素属于原因组，当 $D-R$ 是负值时因素属于结果组）。据此，可分析得出各影响因素的重要性及所属的因果种类，并且可以在坐标系中绘制因果图以便进行可视化分析。

四、研究设计与数据分析

1. 问卷设计

基于前文研究所构建的中小制造企业绿色创新行为外部影响因素分析框架（见表3-1），以及 Fuzzy DEMATEL 方法的实施步骤，本书设计了关于中小制造企业绿色创新外部影响因素关联程度问卷调查表，第一份问卷调查表是将12个子因素放在一起比较，即专家需要完成12×12的影响因素关联程度判断。在第一份问卷的数据收集阶段，得到的最初反馈是12×12的判断太繁琐，比较五六个因素之后，就会出现判断模糊和疲劳，影响因素较多时，不仅出现数据显示困难，而且给专家带来填写不便（Addae et al., 2019），有的专家可能就会拒绝，即便他们愿意填写，也会影响评价的质量。

在此现实背景下，本书采用了改进的两步模糊 DEMATEL 方法来识别关键影响因素，于是将问卷进行调整，改进的问卷不再要求专家们对所有影响因素进行一个个比较，专家只需要比较一个 m 级3×3的矩阵和三个 s 级矩阵（3

×3,3×5,3×5),大大减少了专家的评价难度,也更能保证评价的质量。

改进后的问卷调查在具体的问卷收集时发现,专家在填写时不方便来回比对每个因素的代码或者名称,因此,在实际收集问卷的时候,为了让专家们能够方便和认真地进行因素间关联度判断,对于有些不方便填写的问卷采用了类似于利克特量表的填写方式,对相应的概念和填写也做了说明,并在后期进行统一整理。问卷详见附录A。

2. 数据收集

中小制造企业绿色创新涉及的是企业管理层面的问题,一般员工或者不熟悉该行为的员工对问卷的回复具有不可信性。因此,本书最后锁定的调查对象为:中小制造企业的中高层管理者以及在中小制造企业绿色创新研究领域做学术研究的专家或学者。本研究问卷的发放采取多种途径进行数据收集,主要发放途径如下:①通过参加生态环境、绿色创新等相关主题的学术会议,现场发放问卷并回收问卷。学术会议保证了参会人员皆为致力于生态环境、生态责任研究的学术专家;②通过笔者的社会关系,使用电子邮件的方式向湖北、广东、四川、安徽等省的资源型企业中高层管理人员发放问卷。经过严格的筛选,最终确定了19份有效问卷,其中来自学术领域的问卷有5份,来自中小制造企业管理者的问卷有14份。总体而言,样本数据具有一定的参考价值。

3. 数据分析

将企业专家和学术领域研究专家的原始数据按照三角模糊语意进行转换,计算出最终的初始直接影响矩阵。由于样本总共有19份问卷,篇幅有限,不能全部展示,于是本书随机抽选列举了一位专家的原始数据(见表3-3、表3-4、表3-5)进行展示。

表3-3 政府因素的专家示例

因素	G1	G2	G3
G1	—	4	5
G2	0	—	1
G3	4	3	—

表 3-4 市场因素的专家示例

因素	M1	M2	M3	M4	M5
M1	—	1	2	0	3
M2	4	—	3	3	5
M3	0	3	—	2	4
M4	1	3	0	—	3
M5	4	5	3	3	—

表 3-5 社会因素的专家示例

因素	S1	S2	S3	S4
S1	—	3	4	0
S2	3	—	4	1
S3	4	5	—	3
S4	0	2	5	—

笔者将回收的有效数据做统计处理,以专家判断的各影响因素间直接影响分值的众数作为初始的直接影响矩阵(详见表 3-6)。

表 3-6 中小制造企业绿色创新外部影响因素的直接影响矩阵

影响因素	G1	G2	G3	M1	M2	M3	M4	M5	S1	S2	S3	S4
G1	—	4	4	2	4	3	4	4	4	4	3	4
G2	3	—	1	3	4	1	1	3	3	4	3	1
G3	4	2	—	4	5	3	4	2	4	1	4	4
M1	2	2	1	—	4	0	1	2	3	3	2	2
M2	4	2	1	3	—	2	3	4	4	1	2	1
M3	3	1	2	1	3	—	4	3	1	1	2	3
M4	3	2	2	3	5	4	—	3	4	2	3	2
M5	4	4	4	4	4	4	4	—	4	3	4	4
S1	2	2	2	4	5	0	2	3	—	2	3	1

续表

影响因素	G1	G2	G3	M1	M2	M3	M4	M5	S1	S2	S3	S4
S2	1	1	1	4	4	1	2	1	2	—	2	1
S3	1	1	0	1	4	0	0	3	4	3	—	1
S4	3	3	2	3	4	2	4	4	3	4	3	—

根据表 3-2 将中小制造企业绿色创新外部影响因素之间的直接影响程度的语意评价转化为三角模糊数,得到三角模糊评价表 3-7,以最大程度降低专家评价时的主观模糊性,使研究结果更趋于事实。

表 3-7 直接影响关系的三角模糊评价

	G1	G2	G3	M1	M2	M3
G1	(0,0,0.2)	(0.6,0.8,1)	(0.6,0.8,1)	(0.6,0.8,1)	(0.6,0.8,1)	(0.4,0.6,0.8)
G2	(0.4,0.6,0.8)	(0,0.2,0.4)	(0,0.2,0.4)	(0.4,0.6,0.8)	(0.6,0.8,1)	(0,0.2,0.4)
G3	(0.6,0.8,1)	(0.2,0.4,0.6)	(0,0,0.2)	(0.6,0.8,1)	(0.8,1,1)	(0.4,0.6,0.8)
M1	(0.2,0.4,0.6)	(0.2,0.4,0.6)	(0,0.2,0.4)	(0,0,0.2)	(0.6,0.8,1)	(0,0,0.2)
M2	(0.6,0.8,1)	(0.2,0.4,0.6)	(0,0.2,0.4)	(0.4,0.6,0.8)	(0,0,0.2)	(0,0.2,0.4)
M3	(0.4,0.6,0.8)	(0,0.2,0.4)	(0.2,0.4,0.6)	(0,0.2,0.4)	(0.4,0.6,0.8)	(0,0,0.2)
M4	(0.4,0.6,0.8)	(0.2,0.4,0.6)	(0.2,0.4,0.6)	(0.4,0.6,0.8)	(0.8,1,1)	(0.6,0.8,1)
M5	(0.6,0.8,1)	(0.6,0.8,1)	(0.6,0.8,1)	(0.6,0.8,1)	(0.6,0.8,1)	(0.6,0.8,1)
S1	(0.2,0.4,0.6)	(0.2,0.4,0.6)	(0.2,0.4,0.6)	(0.6,0.8,1)	(0.8,1,1)	(0,0,0.2)
S2	(0,0.2,0.4)	(0,0.2,0.4)	(0,0.2,0.4)	(0.6,0.8,1)	(0.6,0.8,1)	(0,0.2,0.4)
S3	(0,0.2,0.4)	(0,0.2,0.4)	(0,0,0.2)	(0,0.2,0.4)	(0.6,0.8,1)	(0,0,0.2)
S4	(0.4,0.6,0.8)	(0.4,0.6,0.8)	(0.2,0.4,0.6)	(0.4,0.6,0.8)	(0.6,0.8,1)	(0.2,0.4,0.6)

	M4	M5	S1	S2	S3	S4
G1	(0.6,0.8,1)	(0.6,0.8,1)	(0.6,0.8,1)	(0.6,0.8,1)	(0.4,0.6,0.8)	(0.6,0.8,1)
G2	(0,0,0.2)	(0.4,0.6,0.8)	(0.4,0.6,0.8)	(0.6,0.8,1)	(0.4,0.6,0.8)	(0,0.2,0.4)
G3	(0.6,0.8,1)	(0.2,0.4,0.6)	(0.6,0.8,1)	(0,0.2,0.4)	(0.6,0.8,1)	(0.6,0.8,1)
M1	(0,0.2,0.4)	(0.2,0.4,0.6)	(0.4,0.6,0.8)	(0.4,0.6,0.8)	(0.2,0.4,0.6)	(0.2,0.4,0.6)
M2	(0.6,0.8,1)	(0.2,0.4,0.6)	(0.6,0.8,1)	(0,0.2,0.4)	(0.2,0.4,0.6)	(0,0.2,0.4)

续表

	M4	M5	S1	S2	S3	S4
M3	(0.6,0.8,1)	(0.4,0.6,0.8)	(0,0.2,0.4)	(0,0.2,0.4)	(0.2,0.4,0.6)	(0.4,0.6,0.8)
M4	(0,0,0.2)	(0.4,0.6,0.8)	(0.6,0.8,1)	(0.2,0.4,0.6)	(0.4,0.6,0.8)	(0.2,0.4,0.6)
M5	(0.6,0.8,1)	(0,0,0.2)	(0.6,0.8,1)	(0.4,0.6,0.8)	(0.6,0.8,1)	(0.6,0.8,1)
S1	(0.2,0.4,0.6)	(0,0.2,0.4)	(0,0,0.2)	(0.2,0.4,0.6)	(0.4,0.6,0.8)	(0,0,0.4)
S2	(0.2,0.4,0.6)	(0,0.2,0.4)	(0.2,0.4,0.6)	(0,0,0.2)	(0.2,0.4,0.6)	(0,0,0.4)
S3	(0,0,0.2)	(0.4,0.6,0.8)	(0.6,0.8,1)	(0.4,0.6,0.8)	(0,0,0.2)	(0,0,0.4)
S4	(0.6,0.8,1)	(0.6,0.8,1)	(0.4,0.6,0.8)	(0.6,0.8,1)	(0.4,0.6,0.8)	(0,0,0.2)

然后将三角模糊数转化为具体数值,得到初始关联矩阵,如表3-8所示。解模糊化过程使语言评价在充分利用了三角模糊数的优点之后依然转化为具体数值,便于下一步矩阵的具体计算。

表3-8 中小制造企业绿色创新影响因素的初始关联矩阵

影响因素	G1	G2	G3	M1	M2	M3	M4	M5	S1	S2	S3	S4
G1	0.02	0.79	0.79	0.79	0.79	0.60	0.79	0.79	0.79	0.79	0.60	0.79
G2	0.60	0.02	0.21	0.60	0.79	0.21	0.21	0.60	0.60	0.79	0.60	0.21
G3	0.79	0.40	0.02	0.79	0.98	0.60	0.79	0.40	0.79	0.21	0.79	0.79
M1	0.40	0.40	0.21	0.02	0.79	0.02	0.21	0.40	0.60	0.60	0.40	0.40
M2	0.79	0.40	0.21	0.60	0.02	0.21	0.79	0.40	0.79	0.21	0.40	0.21
M3	0.60	0.21	0.21	0.21	0.60	0.02	0.79	0.60	0.21	0.21	0.40	0.60
M4	0.60	0.40	0.40	0.60	0.98	0.79	0.02	0.79	0.79	0.40	0.60	0.40
M5	0.79	0.79	0.79	0.79	0.79	0.79	0.79	0.02	0.79	0.60	0.79	0.79
S1	0.40	0.40	0.40	0.79	0.98	0.02	0.40	0.21	0.02	0.40	0.60	0.21
S2	0.21	0.21	0.21	0.21	0.21	0.21	0.21	0.21	0.40	0.02	0.40	0.21
S3	0.21	0.21	0.21	0.21	0.79	0.02	0.60	0.21	0.79	0.60	0.02	0.21
S4	0.60	0.60	0.40	0.60	0.79	0.40	0.79	0.79	0.60	0.79	0.60	0.60

将上述步骤得到的初始关联矩阵进行标准化,并得到因素之间的间接影响关系,根据间接影响值构建中小制造企业绿色创新外部影响因素的综合影响矩阵(见表3-9)。

表 3-9 中小制造企业绿色创新外部影响因素的综合影响矩阵

影响因素	G1	G2	G3	M1	M2	M3	M4	M5	S1	S2	S3	S4
G1	0.12	0.18	0.16	0.21	0.26	0.14	0.20	0.19	0.22	0.19	0.18	0.17
G2	0.14	0.07	0.07	0.15	0.19	0.07	0.10	0.13	0.15	0.15	0.14	0.08
G3	0.18	0.13	0.07	0.20	0.25	0.13	0.18	0.14	0.21	0.12	0.19	0.16
M1	0.11	0.10	0.07	0.08	0.17	0.04	0.09	0.10	0.14	0.12	0.11	0.09
M2	0.15	0.11	0.07	0.15	0.12	0.07	0.15	0.11	0.17	0.15	0.15	0.08
M3	0.13	0.08	0.07	0.10	0.17	0.05	0.15	0.13	0.11	0.09	0.12	0.12
M4	0.16	0.12	0.10	0.17	0.24	0.14	0.10	0.15	0.19	0.13	0.16	0.12
M5	0.20	0.18	0.16	0.22	0.18	0.14	0.20	0.12	0.18	0.17	0.20	0.17
S1	0.11	0.10	0.08	0.16	0.20	0.04	0.11	0.09	0.09	0.11	0.13	0.07
S2	0.08	0.07	0.06	0.14	0.16	0.06	0.10	0.07	0.11	0.06	0.10	0.07
S3	0.08	0.07	0.04	0.09	0.16	0.03	0.06	0.11	0.14	0.11	0.06	0.06
S4	0.16	0.14	0.11	0.18	0.23	0.11	0.18	0.17	0.18	0.17	0.16	0.08

根据表 3-9 结果,计算得到各个因素的行和(影响度)、列和(被影响度)、中心度和原因度,并对各项指标的数值大小进行排序,从大到小依次为1,2,3,…,12,如表 3-10 所示。

表 3-10 各个因素的影响度(D)、被影响度(R)、中心度($D+R$)和原因度($D-R$)

代码	影响因素	D	排序	R	排序	$D+R$	排序	$D-R$	排序
G1	地方政府监管	2.22	2	1.62	5	3.84	1	0.6	3
G2	政府环境规制	1.44	6	1.34	9	2.78	9	0.1	7
G3	政府相关支持政策	1.96	3	1.06	11	3.02	8	0.9	1
M1	顾客绿色需求偏好	1.22	10	1.85	3	3.07	7	−0.63	9
M2	绿色供应网络合作	1.38	7	2.41	1	3.79	2	−1.03	12
M3	金融机构资金支持	1.32	8	1.04	12	2.36	12	0.28	5
M4	高校、科研院所及技术中介的技术支持	1.78	5	1.62	5	3.4	4	0.16	6
M5	相关企业绿色行为	2.26	1	1.51	8	3.77	3	0.75	2
S1	公众环境关注	1.29	9	1.93	2	3.22	5	−0.64	10

续表

代码	影响因素	D	排序	R	排序	$D+R$	排序	$D-R$	排序
S2	社会监督	1.08	11	1.51	7	2.59	11	-0.43	8
S3	绿色科技发展水平	1.01	12	1.67	4	2.68	10	-0.66	11
S4	行业协会的信息支持与沟通支持	1.87	4	1.27	10	3.14	6	0.6	3

根据表3-10中各因素的原因度和中心度,将各个因素的因果分布形象地表达到坐标系中,得到中小制造企业绿色创新影响因素的因果图(见图3-2)。图3-2中,各个因素被横轴(横轴表示原因度等于0)划分为两组,横轴以上为原因组因素,包括G3、M5、G1、S4、M3、M4和G2;横轴以下为结果组因素,包括M2、S3、M1、S1和S2。另外图3-2还显示了各因素的中心度分布情况。

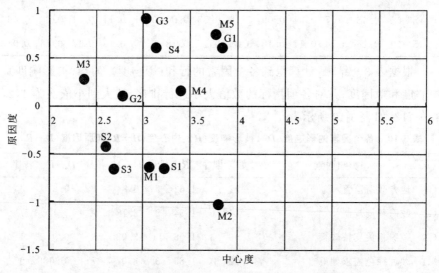

图 3-2　中小制造企业绿色创新影响因素的因果图

4. 影响因素讨论

根据各因素的原因度大小,可将其划分为原因组因素或结果组因素。中心度代表各影响因素的重要程度,中心度得分越大的因素越应该得到企业重视。本书综合图3-2中各因素的因果分布和表3-10中各因素的各指标得分及其大小排序,对各因素的结果进行分析和讨论。

(1)原因组因素。G3(政府相关支持政策)、M5(相关企业绿色行为)、G1(地方政府监管)、S4(行业协会的信息支持与沟通支持)、M3(金融机构资金支持)、M4(高校、科研院所及技术中介的技术支持)和G2(政府环境规制)都在图3-2横轴以上,属于原因组因素。其中,G1(地方政府监管)、M5(相关企业绿色行为)和M4(高校、科研院所及技术中介的技术支持)中心度得分较高,显然是重要的因素,表明地方政府监管,相关企业绿色行为和高校、科研院所及技术中介的技术支持能够提升中小制造企业绿色创新的意愿,是企业制定绿色创新战略决策应重点考虑的对象。G3(政府相关支持政策)的原因度虽然排在首位,但其中心度、影响度和被影响度排序均较靠后,因此不能作为关键影响因素。S4(行业协会的信息支持与沟通支持)、M3(金融机构资金支持)和G2(政府环境规制)的中心度和原因度排名均不高,不应被考虑为关键因素。

(2)结果组因素。M2(绿色供应网络合作)、S3(绿色科技发展水平)、M1(顾客绿色需求偏好)、S1(公众环境关注)和S2(社会监督)在图3-2横轴以下,属于结果组因素。其中,M2(绿色供应网络合作)的原因度小于0,表面上看不容易受到其他因素影响。但该因素的被影响度也占到第1位,说明绿色供应网络合作对中小制造企业绿色创新的直接作用也较为明显。综合来看,该因素占据核心地位,其中心度水平较高(占到第2位),也支持了其作为关键影响因素的结论。结果因素中的S3(绿色科技发展水平)、M1(顾客绿色需求偏好)、S1(公众环境关注)和S2(社会监督)的中心度水平不高,同时由于其易被改变的特性,虽然能够通过短期措施对中小制造企业绿色创新起到一定效果,但着眼于长期效果则不是十分明显,因而这些因素不能作为企业绿色创新决策优先考虑的对象。

(3)关键因素识别。从上述分析中,得到中小制造企业绿色创新的四个关键外部影响因素。这些因素包括三个原因因素,一个结果因素,前者分别是:地方政府监管,相关企业绿色行为和高校、科研院所及技术中介的技术支持;后者是绿色供应网络合作。下面对这些因素进行进一步的分析。

地方政府监管:地方政府严格实施环境治理策略是影响环境规制执行力度的重要因素,因为地方政府是环境规制的执行主体,拥有执行环境规制的自由裁量权(张华,2016),因此可以选择执行环境规制强度水平,如Fredriksson等(2003)发现地方政府在环境规制执行中存在着"逐底竞争"现象,甚至会牺牲对环境的保护来吸引污染企业的投资;刘洁和李文(2013)发现地方政府间的"逐底竞争"促进了高污染企业的发展。然而,部分学者指出,政府行政体系内的环境监管采用总量考核指标(马文超和唐勇军,2018)滋长了机会主义行为,使地方政府为了达到环境考核目标而操纵、隐瞒环境质量数据以应付中央政府的环境考核,有些地方官员甚至通过空气质量数据造假来粉饰政绩(Ghanemd and Zhang,2014)。正因为如此,地方官员可能基于自身利益考量和政治压力权衡而借机进行策略性执行,从而导致地方政府缺乏以经济增长为代价实施严格的环境治理标准的动力。2012年《环境空气质量标准》和《空气质量新标准第一阶段监测实施方案》发布后,增加环保投资成为减少企业污染排放、改善空气质量较直接有效的环境治理方式。由于环保投资对地方政府来说是一笔不小的投入,会给地方财政造成较大的压力(陈安琪和李永友,2021),而地方政府长期在社会资源配置和政策有效传递等方面扮演着重要角色。为了缓解地方财政压力,地方政府势必会引导和监督企业,尤其是重污染企业,加大环保投资购买或安装专业污染处理设备,降低 SO_2、氮氧化物和粉尘等污染物排放,从而有效改善空气质量(王分棉和贺佳,2022)。

相关企业绿色行为:竞争者因非常重视环保问题而与企业形成合法性的资源竞赛,进而会使企业产生压力,企业通过对标杆企业的绿色创新实践进行学习或模仿,维持相对合法性以避免竞争优势丧失。此外,竞争者的环保导向还有助于企业利用政府与客户提供的资源支持,企业为获得制度同构下的资源与发展机遇也会实施绿色创新(彭雪蓉和魏江,2015)。Genchev(2009)指出,有效的绿色创新已成为企业建立竞争优势的重要差异化来源。Zhu 和 Geng(2013)对中国制造企业供应链的研究表明,模仿同构压力也是中国制造企业实现节能减排目标的重要驱动力。此外,基于组织匹配理论,揭示制造企业在不同供应商组织适配条件下,均能有效激发供应商绿色创新性,进而提升绿色产品创新绩效的供应商开发策略。王丽杰和郑艳丽(2014)指出,供应商的绿色创新能够降低供应商生产能耗,供应商的绿色创新能够推动整个供应链的生态发展。李勃等(2020)对来自中国制造业195个样本进行实证研究发现,如果供应商具备面向制造企业需求进行绿色创新的能力或意愿,则供应商的绿色创新成果最终都将嵌入供应商为制造企业提供的原材料和零部件中,直接完成供应商绿色创新能力和意愿向制造企业绿色新产品的转移。

高校、科研院所及技术中介的技术支持：高校、科研院所及技术中介能够为中小制造企业提供绿色创新所需的知识和人才。吴超(2018)指出，高校、科研院所及技术中介在参与绿色创新活动的同时，还能够向大众传播科技知识，参与形成绿色创新环境，对区域内企业、人员以及区域外绿色技术人才形成激励，加速绿色创新的形成和发展。Clarysse等(2014)的研究表明，企业与高校进行联盟有助于提升绿色专利创新水平。Klagge等(2012)指出，高校和科研机构也在我国制造业绿色创新系统中扮演重要角色。

绿色供应网络合作：绿色供应网络合作不仅是一个战略问题，它可以丰富企业的资源，提升其可持续绩效，同时这也是一个涉及生存的问题，供应网络中的企业只有满足环境和社会要求，才能留在组织中(Seuring and Muller,2008)。第一，企业进行绿色创新越来越依赖于从外部获取知识和技能，如上游供应商。来自供应商有关新技术和绿色环保材料的共享信息给进行绿色创新的企业提供了重要的知识和灵感来源，企业的绿色创新能力得以提升。第二，供应商整合程度高，彼此之间更倾向于构建良好的合作伙伴关系，更容易促成企业和供应商共同实施环境管理项目，包括让供应商参与绿色产品和服务的研发过程，联合设定环境目标和共议环境规划等，共同努力在生产制造过程中尽量减少对环境的负面影响，为绿色创新实践创造良好条件。第三，供应商整合程度高，意味着企业与主要供应商完成的采购额占比高，企业与主要供应商进行更频繁的交流互动，从纯粹的交易转向关系型的互动，企业可以降低对供应商的环境监测成本和选择成本，绿色创新实施效果更好(林赛燕和徐恋,2021)。

从以上这四个关键外部因素可以看出，要想有效驱动中小制造企业开展绿色创新，主要通过外部因素如法律法规的制定及完善、政策引导、绿色创新信息共享等的提高来规范监管政策，引导相关企业绿色创新行为，引导高校、科研院所及技术中介向中小制造企业提供技术支持。但对中小制造企业本身也提出了要求，如中小制造企业需要积极与供应商、经销商、顾客等供应链上下游企业甚至竞争企业建立并保持亲密、互惠的合作关系，致力于深化和拓展网络合作的内容，充分利用相关企业的绿色创新资源，提高自身绿色创新行为。

第四节　研究结论与启示

一、研究结论

本章作为本书探究中小制造企业绿色创新关键外部影响因素的章节，首先构建了 Fuzzy DEMATEL 实施步骤，再进行问卷数据收集，然后利用 Excel 进行数据分析，得出中小制造企业绿色创新各外部影响因素的影响度、被影响度、中心度和原因度，基于此，绘制因素间因果关系图。最后，进行原因因素分析和结果因素分析，识别了三个关键原因因素，分别是"地方政府监管""相关企业绿色行为"和"高校、科研院所及技术中介的技术支持"，以及一个结果因素，即"绿色供应网络合作"，对其进行调整和优化能够极大地提升中小制造企业绿色创新的意愿，这些实证结果能够为后文提出相应的政策和建议奠定基础。

二、实践启示

本章基于利益相关者理论，利用 Fuzzy DEMATEL 方法深入探究影响中小制造企业绿色创新行为的关键外部因素。在当前中国实施创新驱动和绿色低碳转型国家战略的背景下，研究结论具有一定的启示意义。

1. 健全相关法律法规体系，强化环保行政监管

中央政府的合理环境规制可以有效地激发地方政府的环境治理动机。为了促进中小制造企业的可持续发展，加快制定相关法律法规变得尤为重要。首先，制定《中小企业基本法》《中小企业促进法》等法律法规可以为中小制造企业的发展奠定基本的法律框架。同时，需要建立相关的绿色创新法律制度和评价体系，以规范环境行为，鼓励中小制造企业自我规范，遵循环保标准。另外，制定违法行为惩治条例可以提高企业违法成本，从而创造公平的竞争环境，降低违法企业的负面社会影响，促使中小制造企业更加注重环保和绿色创新。中小制造企业通常面临规模小、资源有限和获取市场信息能力不足的问题。政府可以通过制定法律法规来完善市场中介服务机构,支持专业中介机构的发展,为中小制造企业提供专业的信息和知识服务,从而降低中小制造企业在进行绿色创新时的成本投入。此外,政府还需要规范和强化绿色政策的实施,如绿色扶持补贴和减税政策,以确保这些政策对中小制造企业的支持能够得以有效执行。目前,政策效应不够明显,这对中小制造企业的绿色创新发展造成了阻碍。

政府监管是确保企业合规的有力工具,也是环境保护的重要手段。地方政府应当强化环保行政监管,建立健全违法必究机制。在中国环境规制日益完善的背景下,地方政府的环保行政监管对中小制造企业的绿色创新具有重要影响。地方政府需要强化环保行政监管,确保有法可依,违法必究。对违法企业要及时进行处罚并曝光,提高违法成本,营造公平竞争环境,降低违法企业的负面社会影响。这有助于中小制造企业增强环保意识,培养绿色创新行为。在数字治理和精细化管理的背景下,环保行政监管需要加强对企业环保行为的数字化管理和网格化管理。这意味着需要将线上和线下监管相结合,提高监控效率,并建立违法必究机制,以形成对环保违法行为的强有力威慑。这样的措施有助于促使中小制造企业更加重视环保问题,积极采取绿色创新行动。

2. 充分利用市场的力量来激发中小制造企业绿色创新积极性

相关中小制造企业绿色创新行为是推动企业不断突破发展限制、实施绿色创新的重要驱动力。政府应净化市场风气,不断促进法律制度的建设与完善,构建更加公平规范的市场秩序,加大绿色技术知识产权保护力度,转变依靠政府规制倒逼的绿色创新模式,为绿色创新营造良好的创新环境,诱导企业环境战略由"被动"向"主动"转变,并通过政府绿色采购等活动为企业绿色可持续发展提供良好的市场环境。既要激励供应商企业实施绿色的生产流程以及生产绿色环保的原材料,又要激励中小制造企业采购绿色环保的原材料、开发资源节约型产品和环境友好型产品以及设计环保的生产流程。实行有效的激励型环境规制有利于降低知识型企业绿色生产的成本,促使中小制造企业产生绿色创新意愿,从而将其转变为绿色创新行为。

对于中小制造企业而言,应当时刻关注环境规制政策、供应链上下游企业的绿色供应和需求的变化,把握政策和市场的变化方向,并及时对企业做出相应的调整。此外,为绿色创新意愿向绿色创新行为的转变提供保障,应优化资源配置,调整管理结构。如:建立健全企业员工绿色知识与技能培训机制,为绿色产品创新研发提供知识与技术上的保证;将绿色创新纳入企业的战略发展方向,对绿色创新的员工进行适当的奖励等。

3. 优化中小制造企业绿色创新的技术支持体系

首先,政府应完善创新生态体制机制,创建开放的科技创新协同发展平台及其运行机制,建立健全科技成果转化应用、收益分配等新制度、新举措;建立覆盖全球的互通互联机制,打造国际金融资本青睐和高层次人才汇聚的知识经济高地;鼓励企业搭建、完善、创新生态圈,加快"航母企业"建设,大力促进创新生态企业的示范引领。

其次,夯实创新生态人才支撑基础。政府应以创新生态系统需求为导向联合培养紧缺的高层次、高水平专业人才;加快开放实验室及科技转化平台建设,积极推动创新＋融合发展,以社交化方式促进协同开发和成果转化,优化人才资源供需结构;针对重点行业领域需求,打造公共知识和技术服务平台,引进和培育现代科技服务中介机构,完善科技人才中介服务对接手段,提高对国内外知名新技术企业及其高层次人才的吸附能力。

最后,丰富创新生态文化。政府部门应加大现代企业家精神培养,提升创新生态文化的层次水平。确立容错机制并积极营造宽容失败的文化氛围,建立健全金融服务、成果转化机制,创新风险投资模式,通过科学有效的投资保障和风险监管为创新提供及时高效的救济、救助,切实提高创新科技企业的存活率和既有企业的成长性。

4. 加强企业绿色供应网络合作

对于中小制造企业来说,企业开展绿色创新活动,应重视与其利益相关者关系的建设和管理,应与供应链成员在绿色创新过程中加强合作。中小制造企业应增强与供应商、顾客等业务合作伙伴的联系频率和联系密度。上下游企业与中小制造企业具有相似的价值取向,能够帮助企业建立资源获取、转移的"道路网络",中小制造企业应与其建立基于信任的长期有效的网络关系,注重合作伙伴的潜在价值和依存关系,使根植于企业内部的隐性知识能够得以传递,从而激发创造力。此外,中小制造企业应适当拓宽销售渠道,尽可能降低议价能力和资产专用给企业带来的风险,提升绿色创新实施的成功率。实施绿色创新的企业对市场高度敏感,客户需求满足情况会影响绿色创新的实施效果。企业要促使更多的客户参与到其经济活动中,获得客户需求的关键信息,提供符合他们期望的绿色产品和服务。

此外，对于政府来说，应当搭建中小制造企业绿色行为网络平台，助力企业嵌入绿色供应网络。政府可利用社会力量，为中小制造企业嵌入绿色供应网络提供信息服务、信用保障，助力中小制造企业嵌入绿色供应网络，产生冗余资源，更好地驱动中小制造企业进行绿色创新。

第四章 社会网络情景下中小制造企业绿色创新行为演化分析

在第三章识别出中小制造企业绿色创新关键外部影响因素的基础上，本章将前景理论嵌入系统仿真中，构建了基于前景理论的中小制造企业绿色创新意愿仿真模型，从中小制造企业绿色创新意愿的角度出发，分析了影响中小制造企业自身相对收益、其他企业绿色创新、协同支持以及行政监管四类主要因素，构建模型具体分析四类主要影响因素以及模型中其他重要影响因素对于绿色创新意愿的影响机理和变化规律。在保证其余参数值不变的情况下，记录某一因素的变化造成绿色创新价值和不绿色创新价值发生变化的情况，进而得出中小制造企业绿色创新意愿的演化过程。

第一节 研究背景与意义

经济快速工业化在推动经济和社会发展的同时，也催生了多种环境问题，迫使世界各国高度重视资源和环境问题。为应对工业活动对自然环境带来难以逆转的负面影响，183个国家和70个国际组织达成一致共识：人类必须追求可持续发展的路径，这是国家繁荣和人类进步的必由之路。这一共识催生了一个新时代——生态文明时代。经历了《京都议定书》的挫折和《哥本哈根协议》的无果之后，最终在2015年的巴黎气候变化大会上达成了具有法律约束力的《巴黎气候协议》。根据该协议，各国将通过自主贡献方式，将全球平均气温升高控制在工业化前水平的2℃以内。这一协议标志着国际合作在气候变化领域取得了重大突破，具有历史性意义。这说明，经济发展与环境保护之间的博弈是一个充满挑战的全球性问题，共识的达成来之不易。

改革开放的四十多年塑造了经济发展史上的"中国奇迹"。截至2021年，中国的国内生产总值达到了114.9万亿元，经济总量占据全球经济的18.5%，位列世界第二。然而，长期以来，过度依赖生产要素的大规模投入和规模扩张，实现的是粗放型的经济增长方式。这种方式不仅给中国带来巨额的贸易顺差，同时也导致了巨大的"生态逆差"，包括环境污染、气候变暖、能源短缺等生态危机。根据国家统计局的数据，仅2021年工业废水排放总量就达到了758.5亿吨，工业排污口排放量最大，其次是工业污染源。

OECD 的《2050 年环境展望》预测,到 2050 年,每年因颗粒物暴露导致的早逝人数将增加到 360 万人,其中大多数将在中国发生。为满足国际社会的严格要求,并减轻日益恶化的生态环境状况,中国政府已经开始高度关注减排和环境问题。党中央在 2015 年明确提出"创新、协调、绿色、开放、共享"五大发展理念,这被明确视为"十三五"时期经济社会发展的科学导向和指导原则。国务院的《中国制造 2025》纲要更进一步明确了"推动绿色制造,积极推进低碳、循环和集约化,提高制造业资源利用效率,努力建设高效、清洁、低碳、循环的绿色制造体系"作为中国制造业的发展目标。同时,各个地区和行业也纷纷采取措施,推动污染密集型制造企业实现绿色发展。例如,在 2017 年,环保部展开了环保专项督导,涉及京津冀周边 28 个城市,检查了 17.6 万家不符合升级改造标准的"散、乱、污"企业,对无法升级改造并达到标准的企业进行了限期关闭。2019 年,江苏省进行环境整治专项督查,计划关闭了全省 1431 家化工企业,取消了 9 个化工工业园区,对 945 家企业进行了限期整改。四个部门合作发布的《工业炉窑大气污染综合治理方案》被誉为"史上最严格的污染指导",明确了对来自污染密集型制造业的大气排放实施超临界排放监管。浙江省纺织印染行业也制定了更为精确和严格的废水排放标准,以参照《国家环境保护标准"十三五"发展规划》。

随着全球能源消费的持续增长,绿色创新成为推动可持续发展的重要工具,各国政府开始将其作为竞争的重点领域。然而,简单将"绿色"与"创新"相结合并不足以满足日益增长的生态化转型需求,需要建立系统的框架和科学的机制。与传统技术创新强调经济利益不同,绿色创新着眼于实现整个社会的经济发展,通过引入新系统、产品和流程降低企业对环境的负担,为企业带来经济价值和竞争优势,具有其他传统创新所不具备的双重外部效应,包括知识和环境方面。

综上所述,笔者认为中小制造企业绿色创新面临的问题如下。

1. 融资难阻碍中小制造企业开展绿色创新

改革开放以来,我国中小制造企业迅速成长,但由于金融环境不完善,中小制造企业融资和获取资金的难题一直没有得到很好的解决。融资难问题长期制约中小制造企业的发展,众多中小制造企业表示生存尚且面临难题,何况开展创绿色创新。在项目成员对中小制造企业开展调研,询问其最希望得到的支持时,多数中小制造企业希望得到资金支持,这也证明了中小制造企业绿色创新的外部金融环境存在较大问题。虽然我国初步形成了以银行贷款为主,金融公司为辅的融资体系,但国内中小制造企业整体的融资环境仍然较差,缺乏专门针对中小制造企业的资金供应渠道,缺乏贷款担保和保险制度,缺乏针对中小制造企业贷款的优惠措施。此外,有些银行还以中小制造企业信用能力低、实力不强等为理由,在贷款时增加额外的苛刻条件,增加了企业的融资成本,导致其无法获取银行贷款。

2. 政府支持政策不完善制约中小制造企业开展绿色创新

目前,政府相继颁布了与中小制造企业绿色创新相关的一系列政策,包括财政、税收、金融等方面的措施,具体包含无偿资助、财政补贴、税收减免、设立创新投资基金等。但在具体实施过程中,政策执行和监督等方面还存在许多问题,导致中小制造企业受益不大。许多中小制造企业由于内部资源的有限性,经营管理等方面还不完善,因此政府等执法部门应该给予耐心的指导,从而规范其操作,而不是视而不见,甚至缺乏服务意识,而且,在许多优惠政策落实过程中,由于过程繁琐,操作费时费力,导致许多中小制造企业望而却步,此外,我国的法律法规体系尚不完善,中小制造企业的合法权益没有得到及时有效的保护,在绿色创新方面,更是缺乏有效的管理规范。

3. 市场协同合作能力不足导致绿色信息交流不畅通

与大型企业相比,我国中小制造企业知识技术水平落后,其绿色创新活动的开展亟须市场提供资源配置和资源交换。目前我国针对不同行业已经形成了一些科技中介,但在绿色创新方面较少给予信息沟通和支持,且缺乏专门面向中小制造企业提供市场信息、管理咨询等的服务机构。绿色创新具有周期长、研发投入高等特点,加上中小制造企业人才短缺、技术信息匮乏,使得中小制造企业开展绿色创新时离不开市场的协同推进。科技中介等支持机构对中小制造企业来说十分关键,它可以协调高校等科研院所共同支持开展绿色创新,但目前,许多中小制造企业表示没有接受过中介机构关于绿色创新方面的服务。此外,竞争企业的绿色创新水平也较低,即中小制造企业面临市场信息难题的同时,竞争企业也没有给予太大关于绿色竞争的压力,这些市场因素制约了中小制造企业开展绿色创新。

4. 社会绿色意识较差束缚绿色市场发展

当前,社会公众受传统观念的束缚,消费观念还停留在"温饱""小康"

"小富小安"等阶段,尚未意识到整体的生态环境正在遭受破坏,赖以生存的资源正在被消耗、被污染,而那些没有开展绿色创新的中小制造企业在生产制造过程中产生了较多的污染物质,给社会环境造成了巨大的负担。社会整体绿色意识较差也阻碍了中小制造企业绿色创新发展。

依据创新网络理论,中小制造企业可以通过合作从外部网络获取互补性资源,提高技术创新能力,减少知识和时间的约束(Diego,2017),但实证研究发现中小制造企业合作绿色创新仍严重不足(谢雄标等,2015)。创新活动本身是一种具有高度不确定性的社会行为,加上中小制造企业资源能力不足、在创新网络中权力薄弱,对合作绿色创新的不确定性更是高度关注(Hojnik and Ruzzier,2015),管理者对外部环境中风险的主观评估情况影响着企业的绿色创新战略决策。绿色创新战略决策属于风险型决策,风险在其中起着核心作用(Rennings,2000)。在经典的风险决策模型中,管理者是能获得完全信息的理性经济人,根据期望效用最大化原则进行规范性决策。然而现实中,管理者无法对行业环境形成准确全面的认识,即使在同一个行业中不同的管理者对行业的认识也是不同的(夏明,2018),管理者往往不是寻求最优的决策方案而是根据自己的感知来进行"即兴"决策(徐炜锋等,2021)。可见,中小制造企业绿色创新行为决策契合前景理论有限理性的假设。因此本章采用行为学与心理学相结合的前景理论来对影响中小制造企业绿色创新行为决策的因素进行分析,并通过动态模拟仿真描述中小制造企业在面对不同参考点时,创新意愿与参考点之间的内在联系。

通过本书第三章可知,"地方政府监管""相关企业绿色行为""高校、科研院所及技术中介的技术支持"和"绿色供应网络合作"是影响中小制造企业绿色创新行为的关键外部因素。本章进一步将以上影响因素归纳为"其他中小制造企业绿色创新情况""协同支持情况"和"行政监管情况",笔者认为中小制造企业绿色创新意愿不仅受到"自身相对收益"的影响,还受到以上三个外部因素的影响。

本章其余部分的结构安排如下:第二节通过对期望效用理论和前景理论的分析构建演化模型;第三节基于演化模型进行动态模型仿真;第四节基于仿真结果分析研究结论,并针对政府层面、行业层面和企业层面分别给出实践启示。

第二节 演化模型构建

一、期望效用理论与前景理论

1. 期望效用理论

在"理性人"的背景下,期望效用理论长期以来一直被视为规范性模型而被应用于传统金融学中对决策行为进行研究。Von Neumann 和 Morgenstern 提出的期望效用理论的依据是"理性人"在不确定情况下进行决策所遵循的准则,期望效用理论所提出的 5 个公理能够很好地解释"理性人"在不确定条件下的决策。

在介绍这 5 个公理之前,首先引入"前景"的概念,前景的数学表达式为:

$$Q=(x_1,p_1,\cdots,x_i,p_i) \tag{4-1}$$

公式(4-1)中,x_i 表示结果,p_i 表示该结果发生的概率,$\sum p_i =1$。如前景 1:70%的概率获得收益 10,30%的概率获得收益 5,则前景 1 的表达式为 $q=(10,0.7;5,0.3)$。前景 2:50%的概率获得收益 10,50%的概率无收益,则前景 2 的表达式为 $q=(10,0.5;0,0.5)$,为简化起见,前景 2 的规范表达式为 $q=(10,0.5)$。

针对前景之间的排序,如果决策者就前景 q 和 r 进行选择,只会选择前景 q 而不是前景 r,则表示决策者相对于前景 r 严格偏好前景 q,被记为:$q > r$;如果决策者对于选择前景 q 和前景 r 无差异,被记为:$q \sim r$;如果决策者偏好于前景 q 或者认为前景 q 和前景 r 无差异,则说明决策者弱偏好于前景 q,被记为:$q \geqslant r$。

公理 1:完备性公理。

任意前景满足 $q \geqslant r$ 和 $r \leqslant q$,也可表示为 $q \approx r$。

公理 2:传递性公理。

任意三个前景 q,r,v,如果 $q \geqslant r$ 且 $r \geqslant v$,即有 $q \geqslant v$。

公理 3:中值性公理。

任意三个前景 q,r,v,如果 $q \geqslant r$ 且 $r \geqslant v$,则一定存在某个概率 $p \in [0,$

1],使得前景 r 与前景$(q,p;v,1-p)$无差异。

公理 4：独立性公理。

任意三个前景 q,r,v，如果 $q \geqslant r$，任意给定 $p \in [0,1]$，使得$(q,p;v,1-p) \geqslant (r,p;v,1-p)$。

公理 5：单调性公理。

对于结果 $x_1, x_2, \cdots, x_n$ 是由最差到最好的结果排序，如果对于所有结果 $i=1,2,\cdots,n$，前景 $q=(p_{q1},p_{q2},\cdots,p_{qn})$ 随机占优于前景 $r=(p_{r1},p_{r2},\cdots,p_{rn})$，则得到：

$$\sum_{j=i}^{n} p_{qj} \geqslant \sum_{j=i}^{n} p_{rj} \tag{4-2}$$

二十世纪七十年代以前，期望效用理论在决策研究领域占据主导地位，而随后部分学者发现了一些利用期望效用理论难以解释的决策行为，通过大量的实验进行统计分析，得出了许多违反期望效用理论的情形。表 4-1 总结了决策领域部分违背期望效用理论的异象。

表 4-1 期望效用无法解释的异象

序号	领域	异象	具体表现
1	金融	过于看重保险作用	购买定价过高的保险
2	金融	股票溢价之谜	股票收益高于债券等金融产品
3	金融	股票处置之谜	长期持有亏损股票，过早卖出盈利股票
4	博彩	需求与奖项有关	随着彩票头奖奖金大增而销量显著增加
5	博彩	日终投注效应	当日博彩结束前高风险投注或增加投注量
6	博彩	投注与收益之谜	当日收益为负，追求高风险投注，反之则反是
7	博彩	价格与销量关系	消费者对同等涨价比同等降价更为敏感

2. 有限理性与决策心理行为

为了解释表 4-1 所列示的异象，首先对有限理性理论进行介绍，该理论指出决策者是介于理性与非理性之间的，只具备有限理性，因此决策者难以获得全部决策信息，而依据以往经验才是解决问题的有效方法。

随后，Kahneman 和 Tversky 在前期研究的基础上，通过大量的实验研究，将决策者的决策过程分为两个阶段：决策的编辑阶段和决策的评价阶段。在决策的编辑阶段，通过对决策前景进行研究分析，获得对前景的描述；在决策的评价阶段，对已编辑的前景进行价值评价。通常，决策者在决策过程中会表现出有限理性的若干心理行为特征，包括参照依赖、易获得性偏差、锚定效应、从众行为、框架效应及禀赋效应等,下面对两个决策阶段的心理行为特征进行介绍。

(1)决策编辑阶段的心理行为特征。

①易获得性偏差:根据 Kahneman 和 Tversky(1979)的研究,决策者通常会错误地认为容易获得的信息发生的概率更高,这种现象称为"易获得性偏差"。举例来说,媒体常常报道飞机失事的新闻,因此人们可能过度担心乘坐飞机的安全性,即使实际上飞机相对较安全。维基百科的 Air Safety 词条数据表明,每十亿公里的死亡人数分别为:飞机 0.05 人,公共汽车 0.4 人,铁路 0.6 人,小货车 1.2 人,航运 2.6 人,小汽车 3.1 人。根据这些数据,乘坐飞机相对于其他交通工具而言,风险是中等偏低的。因此,总体而言,飞机的安全性被认为非常好。

②代表性偏差:根据 Kahneman 等人(1982)的研究,决策者倾向于将事物归为典型类型,尤其是在面临不确定性条件下,他们过分强调典型类型的重要性,而忽略其他潜在可能性的证据,这一现象被称为"代表性偏差"。例如,在股票市场上,许多投资者会认为好公司的股票就是好的,差公司的股票就是坏的,然而实际上好公司的股价可能会高得不合理,而差公司的股价可能会低得不合理。代表性偏差的主要原因包括决策者忽视先验概率、误以为小样本和大样本的概率分布相似、认为事件的频率应该遵循其概率分布以及选择代表性数据进行预测,而忽略他们认为不具代表性的数据。

③从众行为:从众行为,也称为"羊群效应",是指在不确定条件下,决策者倾向于相互影响,最终失去自己的理性判断,做出与他人相似的决策。从众行为在消费市场和金融市场中普遍存在。例如,许多商家利用人们的从众心理,通过商业广告炒热商品,吸引大量消费者购买商品,进而使更多消费者失去自己的理性判断,跟随主流。社会心理学的研究表明,从众行为的原因是"感染",决策者受到群体精神的影响,产生与他人行为相似的模仿行为。深层次地说,从众行为是决策者寻求社会认同感和安全感的结果,以期获得群体的保护和支持。

④参照依赖:参照依赖是指在决策过程中,决策者通常更关注自身状况与某个参照点之间的差异,而不是考虑绝对值。根据 Kahneman 和 Tversky(1979)的定义,价值的载体是相对于参照点定义的"损失"或"收益"。决策者感知的损失或收益对其决策产生关键影响。举例来说,如果决策者的年

收入为12万元,而周围群体人均年收入为10万元,他们可能会感到满意。然而,如果周围群体的人均年收入是15万元,而决策者的年收入是14万元,大多数决策者仍会认为前者更令人满意。

⑤框架效应:框架效应是指决策者在处理相同问题时,根据问题的不同表述方式,会做出不同的决策。这是根据Tversky和Kahneman(1981)的大量心理学实验发现的一种行为决策现象。

⑥锚定效应:锚定效应是指当决策者尝试定量评估某一事物时,他们通常会将某些特定数值作为起始值,这个起始值就像一个锚,因此在决策中会过分强调最初获取的信息。Kahneman和Tversky指出,在决策时,人们往往过分看重那些显著的、难以忘记的证据。

⑦模糊规避行为:模糊规避行为是指决策者更喜欢已知概率分布的选项,而不愿意面对概率分布未知的选项。这个现象也被称为Ellsberg悖论,是根据Ellsberg(1961)的研究得出的。它反映了决策者对主观模糊不确定性的规避程度强于对客观模糊不确定性的规避程度。

(2)决策评价阶段的心理行为特征

①确定效应:基于Kahneman和Tversky对Allais悖论的研究,确定效应指的是在决策过程中,决策者通常会赋予确定性结果更高的权重,而对带有风险和不确定性的结果赋予较低的权重。这意味着当面对潜在的确定性收益时,决策者通常表现出对风险的厌恶。在投资领域,这一现象常常导致决策者更倾向于选择低风险但确定性较高的投资,而不是高风险和不确定性较大的高收益投资。

②损失规避:Kahneman和Tversky(1991)定义了损失规避,即在面对相等的收益和损失时,人们通常认为损失对他们来说更加痛苦和不可接受。心理学实验表明,在金钱或其他可量化的领域,人们通常认为损失的负面效应是同等数额收益的两倍。这反映出人们在面对收益时表现出风险厌恶,但在面对损失时则表现出风险寻求的特征。在股票市场交易中,这种现象非常常见,决策者更倾向于规避损失,这使他们在决策时更加保守。

③禀赋效应:禀赋效应是指一旦人们拥有某物,他们通常会高估这一物品的价值,相对于未拥有之前。禀赋效应可以用损失规避理论来解释,因为人们通常更害怕失去某物,他们对已拥有物品的估值会比实际情况高。研究禀赋效应对传统经济学中的"理性人"假设提出了质疑,并推动了行为决

策理论的发展。这一现象在现实生活中也经常发生,例如,人们在拥有物品后往往不愿轻易放弃。

④后悔规避:后悔规避是指决策者通常会比较当前行为的结果和其他可能行为的结果,如果他们认为当前结果更差,就会感到后悔,反之则不会。因此,由于对后悔的害怕,决策者倾向于选择最小化可能后悔的选项。例如,司机通常害怕交通事故带来的损失,因此会购买高额的车辆保险以减小后悔的可能性。

⑤敏感性递减:敏感性递减是指决策者对于离参照点较远的相同数额的损失和收益变化表现出较低的敏感性,这种敏感性随着距离参照点的增加而减小。敏感性递减也解释了前景理论中价值函数的形状,其中,在收益区域,它凹陷,而在损失区域,它凸起,这导致了决策者在这两个领域表现出不同的风险偏好。这一现象在现实中也有多种体现,例如人们对博彩中的收益和损失通常表现出不同的敏感度。

现在回到表 4-1 所示的决策异象,可以看出异象 1 是易获得性偏差和后悔规避作用的结果,异象 4 是易获得性偏差作用的结果,在这两个异象中,决策者为低概率事件赋予了过高的权重;异象 2、异象 3 和异象 7 主要体现了损失规避的影响;异象 5、异象 6 是损失规避和敏感性递减的作用。

3. 前景理论

决策领域中出现的种种异象使人们对期望效用理论产生了质疑,动摇了传统决策理论的基础,一些学者尝试从不同角度对期望效用理论进行修正和改进,但仍难以解释违背单调性、完备性和传递性的决策异象。因此,部分学者跳出了期望效用理论的框架,尝试从实验心理学的角度探索各种异象背后的逻辑关系,在有限理性理论研究的基础上,Kahneman 和 Tversky 通过大量的实验,有效地将心理学研究成果植入了经济学领域,提出了前景理论。该理论一个重要的贡献是指出了价值的载体是结果的变化而不是财富的最终状态,这个提法与心理学关于人们感觉、编辑和判断的研究内容和基本原理是一致的。前景理论作为当前最具代表性的行为决策理论,提出了一个描述性范式的决策模型,定义了"参照点"的概念,参照点是由决策者当前所处的状态、心理因素及其对未来的预期等因素决定的。

依据前景理论,决策者在风险条件下的决策过程被划分为两个阶段,编辑阶段和评价阶段。在编辑阶段,决策者对前景进行重新构建,从而将结果编码为针对某一参考点的收益或损失,而并非依据财富的绝对量对收益或损失进行评判;在评价阶段,定义概率权重函数和价值函数,并对已完成编辑的前景进行评价,从而选择价值最优的前景。

综合来看,前景理论具有两个主要特点:一是定义了基于参照点的价值函数替代期望效用理论中的效用函数;二是用概率权重函数替代期望效用理论的客观概率分布。

(1)概率权重函数。前景理论引入了概率权重函数,通过每一个前景与一个对应的决策权重相乘反映了决策者对偏好的概率推测,但是概率权重并不等同于概率,因而概率权重并不遵循概率公理,不能解释为对程度或信念的度量。

p 表示某一事件发生的概率,$\pi(p)$ 表示 p 的权重,概率权重函数如图 4-1 所示。

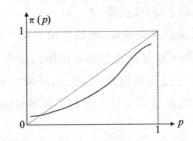

图 4-1 前景理论的概率权重函数曲线

概率权重与概率的区别主要体现在两个方面:对概率的估计和对概率的加权。

①概率的估计。在风险条件下,决策者对事件发生概率的估计通常并不准确。对概率的估计则体现了概率权重函数的三个特征。

特征 1:概率权重是概率的单调递增函数且满足 $\pi(0)=0,\pi(1)=1$。

特征 2:低概率事件往往被高估。

特征 3:决策者通常把极可能发生的事情看作绝对会发生的事情,把极不可能发生的事情看作不会发生的事情。

②概率的加权。在风险条件下,概率的加权则反映了概率权重函数的两个特征。

特征 1:次可加性,是指当 p 很小时,有 $0<r<1:\pi(rp)>r\pi(p)p$

特征 2:次确定性,是指 $\pi(p)+\pi(1-p)<1$,这个特征反映在概率权重

函数上表现为其曲线斜率小于 45 度。

(2) 价值函数。如前所述，前景理论认为价值的载体是财富的变化，这种变化可根据对参考点的偏离程度来定义。Kahneman 给出了前景理论的价值函数(Kahneman,1979)，如图 4-2 所示，其中，原点是参考点，纵坐标是价值(用 V 表示)，横坐标是相对的收益或损失(用 x 表示)，表示财富的变化。由此可以看出前景理论的三个重要特点：首先，决策者更加关心财富的相对水平，即价值是关于财富相对变化 x 的函数；其次，价值函数在损失状态的斜率比在收益状态的斜率更大，即决策者对损失比对收益更敏感；最后，价值函数在收益状态($x>0$)时是凹形，在损失状态($x<0$)时是凸形，即越接近参考点，价值函数越敏感。

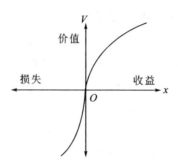

图 4-2　前景理论价值函数图

价值函数的具体计算公式为：

$$V(x)=\begin{cases}X^{\alpha},x\geqslant 0\\-\lambda(-x)^{\beta},x<0\end{cases} \quad (4-3)$$

其中，α 和 β 分别表示价值函数的收益区域和损失区域的凹凸程度，其反映了决策者对待收益和损失的不同风险态度。$0<\alpha<1,0<\beta<1,\alpha、\beta$ 越大，表明中小制造企业越倾向于冒险；λ 表示中小制造企业的损失规避程度，$\lambda>1,\lambda$ 越大，表明中小制造企业的损失规避程度越大。基于前景理论的最终价值为 $W=\sum_{i=1}^{n}\omega_i\cdot V_i$，其中，$\omega$ 为各因素的权重。

二、偏好对中小制造企业绿色创新行为演化的作用机理

中小制造企业在选择是否开展绿色创新的决策过程中，通常站在自身角度上进行，因企业间的决策者的不同，参考标准因人而异。参考标准的不同也必然导致所获得的预期"收益"或者"损失"发生变化，即不同中小制造

企业的偏好不同,使得不同企业的绿色创新意愿不同,相应的行为决策选择也会不同。同时,由于中小制造企业的偏好受到其所预期的"收益"或者"损失"影响,因此任何影响中小制造企业预期变化的因素都将对企业的最终绿色创新行为选择产生影响。且随着时间和环境的变化,中小制造企业的预期必然会发生变化,因此导致中小制造企业的绿色创新行为在此过程中也在不断变化。由此可以看出,不同中小制造企业的偏好不同,且影响中小制造企业预期"收益"或者"损失"的因素的不同,使得中小制造企业相应的绿色创新行为发生演化。

基于以上分析,结合本书以上研究和中小制造企业的实际绿色创新情况可知,选取影响中小制造企业绿色创新行为变化的因素如下。

1. 中小制造企业自身的相对收益

一般情况下,中小制造企业的绿色创新行为并不是由未来所能获得的绝对收益决定的,中小制造企业在开展绿色创新之前将会对未来的收益情况进行一个预估,形成一个预期的目标,而绿色创新与否的关键在于实际收益与预期收益之间的差距,当预期收益与实际收益的差值过大时,将很有可能会促使中小制造企业做出不绿色创新这一决策。

2. 其他中小制造企业绿色创新情况

人类本身就具有极强的学习和模仿的能力,经常会参考和模仿他人的行为来决定自身的行为。现实生活中,"羊群效应"的存在,使得中小制造企业在做出决策时,会参考圈内其他企业的决策行为。处于同一地域或者供应链上下游中有紧密联系的中小制造企业圈内,可能会出现一部分中小制造企业一致选择开展绿色创新或不开展绿色创新的情形。不同的企业其内部资源情况差异可能较大,其开展绿色创新的门槛也可能不同。比如,当圈内有40%的中小制造企业选择不开展绿色创新时,圈内的一些中小制造企业就可能选择不开展绿色创新;也可能当圈内有60%的中小制造企业不开展绿色创新时,这些中小制造企业才选择不开展绿色创新。因此本书在此引入"其他企业绿色创新情况"这一影响因素,来考察中小制造企业绿色创新行为的变化情况。

3. 协同支持情况

由于中小制造企业资源能力不足,开展绿色创新需要合作获取外部支持,因此中小制造企业的绿色创新还受到协同支持情况的影响。而中小制造企业选择不通过合作的方式来解决绿色创新资源能力不足的重要原因是合作创新的成本和风险难以控制。例如,当科技中介协同支持力度较大时,其合作创新成本和风险感知会降低,中小制造企业可能更愿意通过合作来开展绿色创新;当科技中介协同支持力度较小时,其合作创新成本和风险感知会增加,中小制造企业可能更愿意减少成本,规避风险,从而选择不开展绿色创新。

4. 行政监管情况

结合本书第三章的研究结论,如果当地政府的监管惩罚力度足够大,那么将会迫使中小制造企业做出开展绿色创新这一行为决策,因为不绿色创新将会受到一系列惩罚措施。对于规制者而言,如果对每家中小制造企业都实施监管,则需要付出高昂的监管成本,因此,诸如环保局等环境规制方的监管策略通常是:当出现中小制造企业的污染排放超标或超量时,环保局就对污染超标或超量企业及圈内的其他中小制造企业进行监管,并对被发现污染排放超标或超量的中小制造企业进行惩罚,惩罚包括停产和经济惩罚。

基于对以上影响中小制造企业绿色创新因素的分析,结合前文的研究,中小制造企业的绿色创新决策不是对单纯收益额的权衡,可以看出,中小制造企业在做出决策时,相对量的影响要大于绝对量的影响。同时,由于中小制造企业存在个体特征上的差异,使得不同企业对于相对量的要求不同,即中小制造企业的偏好各不相同,结合中小制造企业在决策过程中的有限理性的假设基础,找出满足上述要求的模型至关重要。

三、模型的建立

综上所述,影响中小制造企业绿色创新行为的主要因素可以归纳为"自身相对收益""其他中小制造企业绿色创新情况""协同支持情况"和"行政监管情况"四个方面。由于企业之间存在着差异,因此每个中小制造企业对于外来的预期必然会有所不同,且对于四个方面影响因素来说,中小制造企业也会存在四种不同的预期,因此本文设定 T_1、T_2、T_3、T_4 为四类不同影响因素的参考点,即中小制造企业对"自身相对收益""其他中小制造企业绿色创新情况""协同支持情况"和"行政监管情况"的心理预期,同时设定 E 为中小制造企业不开展绿色创新的基础收益,E' 为中小制造企业开展绿色创新的收益,C 为中小制造企业开展绿色创新的成本,q 为圈内其他企业不开展绿色创新的比例,则 $1-q$ 为圈内其他企业开展绿色创新的比例,V 为中小制造企业获得协同支持的绿色创新收益，I 为中小制造企业为获得协同支持付出的成本。若想高效地获取外部协同支持网络中的资源，企业对外部组织间网络的控制、协调、管理和利用能力就显得尤为重要，合作能力强的企业可以通过发展和管理网络，激活和利用网络中的资源，较好地获取、吸收技术知识，降低为获得协同支持付出的成本 I。若监管方发现中小制造企业不开展绿色创新，将会对其实施罚款，K 为中小制造企业被罚款比例，将在 0 到 1 之间变动。基于以上假设，本书将利用前景理论分析每一种影响因素对中小制造企业绿色创新行为起到怎样的作用，进而构建出中小制造企业绿色创新意愿的度量模型。中小制造企业绿色创新行为的主要影响因素及相应策略如表 4-2 所示。

表 4-2 基于前景理论的网络条件下中小制造企业绿色创新行为主要影响因素及相应策略

	自身相对收益	其他企业绿色创新情况	协同支持情况	行政监管情况
策略 $A1$：开展绿色创新	$E+E'-C$	$1-q$	$V-I$	0
策略 $A2$：不开展绿色创新	E	q	0	被监管：$-K$ 没被监管：0
参考点	T_1	T_2	T_3	T_4
属性权重	w_1	w_2	w_3	w_4

为了使研究更为准确，需根据实际情况做出如下模型假设：

假设 1：将上述影响中小制造企业绿色创新意愿的三个方面分别记为自身相对收益 sel_i，其他企业绿色创新情况 oth_i，协同支持情况 sup_i 和行政监管情况 ad_i，同时将四者相对应的价值量记为 sel_{vi}、oth_{vi}、sup_{vi} 和 ad_{vi}，其中 $i=1,2$，1 代表绿色创新情况，2 代表不绿色创新情况。

假设 2：T_1 为中小制造企业根据自身偏好特点所设置的参考点。当中小制造企业选择开展绿色创新时，其自身相对收益为 $sel_1=E+E'-C$。由公式(4-3)可得当 $sel_1-T_1>0$，则 $sel_{v1}=[sel_1-T_1]^\alpha$；当 $sel_1-T_1<0$，则 $sel_{v1}=-\lambda[T_1-sel_1]^\beta$。当中小制造企业选择不开展绿色创新时，其自身收益为 $sel_1=E$。由公式(4-3)可得当 $sel_2-T_1>0$，则 $sel_{v2}=[sel_2-T_1]^\alpha$；当 $sel_1-T_1<0$，则 $sel_{v2}=-\lambda[T_1-sel_2]^\beta$。

假设 3：T_2 为中小制造企业参考圈内其他企业绿色创新情况而自身产生绿色创新行为变化的参考点。如果 $q>T_2$，则说明大多数的中小制造企业都选择不开展绿色创新策略,那么该中小制造企业也将倾向于不开展绿色创新,此时,$oth_2=q$,若 $oth_2-T_2>0$,则 $oth_{v2}=[oth_2-T_2]^\alpha$;若 $oth_2-T_2<0$,则 $oth_{v2}=-\lambda[T_2-oth_2]^\beta$。同理,当中小制造企业开展绿色创新时,$oth_1=1-q$,若 $oth_1-T_2>0$,则 $oth_{v1}=[oth_1-T_2]^\alpha$;若 $oth_1-T_2<0$,则 $oth_{v1}=-\lambda[T_2-oth_1]^\beta$。

假设 4:T_3 为中小制造企业对应于协同支持所设定的参考点。当中小制造企业选择绿色创新策略时,$sup_1=V-I$,若 $sup-T_3>0$,则 $sup_{v1}=[sup_1-T_3]^\alpha$;若 $sup-T_3<0$,则 $sup_{v1}=-\lambda[T_3-sup_1]^\beta$。同理,当中小制造企业不开展绿色创新时,$sup_2=0$,若 $sup_2-T_3>0$,则 $sup_{v2}=[sup_3-T_3]^\alpha$;若 $sup_2-T_3<0$,则 $sup_{v2}=-\lambda[T_3-sup_2]^\beta$。

假设 5:T_4 为中小制造企业对应于监管机构的监管力度所设定的参考点。假设监管机构将以概率 p 对中小制造企业进行监管,当监管方发现中小制造企业存在不绿色创新行为时将处以罚款 K,其他情况下则为 0。当中小制造企业选择开展绿色创新策略时,监管不发生任何作用,所以此时 $ad_1=0$。当 $ad_1-T_4>0$ 时,$ad_{v1}=[ad_1-T_4]^\alpha$;当 $ad_1-T_4<0$ 时,$ad_{v1}=-\lambda[T_4-ad_1]^\beta$。当中小制造企业选择不开展绿色创新策略时,将会出现两种情况:一是其不绿色创新倾向被监管机构发现并受到惩罚,此时 $ad_{21}=-K$,有 $ad_{21}-T_4>0$,$ad_{v21}=[ad_{21}-T_4]^\alpha$,反之,$ad_{21}-T_4<0$ 时,$ad_{v21}=-\lambda[T_4-ad_{21}]^\beta$;二是中小制造企业选择不开展绿色创新但是监管机构并没有发现,此时 $ad_{22}=0$,有 $ad_{22}-T_4>0$,$ad_{v22}=[ad_{22}-T_4]^\alpha$,反之,$ad_{22}-T_4<0$ 时,$ad_{v22}=-\lambda[T_4-ad_{22}]^\beta$,所以,可以得到,当中小制造企业选择不开展绿色创新时,其期望价值为:

$$ad_{v2}=p*ad_{v21}+(1-p)*ad_{v22} \quad (4-4)$$

由以上假设内容,可以得到中小制造企业"绿色创新"策略下的期望价值为:

$$will_{v1}=w_1*sel_{v1}+w_2*oth_{v1}+w_3*sup_{v1}+w_4*ad_{v1} \quad (4-5)$$

中小制造企业"不绿色创新"策略下的期望价值为:

$$will_{v2}=w_1*sel_{v2}+w_2*oth_{v2}+w_3*sup_{v2}+w_4*ad_{v2} \quad (4-6)$$

其中 w_1,w_2,w_3 和 w_4 分别是不同属性的权重值,且 $w_1+w_2+w_3+w_4=1$。

中小制造企业的绿色创新意愿受到 $will_{v1}$ 和 $will_{v2}$ 两种价值的影响,当 $will_{v1}>will_{v2}$ 时,中小制造企业更加倾向于选择"绿色创新"策略;当

$will_{v1} < will_{v2}$ 时，中小制造企业更加倾向于选择"不绿色创新"策略。为了方便讨论，将绿色创新意愿值进行归一化处理，将其值限制在 $[0,1]$ 这个区间内。由此，可以得到最终的履约意愿表达式为：

$$will_v = 0.5 + will_{v1} - will_{v2} \tag{4-7}$$

第三节 动态模拟仿真结果及分析

为了便于分析四种因素对于中小制造企业绿色创新意愿的具体影响情况，同时验证上述理论的准确性，本书对中小制造企业绿色创新意愿的动态演化过程进行模拟仿真。在模拟仿真过程中，假设中小制造企业只有两种选择，开展绿色创新和不开展绿色创新。参考实际情况，设置参数的数值分别为：中小制造企业不开展绿色创新的基础收益 E 为 0.3，中小制造企业开展绿色创新的收益 E' 为 0.6，中小制造企业开展绿色创新的成本 C 为 0.15，圈内其他企业不开展绿色创新的比例 q 为 0.4，中小制造企业获得协同支持的绿色创新收益 V 为 0.9，中小制造企业为获得协同支持付出的成本 I 为 0.1，监管方发现中小制造企业不开展绿色创新行为时的罚款比例 K 为 0.15。在四类参考点的取值问题上，取中小制造企业对"自身相对收益"的心理预期参考点 $T_1 = 0.75$，由于不同决策者对于绿色创新偏好不同，取中小制造企业对"其他企业绿色创新情况"的心理预期参考点 $T_2 = 0.5$，取中小制造企业对"协同支持情况"的心理预期参考点 $T_3 = 0.5$，取中小制造企业对"行政监管情况"的心理预期参考点 $T_4 = -0.15$，假设监管机构将以概率 $p = 0.4$ 对中小制造企业进行监管。参考其他文献（周宗放，2015），设定 $\alpha = \beta = 0.88$，$\lambda = 2.25$。

基于以上假设，本章将构建模型具体分析四类主要影响因素以及模型中其他重要影响因素对于绿色创新意愿的影响机理和变化规律。在保证其余参数值不变的情况下，记录某一因素的变化使得绿色创新价值和不绿色创新价值发生变化的情况，进而得出中小制造企业绿色创新意愿的演化过程。

一、自身相对收益对绿色创新意愿的影响

1. 中小制造企业自身相对收益参考点对绿色创新意愿的影响

在其他条件固定时（$T_2=0.5, T_3=0.5, T_4=-0.15, E=0.3, E'=0.6, C=0.15, q=0.4, V=0.9, I=0.1, p=0.4, K=0.15$），使中小制造企业自身相对收益参考点 T_1 在 $[0,1]$ 之间逐渐变化，可得到如图 4-3 和图 4-4 所示的模拟结果。

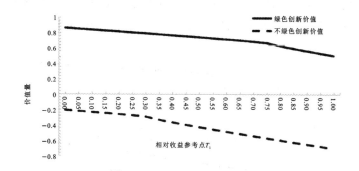

图 4-3　绿色创新、不绿色创新价值随 T_1 变化趋势图

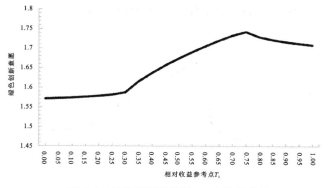

图 4-4　绿色创新意愿随 T_1 变化趋势图

中小制造企业自身相对收益参考点对应着中小制造企业对自身相对收益率的预期。由图 4-3 得出，随着中小制造企业的相对收益率参考点 T_1 逐渐增大，绿色创新价值和不绿色创新价值均呈现逐渐下降的趋势，但不绿色创新价值的下降趋势大于绿色创新价值的下降趋势，导致图 4-4 中绿色创新意愿出现上升趋势。这说明，当企业想要追求更高的利润目标时，愿意尝试开展绿色创新，即绿色创新意愿会增加；当 T_1 达到 0.75 时，绿色创新价值

的下降趋势大于不绿色创新价值的下降趋势,所以图 4-4 中绿色创新意愿又呈现出下降状态。这说明,自身相对收益参考点越来越高时,中小制造企业将不再愿意开展绿色创新,因此,企业应该追求合理的利润目标。整体而言,随着自身相对收益参考点的提高,中小制造企业绿色创新意愿并不是以线性趋势在变化,而是具有相对较复杂的变化过程。

2. 基础收益对绿色创新意愿的影响

在其他条件固定时($T_1=0.75, T_2=0.5, T_3=0.5, T_4=-0.15, E'=0.6, C=0.15, q=0.4, V=0.9, I=0.1, p=0.4, K=0.15$),使基础收益 E 在 $[0,1]$ 之间逐渐变化,可得到如图 4-5 和图 4-6 所示的模拟结果。

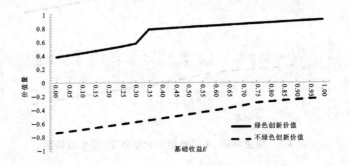

图 4-5　绿色创新、不绿色创新价值随 E 变化趋势图

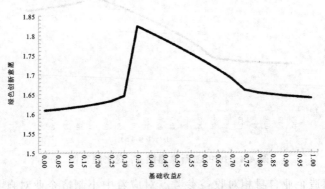

图 4-6　绿色创新意愿随 E 变化趋势图

由图 4-5 可以看出,当中小制造企业不进行绿色创新的收益逐渐增加时,绿色创新价值和不绿色创新价值总体呈现出增加的趋势,当 E 达到 0.35 时,绿色创新价值突然缓慢增加,导致图 4-6 中绿色创新意愿出现下滑趋势。这说明,当中小制造企业不开展绿色创新的收益大于 0.35 时,企业更愿意选

择不开展绿色创新。

3. 开展绿色创新的收益对绿色创新意愿的影响

在其他条件固定时($T_1=0.75, T_2=0.5, T_3=0.5, T_4=-0.15, E'=0.6, E=0.3, C=0.15, q=0.4, V=0.9, I=0.1, p=0.4, K=0.15$),使基础收益 E' 在[0,1]之间逐渐变化,可得到如图 4-7 和图 4-8 所示的模拟结果。

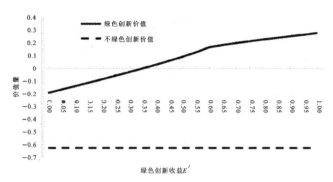

图 4-7　绿色创新、不绿色创新价值随 E' 变化趋势图

从图 4-7 中可以看出,随着绿色创新收益的不断增加,绿色创新价值不断上升,而不绿色创新价值没有变化,导致图 4-8 中绿色创新意愿与绿色创新价值的同步上升变化。这说明,当中小制造企业开展绿色创新收益不断增加时,绿色创新价值增加,企业得到更多收益,所以中小制造企业看到绿色创新带来的收益增加时更愿意选择开展绿色创新。

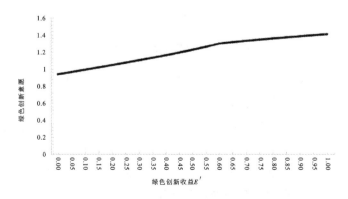

图 4-8　绿色创新意愿随 E' 变化趋势图

4. 开展绿色创新的成本对绿色创新意愿的影响

在其他条件固定时($T_1=0.75, T_2=0.5, T_3=0.5, T_4=-0.15, E'=$

$0.6, E=0.3, C=0.15, q=0.4, V=0.9, I=0.1, p=0.4, K=0.15$),使开展绿色创新的成本 C 在 $[0,1]$ 之间逐渐变化,可得到如图 4-9 和图 4-10 所示的模拟结果。

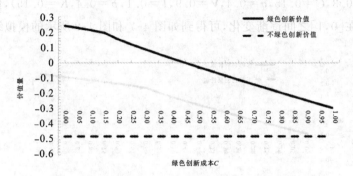

图 4-9　绿色创新、不绿色创新价值随 C 变化趋势图

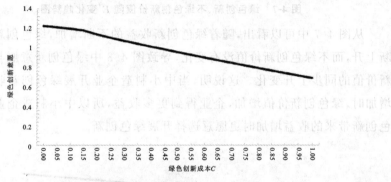

图 4-10　绿色创新意愿随 C 变化趋势图

从图 4-9 中可以看出,随着绿色创新成本的不断增加,绿色创新价值呈现下降的趋势,而不绿色创新价值保持不变,导致图 4-10 中绿色创新意愿不断下降。这说明,绿色创新成本对不绿色创新价值无影响,而随着绿色创新成本的提高,中小制造企业选择绿色创新后的收益不断减少,那么企业更偏向于放弃开展绿色创新,从而来稳住收益,这表明,绿色创新成本过高会导致中小制造企业开展绿色创新的意愿下降。

二、其他企业绿色创新对绿色创新意愿的影响

1. 其他企业绿色创新参考点对绿色创新意愿的影响

在其他条件固定时($T_1=0.75, T_3=0.5, T_4=-0.15, E'=0.6, E=0.3, C=0.15, q=0.4, V=0.9, I=0.1, p=0.4, K=0.15$),使其他企业绿色创新情况参考点 T_2 在[0,1]之间逐渐变化,可得到如图 4-11 和图 4-12 所示的模拟结果。

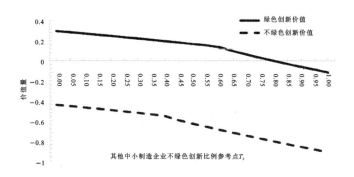

图 4-11　绿色创新、不绿色创新价值随 T_2 变化趋势图

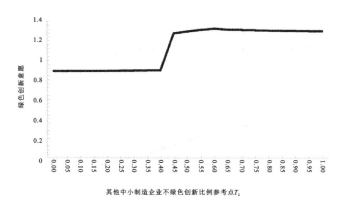

图 4-12　绿色创新意愿随 T_2 变化趋势图

从图 4-11 可以看出,当 $T_2<0.4$,绿色创新价值和不绿色创新价值的下降趋势接近,因此图 4-12 显示中小制造企业绿色创新的意愿趋于稳定;当 $0.40<T_2<0.45$,不绿色创新价值的下降趋势大于绿色创新价值的下降趋势,因此图 4-12 显示中小制造企业绿色创新的意愿呈现上升趋

势。$T_2>0.45$ 时,中小制造企业绿色创新意愿趋于平缓。当其他中小制造企业绿色创新比例的门槛值影响达到 0.40 时,开展绿色创新会给中小制造企业带来更多的收益,即中小制造企业更愿意选择开展绿色创新,但当圈内 45% 的企业都开展了绿色创新时,中小制造企业开展绿色创新的意愿将稳定在 1.3。

2. 其他企业不绿色创新比例对绿色创新意愿的影响

在其他条件固定时($T_1=0.75, T_2=0.5, T_3=0.5, T_4=-0.15, E'=0.6, E=0.3, C=0.15, V=0.9, I=0.1, p=0.4, K=0.15$),使其他企业不绿色创新比例 q 在[0,1]之间逐渐变化,可得到如图 4-13 和图 4-14 所示的模拟结果。

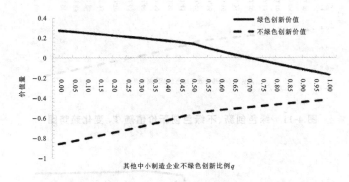

图 4-13 绿色创新、不绿色创新价值随 q 变化趋势图

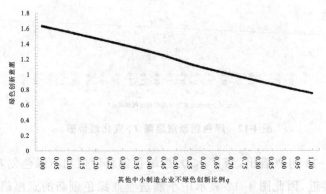

图 4-14 绿色创新意愿随 q 变化趋势图

由图 4-13 可以看出,随着其他企业不开展绿色创新比例的增加,绿色创

新价值呈现下降趋势,而不绿色创新价值呈现上升趋势,导致图 4-14 中创新意愿呈现几乎线性下降趋势,且逐步趋近于零。这说明,随着圈内其他企业不绿色创新比例的提高,中小制造企业偏向于选择不开展绿色创新,所以绿色创新意愿不断下降。

三、协同支持对中小制造企业绿色创新意愿的影响

1. 协同支持参考点对绿色创新意愿的影响

在其他条件固定时($T_1=0.75,T_2=0.5,T_4=-0.15,E'=0.6,E=0.3,C=0.15,q=0.4,V=0.9,I=0.1,p=0.4,K=0.15$),使协同支持情况参考点 T_3 在[0,1]之间逐渐变化,可得到如图 4-15 和图 4-16 所示的模拟结果。

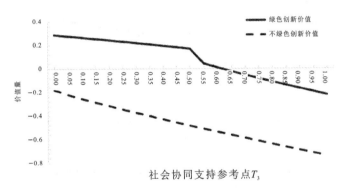

图 4-15　绿色创新、不绿色创新价值随 T_3 变化趋势图

从图 4-15 可以看出,随着协同支持参考点的提高,绿色创新价值和不绿色创新价值均呈现下降趋势,且不绿色创新价值的下降趋势大于绿色创新价值,导致图 4-16 中绿色创新意愿呈上升趋势。这说明,随着协同支持情况参考点上升,中小制造企业开展绿色创新的意愿增强。当协同支持情况参考点约等于 0.8 时,绿色创新价值下降的趋势略小于不绿色创新价值的下降趋势。

2. 获得协同支持的绿色创新收益对绿色创新意愿的影响

在其他条件固定时($T_1=0.75,T_2=0.5,T_3=0.5,T_4=-0.15,E'=0.6,E=0.3,C=0.15,q=0.4,I=0.1,p=0.4,K=0.15$),使获得协同支持的绿色创新收益 V 在[0,1]之间逐渐变化,可得到如图 4-17 和图 4-18 所示的模拟结果。

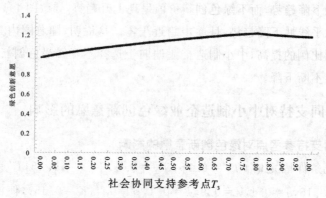

图 4-16　绿色创新意愿值随 T_3 变化趋势图

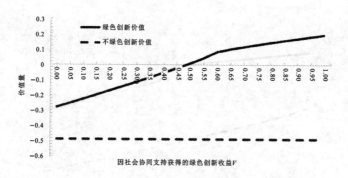

图 4-17　绿色创新、不绿色创新价值随 V 变化趋势图

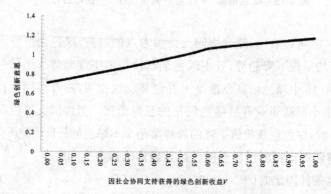

图 4-18　绿色创新意愿值随 V 变化趋势图

从图 4-17 可以看出,当获得协同支持的绿色创新收益 $V < 0.60$ 时,随

着获得协同支持的绿色创新收益的提高,绿色创新价值呈现上升趋势,不绿色创新价值保持不变,导致图 4-18 中绿色创新意愿呈上升趋势;当 $V>0.60$ 时,绿色创新价值随获得协同支持的绿色创新收益的提高呈现上升放缓趋势,相应地,图 4-18 中绿色创新意愿的上升趋势也逐渐放缓。这说明,获得协同支持的绿色创新收益到达 0.60 后,获得协同支持的绿色创新收益对中小制造企业绿色创新意愿的驱动作用变弱。

3. 获得协同支持的成本 I 对绿色创新意愿的影响

在其他条件固定时($T_1=0.75, T_2=0.5, T_3=0.5, T_4=-0.15, E'=0.6, E=0.3, C=0.15, q=0.4, V=0.9, p=0.4, K=0.15$),使获得协同支持的成本 I 在 [0,1] 之间逐渐变化,可得到如图 4-19 和图 4-20 所示的模拟结果。

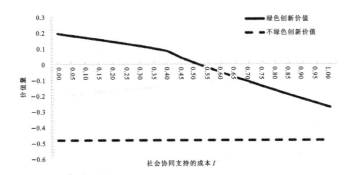

图 4-19　绿色创新、不绿色创新价值随 I 变化趋势图

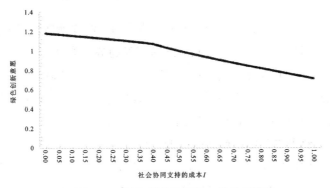

图 4-20　绿色创新意愿随 I 变化趋势图

从图4-19可以看出,当获得协同支持的成本 $I<0.40$ 时,随着获得协同支持的成本的提高,绿色创新价值呈现下降趋势,不绿色创新价值保持不变,导致图4-20中绿色创新意愿呈下降趋势;当 $I>0.40$ 时,绿色创新价值随获得协同支持的成本的提高呈现快速下降趋势,相应地,图4-20中绿色创新意愿的也变得快速下降。这说明,获得协同支持的成本到达0.40后,获得协同支持的成本对中小制造企业绿色创新意愿的抑制作用变强。

四、行政监管对中小制造企业绿色创新意愿的影响

1. 行政监管参考点对绿色创新意愿的影响

在其他条件固定时($T_1=0.75, T_2=0.5, T_3=0.5, E'=0.6, E=0.3, C=0.15, q=0.4, V=0.9, I=0.1, p=0.4, K=0.15$),使行政监管情况参考点 T_4 在 $[-1,0]$ 之间逐渐变化,可得到如图4-21和图4-22所示的模拟结果。

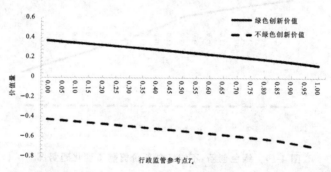

图4-21 绿色创新、不绿色创新价值随 T_4 变化趋势图

由图4-21可以看出,随着行政监管参考点 T_4 的逐渐增大,绿色创新价值和不绿色创新价值均呈现出不同程度的下降趋势。在 $T_4 \approx -0.15$ 时,下降速度有所加大。相应地,在图4-22中,在 $T_4 \approx -0.15$ 时,中小制造企业绿色创新意愿迅速增加。上述结果表明行政监管具有门槛效应,当监管力度足够大时,才能显著驱动中小制造企业绿色创新。

2. 罚款比例对绿色创新意愿的影响

在其他条件固定时($T_1=0.75, T_2=0.5, T_3=0.5, T_4=-0.15, E'=0.6, E=0.3, C=0.15, q=0.4, V=0.9, I=0.1, p=0.4$),使罚款比例 K 在 $[0,1]$ 之间逐渐变化,可得到如图4-23和图4-24所示的模拟结果。

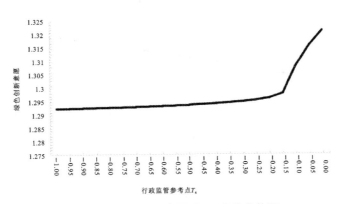

图 4-22　绿色创新意愿随 T_4 变化趋势图

由图 4-23 可知,绿色创新价值随着惩罚比例 K 的增大一直保持稳定的比例,而不绿色创新却逐渐减小。因此当中小制造企业选择"绿色创新"策略时,监管和惩罚措施不会对其起到作用,相反由于中小制造企业不绿色创新的成本增加,使得不绿色创新价值呈现下降的趋势。由图 4-24 可知,绿色创新意愿也随着惩罚比例 K 的增大而增大。

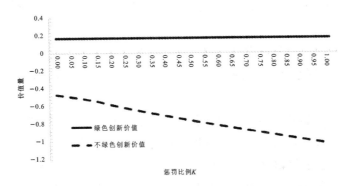

图 4-23　绿色创新、不绿色创新价值随 K 变化趋势图

五、仿真结果分析

综合以上模拟仿真结果可以得出以下结论。

1. 在自身相对收益方面

(1)绿色创新意愿随着相对收益参考点 T_1 的增加而上升,但当 T_1 ≈0.75 时,中小制造企业绿色创新意愿呈下降趋势。即提高相对收益参考

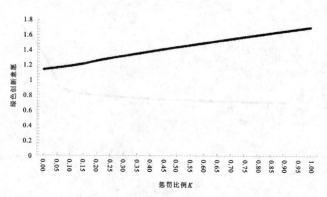

图 4-24 绿色创新意愿随 K 变化趋势图

点并不一定会提高中小制造企业绿色创新意愿,当超过某一程度时,反而不利于中小制造企业绿色创新意愿的提升。

(2)绿色创新意愿随着基础收益 E 的增加呈现先上升后逐渐下降的趋势,且在 $E \approx 0.35$,即中小制造企业不开展绿色创新的基础收益为 35% 时,中小制造企业绿色创新意愿出现最高点,然后出现下降,即当中小制造企业不开展绿色创新的收益大于某一程度时,中小制造企业将不愿意选择开展绿色创新。

(3)绿色创新意愿随着开展绿色创新收益 E' 的增加呈现上升趋势,且在 $E' \approx 0.60$ 时,绿色创新意愿随着开展绿色创新收益 E' 的增加上升速率减缓。

(4)绿色创新意愿随着开展绿色创新成本 C 的增加呈现下降趋势,且在 $C \approx 0.15$ 时,绿色创新意愿随着开展绿色创新成本 C 的增加迅速下降。

2. 在其他企业绿色创新方面

(1)绿色创新意愿随着其他企业绿色创新情况比率参考点 T_2 的增加呈现出先平缓再上升再平缓的趋势,在 $0.4 < T_2 < 0.45$ 时,中小制造企业绿色创新意愿迅速增长,即其他企业绿色创新情况比率门槛值影响达到 0.40 时,中小制造企业更愿意选择开展绿色创新,但一旦超过 0.45,中小制造企业绿色创新意愿将趋于稳定。

(2)绿色创新意愿随着其他企业不绿色创新的比例 q 的增加而下降。

3. 在协同支持方面

(1)绿色创新意愿随协同支持情况参考点 T_3 的增加而呈现出先上升后

下降的趋势,在 $T_3 \approx 0.8$ 时,中小制造企业绿色创新的意愿最大。即适当的协同支持有利于中小制造企业绿色创新。

(2)绿色创新意愿随获得协同支持的绿色创新收益 V 的增加而上升,且在 $V > 0.6$ 时,中小制造企业绿色创新意愿的上升趋势变缓。

(3)绿色创新意愿随获得协同支持的成本 I 的增加而下降,且在 $I > 0.40$ 时,中小制造企业绿色创新意愿迅速下降。

4. 在行政监管方面

(1)绿色创新意愿随行政监管情况参考点 T_4 的增加呈上升趋势,且在 $T_4 > -0.15$ 时,中小制造企业绿色创新意愿迅速增加。即行政监管具有门槛效应,当监管力度足够大时,才能显著驱动中小制造企业绿色创新。

(2)绿色创新意愿随罚款比例的增加而增加。

第四节　研究结论与启示

一、研究结论

相对于传统演化博弈理论的收益矩阵而言,基于前景理论的收益感知矩阵更能真实地反映中小制造企业的决策过程。中小制造企业对于收益的感知已经不再是实际收益水平,而是基于参考点的心理预期的变化收益,这种变化带来的不仅仅是数值上的改变,还有丰富的心理活动、行为内涵和实际意义。其中,最为关键的是参考点的选取,既不要设定过于容易达到的"底线"参考点,也不要设定太难达到的"长远和战略性目标"参考点,而是要依据中小制造企业自身发展条件、发展规律和创新环境设置合理的、有效的参考点,这样才能增强中小制造企业开展绿色创新的意愿。

因此,本章基于前景理论,从中小制造企业绿色创新意愿的角度出发,通过将自身相对收益、其他企业绿色创新、协同支持、行政监管四类影响因素纳入中小制造企业绿色创新行为决策的过程中,构建了基于前景理论的中小制造企业绿色创新意愿仿真模型。进一步改变四类影响因素的参考点 T_1、T_2、T_3、T_4,以及中小制造企业基础收益 E,绿色创新收益 E',绿色创

成本 C,圈内其他企业不绿色创新的比例 q,获得协同支持的绿色创新收益 V,协同支持的成本 I,罚款比例 K,分别对中小制造企业创新意愿的影响进行模拟仿真。由此可以得到以下几点重要结论。

第一,自身相对收益对中小制造企业绿色创新意愿具有复杂的影响。具体而言,中小制造企业绿色创新意愿随着相对收益参考点 T_1 和基础收益 E 的增加呈现出先后下降的趋势;绿色创新意愿随着开展绿色创新收益 E' 的增加呈现上升趋势;中小制造企业绿色创新意愿随着开展绿色创新成本 C 的增加呈现下降趋势。

第二,其他企业绿色创新对中小制造企业绿色创新意愿具有复杂的影响。具体而言,中小制造企业绿色创新意愿随着其他企业绿色创新情况比率参考点 T_2 的增加呈现出先平缓再上升再平缓的趋势;中小制造企业绿色创新意愿随着其他企业不开展绿色创新的比例 q 的增加而下降。

第三,协同支持对中小制造企业绿色创新意愿具有复杂的影响。具体而言,中小制造企业绿色创新意愿随协同支持情况参考点 T_3 的增加而呈现出先上升后下降的趋势;中小制造企业绿色创新意愿随获得协同支持的绿色创新收益 V 的增加而上升;中小制造企业绿色创新意愿随获得协同支持的成本 I 的增加而下降。

第四,行政监管对中小制造企业绿色创新意愿起到正向影响。具体而言,中小制造企业绿色创新意愿随行政监管情况参考点 T_4 的增加呈上升趋势;中小制造企业绿色创新意愿随罚款比例的增加而增加。

基于前景理论将自身相对收益、其他企业绿色创新、协同支持、行政监管因素纳入中小制造企业绿色创新行为决策的过程中,对现实的解释力更强,更能真实地体现出中小制造企业决策的心理过程及其对决策行为的影响。本章的研究结论与现实情况较为相符,从而印证了前景理论在中小制造企业绿色创新意愿研究中的有效性。

二、实践启示

1. 政府层面

(1)强化绿色创新环境规制体系,提升行政监管的有效性。本章的研究结果表明,行政监管具有一定的门槛效应,当监管力度足够大时,才能显著驱动中小制造企业绿色创新。尤其在当前治理环境污染和节能降耗的攻坚爬坡阶段，政府必须在环境保护立法和出台方面积极有为，同时坚持有法必依、执法必严，避免环境法规体系"中阻梗"而导致监管"软约束"，进而使得污染密集型制造企业绿色创新能动性不足。

政府应丰富环境规制工具储备，强化环保长效监督追责机制。长期以来，中国政府主要通过强制性政策工具，如环保法、行政处罚等方式治理企业排污行为。相较于美、欧、日等发达国家而言，我国碳排放权交易、环境税等市场化、经济性政策工具起步较晚且成熟度较低，对于中小制造企业绿色创新的激励强度不足。更重要的是，必须明确政策与企业绿色创新实践的"权责对等"和"行业异质"原则，即积极响应、高标准开展绿色创新的中小制造企业能够获得政府政策激励。因此，政府应扩大"强制性手段在先，经济性工具并举"的绿色创新方式；并依据地方经济发展状况，尊重产业发展规律，健全覆盖不同行业的环境规制政策，如2019年生态环境部就《纺织工业水污染物排放标准》等征求相关单位意见。同时，加强环境保护短期治理与长期巡视问责的制度建设。如原环境保护部党组于2017年启动的《中央环境保护督察纪律规定（试行）》，分批多次对各省市开展持续多轮大范围环保督查，评估地方政府落实国务院关于污染治理、整改力度计划的情况，对执行不力的地方干部进行追责训诫。

此外，政府应建立政策评估制度，优化规制工具结构。由于环境规制政策的评估对环境规制工具的选取更加有作用，所以应建立完善环境规制政策的评价机制，完善和优化环境规制指标作为环境规制评估必不可少的过程，若在效果评估中没有达到预期目标，应当予以完善，将环境规制手段落地执行。构建健全的环境政策影响评估体系也更有利于选择适度的环境规制强度、优化环境规制的工具结构。区域试点的成功经验表明该政策是有效的，有效降低了二氧化碳排放量。因此，适时出台环境保护政策，有可能加强环境规制力度，促进环境政策评价，以环境规制政策促进环境规制水平的提升。每种类型的环境规制工具均有优势和劣势，作为政策的制定者和管理者，政府应该优化环境规制体系，创新环境规制工具，组合运用多种工具。

(2)推动中小制造企业绿色创新网络合作。首先，政府应创造公正有序的创新环境和创新氛围，保证市场在绿色创新资源配置中的决定性作用。政府应减少干预，但是可以设置绿色项目，鼓励和支持"产学研"间的绿色技术合作和交流。通过微信、网络等新型媒体形式，政府应提高对绿色创新战略实施的宣传力度，增加中小制造企业绿色创新的正外部性，建立绿色创新合作网络平台，克服中小制造企业绿色创新的人才、技术和知识流动困难；提高绿色金融系统的服务水平，重视创新资金在绿色创新合作过程中的关键性作用，特别是在中小制造企业绿色创新战略实施的初期，通过绿色融资和绿色信贷等方式，推动中小制造企业绿色创新能力的提升；注重绿色知识产权保护，在高校、科研院所和中小制造企业间不断进行绿色知识产权宣传教育等活动，提高绿色知识产权保护意识，鼓励中小制造企业和个体利用专利、商标以及行业标准等形式进行知识产权保护，并促进中小制造企业利用知识产权战略实现绿色技术开发及其商业化。此外，提高对环保的重视程度，激励中小制造企业在产品整个生命周期进行绿色开发、生产和销售，切断污染环境的源头。

其次，政府应推动绿色技术创新系统在主体之间的资源共享。政府通过出台重大的科技政策，制定科研基础设施管理条例惠及各绿色创新主体，鼓励各主体合作创新、协同创新，实现知识共享、技术交流、资源优化配置，从而促进绿色技术创新的实施。中小制造企业应通过建立绿色创新管理信息系统，推进绿色创新计划（专项）信息的互联互通，实现系统集成，使得高校及科研院所及时了解中小制造企业的绿色创新需求。高校和科研院所应该完善绿色创新成果数据库，及时公布自身的创新成果。除此之外，政府要建立配套的绿色创新人才机制，鼓励绿色创新主体之间的人才相互交流、相互沟通、相互学习，实现知识和技术的流动以及资源的共享。

2. 行业层面

（1）引导中小制造企业形成绿色创新网络。本章的研究结果表明，协同支持对中小制造企业绿色创新意愿具有复杂影响。而且，中小制造企业绿色创新长期缺乏其他来自产业内主体的协同，无法形成和加入绿色创新网络，致使其绿色创新停滞不前。因此，一方面，中小制造行业内部应自发以绿色需求为导向，自觉以绿色创新为实践方向，借助制造企业产业分工的垂直优势，主动响应供应商的企业绿色经营诉求，打通供应链上下游，形成以产业协作为基础的一体化绿色创新体系，积极吸纳更多产业分工群体参与企业全生命周期绿色创新过程。另一方面，中小制造企业应充分依托产业园区等载体，发挥产业集聚的经济地理及规模优势，形成中小制造企业绿色创新资源的空间集聚,利用绿色技术、知识平台集中共享的溢出效益,降低企业获取创新要素的流通成本。

(2)完善中小制造企业合作绿色创新的服务体系。嵌入式绿色知识服务能够为用户送上知识互动、思想交流、个体定制等优质且不受时空影响的绿色服务。高校、科研院所绿色成果商业化是完成绿色创新活动非常重要的一步,创建嵌入式绿色创新知识服务科研团队,可以让高校、科研院所真正了解制造业企业的切实所需,满足绿色创新供给和需求相匹配的要求,成立绿色创新项目库。为实现此目的,可以从三方面进行努力:一是,提高综合绿色技术分析能力。高校、科研院所利用大数据、云计算等跨学科绿色技术不断提升科研人员的综合分析能力;二是,创建平等互利互信的合作绿色创新氛围。只有在平等互利互信的基础上,合作双方才能开诚布公,交流合作创新的想法与思路,减少合作创新过程中的风险与摩擦,提高合作成功的概率;三是,采用嵌入式绿色创新人才培养方式。制造业企业与高校、科研院所签订协议联合培养基础理论与实践均擅长的综合人才,提高创新网络中人员的交流频率与交流深度,减少绿色知识距离,增强大学、科研院所的绿色技术基础研究能力。

(3)改进中小制造企业合作绿色创新绩效评价反馈机制。在多主体参与下的中小制造企业绿色技术创新过程中,针对各个阶段的主要任务进行有效的反馈,绿色创新项目研发团队接收到反馈后,会及时处理,作用于下一阶段,使得整个绿色技术创新项目能够不断地完善与改进。而在整个绩效反馈的过程中,需要保持公正性,公正性是绿色创新绩效评价的核心,而激励性恰恰是公正性的基础,与绿色创新项目研发团队人员的利益息息相关。有效的绩效反馈有利于促进绿色创新参与者熟悉本项目的真实情况,让参与成员间形成良好的沟通方式,通过有效连接合作实现对绿色创新项目成员的激励作用。

多主体合作下的中小制造企业绿色技术创新绩效反馈需要体现动态性、及时性和激励性的特征。①绿色创新绩效的反馈是一个反复的、经常性的行为,在项目进行的过程中,一旦发现问题要及时通知绿色项目团队负责人,并进行调整和改进。严禁在整个绿色创新项目结束或者所有绩效评价完成后才进行反馈。②绿色创新绩效的反馈不应局限于成果后反馈,应具有动态性的反馈,且反馈方式要丰富多样,将语言反馈和反馈激励有效结合，根据绿色创新项目过程的具体情况选择最适合的反馈方式，起到激励项目成员的作用即可。③绿色创新绩效的反馈要突出重点，奖罚分明。在创新绩效评价与反馈的过程中以表扬或者奖励的方式激励绩效好的成员，对于绩效较差的成员，应给予更多的鼓励，协助他们找到绩效不好的原因，并帮助其解决问题。④绿色创新的绩效反馈是一个多主体参与、多主体反馈的综合过程。所以，在绿色创新绩效反馈的过程中，应该鼓励其他支持性组织积极参与。

3. 企业层面

（1）在合作伙伴选择过程中重视绿色创新能力、信任与沟通程度、兼容性水平等要素。本章的研究结果表明，中小制造企业绿色创新意愿随协同支持情况参考点的增加而呈现出先上升后下降的趋势。因此，中小制造企业应选择与其绿色创新所需创新水平、技术结构、组织架构、创新氛围等相匹配的合作伙伴。一是中小制造企业要对科研院所和高校提供的技术进行认真研究和鉴定；二是中小制造企业应建立有助于其绿色创新项目学研合作伙伴选择的评价指标体系，在选择评价指标时，应综合衡量高校和科研院所的合作实力，包括其绿色创新水平、绿色资源禀赋、绿色技术结构和创新文化等因素；三是中小制造企业应重视合作伙伴以往的合作记录，优先选择在信誉和合作实力方面较强的学研机构，此外，绿色合作给高校和科研院所带来的利益也应考虑到，尽量使合作取得双赢的效果。

此外，设计相应的动态监督机制。在合作绿色创新过程中，中小制造企业应从高校和科研院所方面获得绿色知识和技术，并将绿色知识技术化、产品化和市场化，假如中小制造企业寻找绿色创新资源时，学研方只将其显性绿色知识转移给中小制造企业，而将隐性绿色知识保留，这样绿色合作创新将很难进行。同时，如果中小制造企业在绿色技术合作创新的过程中，学研方不履行约定进行进一步研发与设计，也会对合作绿色创新产生不利影响。因此，在签订合同时，中小制造企业必须按照学研方的特点，建立动态监督机制，对高校和科研院所的合作行为进行监督和约束。中小制造企业要与学研方保持紧密沟通，对高校和科研院所执行合同的情况进行不断的交流，关于未来的改进方向及时制定方案。对于合作伙伴出现违背合同约定行为的情况，双方应及早发现并及时采取措施，保证合作绿色创新的正常运行。因此，在构建评价指标体系过程中，绿色创新能力（绿色知识创造水平、绿色技术转化能力、绿色创新研发能力、绿色信息集成能力)、信任与沟通程度(合作意愿、学研机构声誉、过去的合作经验、利益分配的共识程度)、兼容性水平(技术兼容性、战略目标兼容性、创新文化兼容性和管理理念兼容性)应合理纳入理论框架。这些因素对中小制造企业选择绿色创新学研合作伙伴选择具有重要的参考价值。

(2)积极与外部绿色供应链集成并建立长期战略合作伙伴关系。本章的研究结果表明,中小制造企业绿色创新意愿随着其他企业绿色创新情况比率参考点 T_2 的增加呈现出先平缓再上升再平缓的趋势。因此,中小制造企业应长远布局绿色技术创新的发展战略,将绿色新产品开发置于战略顶端,各项制度应积极支持开发绿色新产品。同时中小制造企业应将知识管理嵌入绿色新产品开发中,通过绿色知识资源的共享、优化、整合、配置等方式,实现绿色知识创造,促进绿色新产品开发。此外中小制造企业应把握行业内绿色供应商和绿色客户的活动情况,及时调整绿色新产品开发策略。一方面,中小制造企业应积极培养与绿色供应商和绿色客户之间的互惠关系,将这些主体纳入一个具有理性、互惠环境的共同体中,制定促进知识共享的促进措施;另一方面,中小制造企业应制定针对性的奖惩激励机制,与绿色供应商和绿色客户互惠互利、协同合作,同时应注意对自身知识产权的保护。此外,政府应关注绿色消费者和绿色供应链的环保诉求,进而影响中小制造企业绿色创新决策。

(3)重视合作伙伴对企业的价值,提升自身合作能力。对于中小制造企业来说,加入合作网络不仅能够增加企业间的知识冗余程度,还能获取所需的绿色技术知识要素来提高整个合作系统的创新能力。随着具有较高活跃度的技术密集型企业的加入,可能提高获得异质性技术知识的概率,合作伙伴的技术特征及更新频率会影响合作网络中技术研发的效率,最终影响绿色创新产品开发的成果。因此,企业首先要重视合作伙伴对企业的价值,同时注意防止技术泄露,避免由于合作造成的机会主义以及技术泄露而为企业带来损失。

为了提高中小制造企业对于合作伙伴的重视程度,企业内部首先需要树立团结协作的企业文化,营造一种团结协作的工作环境,培养员工与员工之间、部门与部门之间的协作精神和奉献精神,促进各部门之间以及员工之间的沟通、协调与合作。企业可以按照项目从各部门调动员工形成临时的项目小组,在实践工作中培养企业员工及部门之间的合作能力。当企业与其他伙伴企业合作时,企业的员工能够快速地融入合作团队中,并且能够有效地对接工作、沟通协调进而展开合作。企业通过增强自身的合作能力,从处于外部合作网络的企业中获取多样化的知识和技术,不断为企业开发新产品提供新的思路和技术支持。增强自身合作能力,即增强企业与其伙伴企业联合解决问题的能力以及处理工作中实际问题的协调能力。提升企业联合解决问题的能力以及协调能力,使企业在面对新产品开发过程中的问题时能够主动承担、积极行动,进而促进企业与其伙伴企业的开发性交流,促进企业及其伙伴企业在外部网络中识别和获取自身需要的多样性知识和技术,进而实现绿色创新。

第五章 协同支持网络对中小制造企业绿色创新行为的影响机制研究

通过第四章中小制造企业绿色创新行为演化分析可以看出，协同支持对中小制造企业绿色创新非常重要。本章以协同支持为切入点，基于战略认知理论和战略资源基础理论，引入管理者认知与合作能力作为中小制造企业绿色创新决策的影响因子，分析外部协同网络与中小制造企业绿色创新之间的关系、管理者认知的中介作用与合作能力的调节作用。本章采用理论研究和实证研究相结合的方式，提出外部协同网络、管理者认知、合作能力与中小制造企业绿色创新之间的关系模型和研究假设，并对研究假设进行实证检验。

第一节 研究背景与意义

随着经济全球化进程的加快，企业已置身于更加激烈的市场竞争中，高通量、高密集的技术创新活动逐渐成为企业生存和发展的关键。传统的企业理论遵循内部化的逻辑（Buckley and Casson，1976），在理性视角下将企业看作是外部资源的孤岛和内部资源的运用者（Teece，2014），而将其所处的经营环境、制度规范、商业惯例看作是施加于企业的外生因素，企业的内部资源和外部资源有着明显的界限。近年来，创新环境以及对于创新过程的理解的变迁促使企业的创新模式产生了一系列变化：一是，产品生命周期的缩短加剧了技术创新的时间压力和成本压力，仅依靠单一企业的资源和能力难以在日趋复杂的竞争环境中取得可持续的竞争优势；二是，技术复杂度的提高与知识迭代速度的加快，要求专业化分工必须在更深的层次中开展，大部分企业只能掌握某个特定技术领域的专业化知识，在知识的流动和交互变得更为广泛和频繁的同时，耦合性和专用性的知识增强了技术创新活动的外部依存特征，企业如若继续采用孤立的创新模式则必然导致创新成果的匮乏和创新收益的降低；三是，技术创新日益增强的复杂性要求产业链中各个环节必须相互配合和紧密联系，才能保障技术创新的最终效果。

日本工业产业的快速崛起、美国硅谷的迅速发展以及国内中关村产业园的兴起等典型案例的出现都充分展示了网络的力量（王大洲，2001；沈必扬和吴添祖，2004），以网络进行创新显然已经成为时代的主流。网络创新模式的出现显著改变了现代企业,尤其是技术型企业的创新方式与路径,创新不再仅仅是简单的原子式过程,也是一个协同合作的过程,更是基于企业间不断合作而形成创新网络的过程(钱锡红,2010)。因此,企业通过契约、协议、社会关系等纽带与高校、研究机构、政府、资本市场以及中介机构等主体链接形成合作组织,将组织内外部创新资源整合起来。基于网络集成进行合作创新的方式迅速成为全球企业普遍采用的模式之一。

随着经济社会的发展,国际社会不仅日益认识到生态环境问题的紧迫性和重要性,而且逐步将其提升为关系人类生存发展的重大问题。2002年,可持续发展世界首脑会议在南非通过《约翰内斯堡可持续发展宣言》等文件,要求在地方、国家、区域和全球各级促进和加强经济发展、社会发展和环境保护这三个既相互依存又相互加强的可持续发展支柱。2012年,联合国可持续发展大会通过了《我们希望的未来》文件,提出消除贫穷、改变不可持续的消费和生产方式、推广可持续的消费和生产方式、保护和管理经济和社会发展的自然资源基础是可持续发展的总目标。2019年,第四届联合国环境大会在肯尼亚召开,大会主题是"寻找创新解决方案,以应对环境挑战并实现可持续的消费和生产"。会议期间联合国环境规划署发布包括新版"全球环境展望"在内的系列研究报告,对全球环境进行全面评估,深入探讨与环境和可持续经济有关的创新解决方案等问题。这表明,生态环境问题已经从经济发展的成本问题转变为经济发展的方式问题,已经从区域性问题转变为真正的全球性问题,已经从人类外部生存环境问题转变为人类生存的内在需要问题。我国把生态文明建设放在更加突出的位置,实行最严格的生态环境保护制度,倡导"绿水青山就是金山银山"的理念,强调"要像保护眼睛一样保护生态环境"。

绿色技术创新不仅是全球绿色发展的焦点,也是我国产业转型升级、可持续发展的内在要求和重点突破方向,起着不可替代的关键支撑作用。1972年联合国人类环境会议伊始,美、日、韩和欧盟等纷纷推出绿色新政,致力于提升绿色技术创新能力。我国绿色发展起步于1970年代、奠基于1980年代、成长于1990年代,并于21世纪发展壮大(杨福霞,2016),在经历"经济增长奇迹"之后,资源耗竭、能源短缺、环境恶化与生态破坏等问题加剧,绿色技术创新成为我国新常态下调结构与换动能的关键抓手,受到国家高度重视。早在1980年代,国家出台了系列节能减排和环境保护等条例与法规。

此后,绿色发展政策框架不断完善,十八大将生态文明建设置于国家五位一体战略;"十三五"规划进一步将"创新"与"绿色"提升至五大发展理念,创新驱动与绿色发展上升为国家重点战略。

作为国民经济发展的主力军,中型企业和小型企业是我国数量庞大、充满创新活力的企业群体,对吸纳就业、改善民生、促进经济增长、增加地方税收等方面具有极大的影响作用。随着市场环境的变化,中小制造企业在绿色发展过程中面临的生产成本上升、融资难融资贵、创新发展能力不足等问题日益凸显。相比于大型制造企业,中小制造企业在绿色创新和环境治理过程中,资金实力和融资能力相对较弱,且绿色创新技术研发难度大,无法获取对等的信息,使得中小制造企业绿色创新难度较大,积极性不高。

前文的研究结论表明,"地方政府监管""相关企业绿色行为""高校、科研院所及技术中介的技术支持"以及"绿色供应网络合作"是影响中小制造企业绿色创新的关键外部影响因素,"自身相对收益""其他企业绿色创新""协同支持"和"行政监管"能够影响中小制造企业开展绿色创新的意愿。本章将以上因素归纳为协同支持网络,协同支持网络是指地方政府、供应链企业、科技中介、行业协会、金融机构等多主体协作,为中小制造企业提供支持并具有协同机制的社会网络。其参与主体包括政府支持主体、企业支持主体、中介支持主体和社会公众支持主体。多主体通过资源集成与优势互补的高度协作,成为绿色创新的重要基础。中小制造企业绿色创新是环境保护的重要途径,具有典型的社会性,由多元主体形成的协同支持网络是促进中小制造企业绿色创新的关键因素。现有关于中小制造企业绿色创新的研究强调了外部支持的重要性,但对于各支持主体间协同机制的关注不够,对协同支持在中小制造企业绿色创新行为变动中的影响机制研究不够明晰,使得现有中小制造企业绿色转型发展的措施不系统,成效不显著。此外,企业行为是由企业管理者根据内部资源能力及外部环境进行决策的,合作能力作为企业充分利用网络中资金、技术、知识等资源的关键因素,可能会影响管理者对绿色创新价值与风险的认知和行为决策。

本章以协同支持为切入点和着眼点,探究外部协同网络与中小制造企业绿色创新的关系,并从管理者心理深度参与及企业能力角度,研究管理者认知与合作能力在其中所起的作用。通过构建外部协同网络与中小制造企业绿色创新的理论模型,提出相关研究假设。运用问卷调查的方式收集数据,使用相关统计软件实证分析四个变量之间的关系,揭示外部协同网络与中小制造企业绿色创新之间的影响机制,以及管理者认知及合作能力在其中所起的作用,为更好地促进中小制造企业绿色创新实践提供理论支撑和实践指导。

本章通过对外部协同网络、中小制造企业绿色创新等核心概念及理论的研究,构建外部协同网络与中小制造企业绿色创新行为关系的理论模型,进一步完善企业环境行为理论体系及协同治理理论,为更好地实现中小制造企业绿色转型和可持续发展提供理论支撑。其次,中小制造企业进行绿色创新,既是外部环境的要求,也是自身提高竞争力、获得可持续发展的必然要求。因此,本章的实践意义是通过揭示中小制造企业绿色创新的社会属性、支持网络中的微观主体行为,构建中小制造企业绿色创新外部协同网络,完善促进中小制造企业绿色创新的服务体系及相关政策,为中小制造企业绿色转型和可持续发展提供路径指导。

本章其余部分的结构安排如下:第二节为理论基础与研究假设的提出;第三节进行问卷设计、数据收集及实证分析;第四节基于实证分析结果得出研究结论及实践启示。

第二节 理论基础与研究假设

一、理论基础

1. 外部网络对中小制造企业绿色创新的促进研究

中小制造企业由于其灵活精简的组织结构和非正式的沟通方式,使得企业在管理环境和社会问题时不那么官僚。比如,企业所有者和管理者的主导地位会影响其对市场变化的反应,从而促进产品创新来占领市场(Jenkins and Yakovleva,2006)。由于时间、人员、知识和资金等资源约束,中小制造企业会减少对绿色创新的投资和实施(Bos-brouwers,2010)。冯振强(2014)指出,大多中小制造企业缺乏内部环境责任教育和制度,缺乏节能减排技术创新,缺乏废物处理设施设备,导致资源的浪费及环境的污染。

Oxborrow 和 Brindley(2013)通过对英国 15 家中小制造企业进行案例研究得出,中小制造企业的生态活动主要集中于市场机会的短期利益方面,很少有基于感知风险或品牌发展的长期战略行为;利益相关者的影响对中小制造企业很重要,特别是消费者的绿色需求。Huang 等(2015)通过对中国中小制造企业进行大样本调查研究发现,不同行业中小制造企业绿色行为具有异质性。

由于资源、能力的限制,中小制造企业在可持续发展的创新中处在一个更被动的地位。Mohnen 和 Röller(2005)研究显示,由于自身资源的限制,中小制造企业绿色创新行为会受到投入成本、企业制度、人力资源、组织文化、信息流及政府政策的约束。李胜等(2008)认为对中小制造企业来说,监管力量比市场力量和社会力量更具有影响力。葛晓梅等(2005)在研究中指出国家政策和激励机制是中小制造企业进行绿色技术创新的外部动力,国家政策和激励机制的缺失是影响中小制造企业绿色创新的重要因素。文华和马胜(2013)基于供应链视角研究中小制造企业绿色生产创新路径得出,竞争压力大、缺乏外部合作机会、缺乏信息、缺乏政府支持也是影响中小制造企业进行绿色创新行为的重要因素。

有学者指出,政府支持政策可以有效减轻中小制造企业资源缺乏的压力(Weng and Lin,2011)。政府支持弥补了企业创新投入不足的问题,通过补偿企业绿色创新活动的外部性以增加企业的创新收益,降低创新风险,促进企业实施绿色创新。葛晓梅等(2005)提出政府应加强经济刺激手段,完善中小制造企业绿色技术创新融资机制,加快企业环境成本核算体系的建立,加强与科研机构、高等院校的合作创新,建立中小制造企业绿色技术创新服务支持系统。钱枫林和马晓茜(2010)指出在建立排污交易市场的同时,地方政府要提供中小制造企业节能减排交流平台和提供节能减排技术方面的支持。吴利华等(2015)基于长江三角区 313 家中小制造企业调查数据得出,企业间的合作关系对中小制造企业环境绩效与经济绩效产生显著影响,政府要促进企业间的合作。龚建立等(2002)指出,由于在环境配置上的"市场失效",政府必须从法律、法规、政策等方面对中小制造企业绿色创新给予鼓励和扶持。Lee(2008)在对韩国中小制造企业的研究中也表明,政府对绿色倡议的支持对企业参与绿色供应链的意愿有积极的影响。李伟铭等(2008)指出,政府技术创新相关政策经过企业投入资源优化或组织激励的中介作用对企业创新绩效产生正向作用。郭庆(2007)认为命令与控制政策和环境专项治理环境规制是失效的,有效的中小制造企业环境规制政策应同时满足参与约束和激励相容约束。Su-Yol Lee(2008)通过案例研究指出,构建支持型的买方—供应商关系,在资源获取和能力开发中出现的协同联系,能有效改善中小制造企业环境绩效。中小制造企业利用合作获取组织边界之外的资源与知识,通过与外部主体协作,获得持续创新的能力。龙文滨等(2017)研究发现,行业协会对环保的支持能够促进中小制造企业特别是重污染行业的中小制造企业改善环境表现,且行业协会的规制效应取决于具体规制手段和行业属性等。

绿色创新本质上是市场、组织和技术问题的综合,中小制造企业与其他企业开展有效的合作是取得绿色创新成功的关键(Yu,2015)。中小制造企业创新活动还会受到资金、人才、技术等资源约束,更加需要获取外部环境中的创新支持。Darnall等(2010)研究得出,由于中小制造企业具有资源约束严格、创新倾向明显、决策程序简单等特性,在经营过程中会更加主动地采取环保措施来回应利益相关者的相关诉求。Klewitz等(2012)基于对德国金属和机械工程行业中小制造企业的探索性定性访谈研究得出,中小制造企业绿色创新需要不同类型的公共和私营中介机构对绿色创新提供长期和不同程度的支持,从定制的个人支持到更开放的支持,如合作网络等。与研究机构和高校的协作网络对于促进中小制造企业的绿色创新至关重要。根据相关文献可知,外部网络支持主体主要来自异质的参与者,包括绿色供应商、当地社区居民、政府、消费者、绿色投资者、环保组织以及媒体等(曹国等,2014)。支持主体通过向企业施加压力来促进中小制造企业绿色创新行为的实施(杨德锋等,2012)。受到企业发展规模的限制,中小制造企业在与外部网络支持主体(如客户、供应商、区域组织、非政府组织)的协同过程中会消耗大量资源,协同机制的有效性将影响企业间协同模式的选择及协同创新的效应,机制的缺失会影响协同模式的结果。

2. 管理者认知

关于绿色创新及外部协同网络,本书在第二章已经展开了充分的讨论,以下将对管理者认知及合作能力进行分析。

认知是心理学领域的重要概念,在管理研究领域中有着十分广泛的运用。认知涉及人的感知和理解信息的方式,是个体决策与行动的基础。管理者的管理决策会受到本人特定认知基础的影响,通过依靠自己的经验对决策后带来的一系列影响进行考虑。由于人是有限理性的,所以难以全面完整地理解复杂的信息环境。因此,管理者特定的认知基础对管理者进行有效决策至关重要。

管理者认知是指管理者在进行决策时所使用的一种知识结构或者认知过程(Bacon-gerasymenko and Eggers,2019)。认知结构是指作为管理者决策基础的管理者信念和心智模式,本质上是指管理者所具有的获取、处理外部环境或组织所处状态等信息的一种知识结构(Walsh,1995)。管理者的认知结构是管理者在经营活动中逐步形成的,具有惯性和情境依赖性,在组织中经常表现为一种可重复的行为模式,反映的是管理者认知的静态特征(Hodgkinson,1997)。周晓东(2006)在研究中指出的"认知模式(即认知结构)是主体对特定事物的已初步成型并影响对象行为的心理特征,作为主体对事物根深蒂固的信念、假设、概括,它影响着主体如何理解世界以及如何采取行动"。认知过程是指管理者获取、保留及处理特定信息的过程(Dutton et al.,1983)。认知过程是企业决策行为的重要组成部分,包括"扫描—解释—行动"。首先,由管理者选择性地关注与决策有关的信息;其次,对所选择的信息进行解释,并赋予一定含义;最后,管理者对这些信息所赋予的意义进行决策并实施。

学者们从不同的角度研究了管理者认知的丰富内容,而本书主要聚焦于管理者解释。管理者关注到的信息并非直接影响企业的战略选择,需要通过解释活动赋予其特定的意义才会对企业的战略选择有决定作用。Daft和Weick(1984)认为管理者解释是指管理者对事件进行解读并在组织中形成共享的理解和概念体系的过程。也可以说,管理者解释是指管理者通过一系列选择性认识和简化手段来理解外部环境的过程。管理者解释是针对某一特定对象的意义建构过程,对象既可以是战略事件,也可以是外部环境。管理者解释往往依赖战略决策者已有的知识结构和思维模式,具有很高的可重复性。

本书所关注的特定对象是中小制造企业绿色创新行为,因此本书中的管理者解释是指企业管理人员对中小制造企业绿色创新行为的解释,即管理者对中小制造企业实施绿色创新行为所带来的影响进行解读。Dutton和Jackson(1987)最早提出了管理者用于解释外部环境的分类标签:机会解释和威胁解释。机会解释是指管理者将特定对象视为正面的、有利的、可控的;而威胁解释是指管理者将特定对象视为负面的、有害的、不可控的。综上所述,本书中的管理者认知是指中小制造企业管理者对绿色创新行为的价值认知及风险可控的认知。

3. 合作能力

随着网络经济的兴起及网络组织的形成,企业经营环境朝着网络化、动态化发展。Meiseberg 和 Ehrmann(2013)的研究指出,网络是中小制造企业在与大型企业的市场竞争中存活的关键因素。中小制造企业可以借助网络从外部获得互补性资源,通过资源共享达到规模经济,通过知识共享提高企业竞争力和绿色技术创新能力(Reuer and Ariño,2007)。中小制造企业由于资源和能力有限,在与外部网络主体(如客户、供应商、区域组织、非政府组织)的交流合作过程中会消耗大量资源。因此,如何更好地处理企业间的合作关系受到学者们的广泛关注。

Simonin(1997)最早在研究中提出了合作能力的概念,认为合作能力主要是用于衡量企业与合作企业间合作关系的管理水平。随后,合作能力的内涵不断被丰富。Sivadas 和 Dwyer(2000)认为合作能力能更好地协调合作主体之间的关系。Capaldo(2007)认为合作能力是企业构建合作关系网络的能力。尚航标等(2015)认为企业合作能力可以分为问题解决能力、达成承诺能力和组织协调能力三部分。问题解决能力是指企业在解决与合作伙伴存在的分歧后,继续保持企业间合作的能力;达成承诺能力是指企业通过持续投入一定程度的资源以维持企业间合作的能力;组织协调能力是指企业通过自身成员、活动、例行程序和工作分派的整合以达到与合作伙伴统一合作目标的能力。郑胜华和池仁勇(2017)在研究核心企业合作能力、创新网络与产业协同演化机理中指出,合作能力是整合资源学说、演化经济、动态能力和组织学习等多理论的新兴能力形式,源于企业间的合作关系,是基于合作伙伴之间的相互信任、交流和承诺上发展起来的,构建、协调、管理和控制网络关系的,用来提升网络运行效率的动态能力。薄燕(2013)认为合作能力是行为主体为履行承诺而承担成本和获取利益的条件和力量。赵佳佳等(2014)将合作能力定义为行为主体为达到更高的合作收益利用资金、信息等资源的能力。Goncalves 和 Conceição(2008)认为合作能力是组织间行为规范的形成过程和资源的整合,在对外部环境进行探索的同时推动合作资源的协同发展。Sarka 等（2009）从过程角度将合作能力划分为前瞻性合作、关系优化、组合协调三类。前瞻性合作是指企业可以比竞争者更快发现外部机遇与联盟机会，从而构建新的联盟关系的能力；关系优化是指企业利用管理手段防止企业间的机会主义行为；组织协调则强调企业为了更好地应对外部环境变化，对组织结构进行优化配置。综上所述，本书中的合作能力是指与外部企业达成合作的能力，包括问题解决能力、达成承诺能力和组织协调能力三部分。

二、理论模型构建

绿色创新是指在生产经营活动中降低对环境负面影响的创新活动，涵盖了产品、生产过程、组织管理等方面（Chiou et al.，2011）。同时，绿色创新的投资回报周期长，具有很强的市场不确定性，风险也更高，导致中小制造企业绿色创新的实施更多是在政府环境规制下的被动创新。由于绿色经济发展及社会对生态环境的重视，中小制造企业为了在市场中存活和更好地发展，需要主动实施绿色创新。中小制造企业不仅需要遵守环境保护法规，同时需要反思经营活动并做出创新性改变。绿色创新具有的"双重外部性"特征，除了具有创新本身的"溢出效应"外，还具有"外部环境成本"带来的外部性。对于中小制造企业管理者来说，企业行为是否能获取收益是决策的重要影响因素。但是大部分环境问题是负外部性的，造成了企业成本的增加，降低了中小制造企业主动进行绿色创新的意愿。同时，中小制造企业需要大量的绿色技术、绿色知识、资金、企业能力等来进行绿色创新。基于以上两个方面的考虑，外部协同网络为中小制造企业提供绿色创新所需的资源、知识等可以有效增强中小制造企业进行绿色创新的意愿。外部支持主体间协同合作，统筹调配资源帮助中小制造企业提升绿色创新能力，增强管理者对中小制造企业绿色创新的价值认知，从而促进中小制造企业绿色创新的实施。

高阶梯队理论认为管理者对环境的解读与管理者个人性格特征、价值观及过往经历有关（Hambrick，2007）。由于高层管理者的有限理性，管理者对自身注意力的分配及关注的因素会影响企业战略决策结果（Hutzschenreuter and Horstkotte，2013）。Fergusson 和 Langford（2006）认为，如果企业管理者高度重视和关注环境保护，就极有可能采取绿色创新战略，进而实施绿色创新行为。

如果管理者或者组织中大部分人都低估了企业绿色创新的重要性,将使得中小制造企业在进行绿色创新时处在一个更加被动的地位。本研究基于战略认知理论,从管理者心理深层参与角度研究中小制造企业绿色创新战略行为决策的制定与实施,探究管理者认知在外部协同网络与中小制造企业绿色创新关系中起何作用。

根据战略资源基础理论,企业拥有的资源与能力是中小制造企业行为决策的重要影响因素。外部协同网络虽然可以为中小制造企业提供绿色创新所需的资源和技术,但中小制造企业能否与外部资源提供者建立良好的关系影响着其对外部资源的吸收和利用(Goncalves and Conceição,2008)。在开放式创新的背景下,中小制造企业的合作能力受到众多学者的关注。企业的合作能力将会影响企业与外部协同网络中的主体进行交流与合作,影响企业间知识、技术及资金等的流动。企业行为是由企业管理者根据内部资源能力及外部环境进行决策的,合作能力作为企业是否能充分利用外部网络中资金、技术、知识等资源的关键要素,会对管理者认知造成影响。

综合以上分析,本研究构建了外部协同网络与中小制造企业绿色创新行为关系模型,如图 5-1 所示。

图 5-1　外部协同网络与中小制造企业绿色创新行为关系模型

三、研究假设的提出

1. 外部协同网络与中小制造企业绿色创新

中小制造企业受到企业规模、技术、资金、企业能力等的限制,相比于大型企业面临着更大的环境压力。因此,在实施绿色创新时需要从外部获取支持,且外部支持对中小制造企业绿色创新有积极影响。

政府在国家环境治理体系中具有极其重要的作用。政府通过给予资金上的扶持以及制定与实施相关的有力措施(如技术资源、试点项目、税收减免、人才政策等),缓解了中小制造企业在绿色创新过程中资金不足、相关人才及技术缺乏的问题,增强了中小制造企业绿色创新的主动性;行业协会通过提供技术信息和技术支持,可以降低中小制造企业创新成本和经营风险,从而促进中小制造企业绿色创新行为的实施(Lee et al.,2001);科技中介能给中小制造企业带来支持者以及实施绿色创新所需的知识和技术,有效降低中小制造企业绿色创新的风险,提高其进行绿色创新的主动性(Matschossk and Heiskanen,2017;Kivimaa et al.,2017);客户的绿色需求及与中小制造企业的信息分享,能给中小制造企业较稳定的收益预期,促进中小制造企业绿色创新的实施(Horbach et al.,2012;伊晟和薛求知,2016);企业供应商通过参与绿色新产品开发过程,可以降低中小制造企业绿色产品创新风险(Awan et al.,2018);金融机构通过提供资金支持,帮助中小制造企业克服绿色创新资金短缺的问题(Uzzi and gillespie,2002;Li et al.,2018)。

实际上,中小制造企业绿色创新受到多方面的制约,单一主体的支持无法有效驱动中小制造企业开展绿色创新实践,这些支持主体间必须建立协同机制,形成外部协同网络才能有效驱动中小制造企业绿色创新。从网络位置和权力视角看,在由外部组织和中小制造企业形成的绿色创新网络中,具有较高中心度或占据结构洞位置的企业对网络中的信息和资源有较强的调配能力,更容易汇集多种互补性技能,可以大幅度降低绿色创新成本和风险(钱锡红等,2010;曾德明等,2012;胡保亮和方刚,2013)。而中小制造企业由于自身资源能力的有限性,在创新网络中往往处于边缘位置,权力相对较低,与网络中其他创新主体的关系强度较低,使得信息、知识等绿色创新资源交换难度变大(Engel and del-palacio,2009;任胜钢,2010)。此外,Heidl等(2014)认为网络中各成员间伙伴关系强度不同,会产生"分裂断层"现象,分裂断层会引发"子群内外"的不平等和不信任,容易造成伙伴间关系冲突等问题的发生,不利于网络绩效与网络稳定(杨毅等,2018)。进一步地,国内学者王志良和沈闻长(2018)指出,"分裂断层"现象的存在,导致中小制造企业容易在与外部创新主体合作时产生低信任度和不平等感,进而影响中小制造企业合作开展绿色创新的意愿和行动。基于此,各主体之间只有建立协同机制,形成对中小制造企业的外部协同网络,才能够让中小制造企业真正感受到公平和信任,愿意并能够与外部组织在绿色创新方面有更好的交流与合作。

因此,本研究推断,外部支持是中小制造企业开展绿色创新的必要条件,同时还需要外部创新主体构建协同机制,共同为中小制造企业绿色创新提供所需的互补性资源,创造良好的协同创新氛围,如此才能提升中小制造企业绿色创新行为的主动性。基于以上研究,提出以下假设。

H1:外部协同网络对中小制造企业绿色创新行为有正向影响。

2. 外部协同网络与管理者认知

管理者认知的形成源于管理者关注、解释和处理信息的认知过程,而管理者的认知过程体现为创造性搜寻与战略性意义建构相结合、理性认知与感性认知相结合两种机制(邓少军,2010)。创造性搜寻是有目的地寻找机会、辨别机会和探索机会,属于一种认知过程,它具有高不确定性、未来导向和打破过往约束的特征;战略性意义建构则是用来帮助管理者理解新事物以及新事物与未来发展机会的贴合程度的认知过程,它可以降低初始意义建构的不确定性(Pandza and Thorpe,2009)。理性认知是指决策者专注于观察正在发生的事情,靠严密的推理和冷静客观的分析来克服认知偏见和惯性的过程;感性认知是指基于直觉、本能的反应式认知过程。面对复杂环境时,经过反复深入思考的理性认知大多时候会因为精神力高度消耗而无法长时间地持续,在面对大量信息的处理时也显得力不从心。但依靠本能和直觉的反应式认知反而可以处理较多数量的信息,在现实中大多数的搜寻活动和管理者感知都属于自动反应过程(Hodgkinson and Healey,2011)。

从创造性搜寻与战略性意义建构双元性整合认知过程机制来看,多主体协同形成的外部协同网络,可以更好地引起管理者对绿色创新与绿色转型发展的关注,打破中小制造企业管理者认知的路径依赖,使企业管理者更加主动搜寻相关信息,并在不断解释和精炼信息的基础上,对外部环境有积极判断,理解绿色创新的必要性、价值性和可行性。从理性认知与感性认知相结合的认知过程机制来看,中小制造企业在与多元主体的互动中,能依靠反思式认知,对绿色创新的价值和风险有理性判断,特别是多元主体协同形成的信任氛围,不仅让中小制造企业不必化过多的精力去评价和选择机会,而且能使中小制造企业依靠积极情感反应对绿色创新进行机会性判断。

实证研究表明,政府通过提供财政补贴、优先采购、税收减免等政策,可以弥补部分由绿色创新引发的成本增加;行业协会及科技中介可以降低中小制造企业绿色创新的技术风险;客户的绿色需求及与中小制造企业的信息分享,可以为中小制造企业提供更多的市场机会,打消企业管理者对外部市场不确定性的疑虑(Sarkar,2013);供应链企业的绿色知识信息共享,能有效降低绿色创新产品的研发成本,减弱管理者对绿色创新合作风险担忧;金融机构的绿色信贷,可以降低绿色创新的财务风险。可见,多元主体的支持直接或间接影响着中小制造企业绿色创新的收益及风险判断,而多主体之间的协同支持,更是能让中小制造企业对外部环境及有效支持形成统一的、鲜明的印象,对绿色创新的收益及风险有更全面积极的判断。

因此,本研究推断,企业在与支持网络相关成员的互动中加深了对外部环境的评价和判断。多元主体的支持性、协同性有助于中小制造企业感知到外部支持的真实性和有效性,从而更准确地对绿色创新的价值和风险进行判断。基于以上研究,提出以下假设。

H2:外部协同网络对管理者认知有正向影响。

3. 管理者认知与中小制造企业绿色创新行为

管理者对外部环境的解释会影响组织对环境变化做出的反应(Gröschl et al.,2019)。管理者认知就是管理者对企业属于的某个特定情境的分类,"机会"和"威胁"是分类标签中最为常用的(王永健,2014)。一般而言,如果企业战略决策者对外部环境做出机会解释,则表示决策者认为外部环境具有可控性,企业可能从中获得收益(涂智苹和宋铁波,2020)。机会解释会对企业管理者形成深刻的心理暗示,使得管理者增加对外部条件的积极评价,在减少对不安因素考量的同时加深外部资源可控性的认知(Dutton,1992;White et al.,2003)。机会解释能够提升管理者对能较好把握未来局势发展的信心,也使得管理者作出更加积极的、冒险的战略决策的概率增大,且其关注的焦点会从现下短期收获转向企业的长远发展(Sharma,2000;Liu et al.,2013)。反之,若中小制造企业管理者对外部环境做出威胁解释时,说明管理者认为外部资源较难控制且不利于中小制造企业发展,有极大的可能会使企业遭受损失,导致管理者有极大的概率会采取保守、稳妥的应对方式(Lewis et al.,2014;Hahn et al.,2014)。

实证研究表明,管理者对绿色的认知及关注是企业采取绿色创新战略最强的驱动因素(Díaz-garcía et al.,2015)。而且只有当中小制造企业管理者对环境判定为机会时才有积极的行为反应。中小制造企业管理者对绿色创新机会的判断主要体现为绿色创新的价值和风险判断。首先,中小制造企业管理者对绿色创新的价值判断是影响企业绿色创新行为决策的首要前提。企业在经营过程中以获得利润为目标,故在制定实施企业绿色创新行为前必定会进行经济效果评估,管理者在对中小制造企业绿色创新行为带来的经济效果和长远竞争优势有较为准确的判断的条件下,才有可能积极制定与实施与绿色创新有关的行为(Khojastehpour and Johns,2014;陈守明,2015)。中小制造企业更是如此,由于面临更大的生存压力,在内部资源配置方面更多倾向经济效益好的活动,只有对绿色创新行为的价值有更好的预期,才有可能对绿色创新进行投入。其次,中小制造企业管理者对绿色创新的风险判断也影响企业绿色创新行为决策。创新活动本身是一种具有高度不确定性的社会行为,加上中小制造企业资源能力不足、在创新网络中权力薄弱,对合作绿色创新的不确定性更是高度关注(Bigliardi et al.,2011;Marin et al.,2015;Hojnik and Ruzzier,2016)。中小制造企业在合作绿色创新中存在资源不足或投入超预算、知识共享程度低、成果收益分配不公平、嵌入绿色供应链困难等风险,这些风险判断直接影响企业的绿色创新行为决策。

因此,本研究推断,管理者对绿色创新的价值和风险认知及机会性判断是中小制造企业绿色创新行为产生的前提条件,中小制造企业管理者只有意识到绿色创新对短期经济效益和长期竞争优势的益处及在绿色创新过程中风险可控,才有可能实施绿色创新行为。基于以上研究,提出以下假设。

H3:管理者认知对中小制造企业绿色创新行为有正向影响。

4. 管理者认知的中介作用

基于组织网络情境及社会认知理论,管理者对外界环境的认知在与企业外部网络成员的合作交流中会发生变化(廖中举,2014)。管理者认知对企业行为的正向影响已得到大量的实证检验。Nadkarni 和 Barr(2008)在研究外部环境、管理者认知与企业战略行为三者之间的关系中得出,管理者认知是影响企业战略行动的关键变量,这为管理者认知与企业绿色创新行为之间的积极关系提供了重要的理论基础。据此不难推理,外部协同网络可以通过影响管理者认知进而影响企业绿色创新行为。具体影响机制如下。

外部协同网络能够让中小制造企业感知到外部组织对自己的资金和技术支持,增加管理者对绿色创新的积极评价(对外部环境是"机会"的判断),从而更有信心、更有意愿去解决绿色创新过程中的各种问题(Brust and Liston-heyes,2010)。使管理者感受到企业在社会网络中是被信任和被公平对待的,降低对绿色创新成本、财务风险和市场风险的感知,更愿意制定绿色创新战略。此外,外部协同网络中多元主体的协同支持会让管理者感受到外部环境中绿色发展趋势,增强管理者对实施绿色创新可以增强企业竞争优势和开拓市场的认知,促进中小制造企业更积极、主动地实施绿色创新行为。

因此,本研究推断,外部协同网络可以使中小制造企业获得全方位支持,解决开展绿色创新资源能力不足及合作创新风险难以控制等问题,使中小制造企业管理者感知到绿色创新的价值及风险可控,进而影响企业绿色创新战略行为决策。基于以上论述,本研究提出以下假设。

H4:管理者认知在外部协同网络对中小制造企业绿色创新行为之间起中介作用。

5. 合作能力的调节作用

外部组织为中小制造企业绿色创新提供资金、技术、知识等方面的支持,将在一定程度上影响管理者对实施绿色创新行为的价值和风险认知。但在相同的市场环境支持下,不同企业管理者对绿色创新战略实施的态度不一致。基于社会认知理论,管理者认知会受到企业内部和外部情况的影响。除了管理者自身的知识结构,企业具有的各类资源与形成的企业能力也会影响管理者认知。

创新是需要不同参与者共同分享互补资源、信息和知识的产物,合作能力则被认为是参与者可以利用这些资源、信息和知识的前提(Blomqvist and Levy,2006)。基于资源基础理论,合作能力被认为是企业高层次的、稀缺的、有价值的和难以被识别和模仿的能力,是企业能否充分利用网络资源的重要影响因素,也是企业能否在合作网络中占据有利位置并获得竞争优势的关键要素。中小制造企业若想高效地获取外部网络中的资源,则企业对外部组织间网络的控制、协调、管理和利用能力就显得尤为重要(Kale and Singh,2007;Heimeriks and Duysters,2007)。合作能力可以帮助中小制造企业提高资源共享的意愿,降低企业间行为的风险。同时,企业间的承诺可以降低合作伙伴间的猜疑,提升互动的可能性。中小制造企业间的关系协调能力有助于提高资源共享的效率,加快企业间的知识流动。合作能力强的中小制造企业可以通过发展和管理网络,激活和利用网络中的资源,促进自身创新能力提高和绿色创新项目完成(Martinez,2017);合作能力强的中小制造企业可以较好地获取、吸收技术知识,降低管理者对绿色创新技术风险的顾虑。实证研究也发现,中小制造企业绿色创新具有异质性,只有少数合作能力较强的中小制造企业会通过合作进行绿色创新(Leonidou et al.,2017)。

本研究推断,企业的合作能力可能会影响中小制造企业对外部资源、知识的获取,从而影响到管理者对绿色创新价值和风险的认知以及中小制造企业绿色创新行为的选择。因此,本研究提出如下假设。

H5a:合作能力对外部协同网络与管理者认知之间的关系具有调节作用。

H5b:合作能力对外部协同网络与中小制造企业绿色创新行为之间的关系具有调节作用。

本章在文献分析的基础上,构建了外部协同网络与中小制造企业绿色创新行为的关系模型,并提出了相对应的研究假设,包括外部协同网络对中小制造企业绿色创新行为的直接作用、管理者认知的中介作用以及合作能力的调节作用,假设汇总见表5-1。

表5-1 外部协同网络对中小制造企业绿色创新行为影响的研究假设汇总

序号	假设内容
H1	外部协同网络对中小制造企业绿色创新行为有正向影响
H2	外部协同网络对管理者认知有正向影响
H3	管理者认知对中小制造企业绿色创新行为有正向影响
H4	管理者认知在外部协同网络对中小制造企业绿色创新行为之间起中介作用
H5a	合作能力对外部协同网络与管理者认知之间的关系具有调节作用
H5b	合作能力对外部协同网络与中小制造企业绿色创新行为之间的关系具有调节作用

第三节 实证分析

一、研究设计

1. 问卷设计

调查问卷主要包括两个部分,第一部分是中小制造企业基本情况的调查,包括企业的名称、规模及所属行业;第二部分是研究变量的衡量,本研究中的变量为外部协同网络、管理者认知、合作能力和中小制造企业绿色创新行为。各变量的测量量表是在借鉴目前较为成熟量表的基础上,结合中小制造企业特征及本次研究目标进行部分调整所得。所有量表均采用李克特5点打分法,1表示"不同意",5表示"同意"。

(1)外部协同网络。参考 Lee 等(2010)、解学梅和徐茂元(2014)的研究,从支持主体和协同机制两个维度测量,共计8个题项,包括"行业协会或技术中介对企业绿色创新能给予支持""企业与合作伙伴认同彼此企业文化"等。

(2)管理者认知。参考刘学和庄乾志(1998)、彭雪蓉和魏江(2015)的研究,从价值认知和风险认知两个维度测量,共计8个题项,包括"绿色创新有助于增强企业竞争优势""绿色创新过程中会对合作伙伴产生很强的依赖性"等。

(3)合作能力。参考尚航标等(2015)、郑胜华和池仁勇(2017)的研究,从企业问题解决能力、承诺能力和协调能力三个维度测量,共计6个题项,包括"企业具备良好的合作甄别与反馈机制""企业高层管理者有良好的谈判技巧"等。

(4)中小制造企业绿色创新行为。参考吴利华等(2015)、deJesus Pacheco 等(2017)的研究,从绿色产品创新、绿色过程创新、绿色组织创新三个维度测量,共计6个题项,包括"企业绿色工艺流程的设计科学、合理""企业将绿色创新纳入了企业战略目标体系"等。调查问卷详见附录B。

2. 研究样本与数据收集

由于外部协同网络、管理者认知、合作能力和中小制造企业绿色创新行为等数据无法从公开资料中获得,本研究采用大规模企业问卷调查的方式进行数据的收集和实证分析。选取浙江省的中小制造企业作为本研究的主要样本,原因如下:①浙江是"绿水青山就是金山银山"生态文明理念的发源地,地区绿色发展程度较高,具有代表性。②浙江省产业创新服务综合体实践成效显著,企业之间、企业与市场之间、企业与科技机构之间等拥有广泛的技术合作、合作开发项目、供销联系、产权关联、信息交流等关联,区域中小制造企业创新网络成效显著(池仁勇,2005)。

对于采用问卷调查的方式收集到的原始数据,本研究采取以下三个步骤减少调查方法的偏差分析:①问卷中的大部分测量题项来源于国外成熟的量表,翻译工作由多名具有海外留学经历的战略领域研究人员共同完成,调查过程中将问卷项目分量表测量,以消除被调查者对理论模型的认识。②在预调查中,调研人员通过访谈对题项的表述方式进行了调整,使其更易被中小制造企业的高管理解,并确保度量项目没有不明确的描述。③对每个公司只发放一份问卷,保证测量题项没有正确或错误的答案,且出于保障问卷质量、增强问卷效度和降低数据变量的内生性考虑,调研过程中要求每家企业选择一位中高层管理人员在综合组织相关工作人员观点后填写问卷。

正式调查在2018年10月至2019年6月间进行,问卷调查以实地发放为主,邮件方式和电话访谈为辅。在浙江省绍兴市、宁波市、金华市等地区发放问卷1000份,通过当地科技局等部门帮助得以顺利回收有效问卷270份,有效回收率为27%。中小制造企业界定按照2011年出台的《中小制造企业划型标准规定》标准划分。有效样本企业的描述性统计结果见表5-2。

从企业规模来看,年营业收入低于300万元的中小制造企业有27个,占有效样本量的10%;年营业收入介于300万元~2000万元(不含2000万元)的中小制造企业有131个,占有效样本量的48.5%;年营业收入介于2000万元~5000万元(不含5000万元)的中小制造企业有54个,占有效样本量的20%;营业收入介于5000万元~1亿元(不含1亿元)的中小制造企业有24个,占有效样本量的9%;营业收入介于1亿元~4.0亿元的中小制造企业有34个,占有效样本量的12.5%。

从所属行业来看,纺织业的中小制造企业数量最多,有193家,占有效样本量的71.5%;其次是纺织服装和服饰业,占有效样本量的8.1%;化学原料和化学制品业占有效样本量的4.1%;通用设备制造业占有效样本量的3.7%;金属制品业、橡胶和塑料制品业各占有效样本量的3.3%;电气机械和器材制造业占有效样本量的2.2%;专用设备制造业和其他行业的样本企业数量最少,均有5家,各占有效样本量的1.9%。

此次问卷调研的有效样本基本特征与目前中小制造企业的现状基本相符,具有代表性。

表 5-2　样本基本信息表（$N=270$）

变量	类别	样本数/家	比例
企业规模	300 万元以下	27	10%
	300 万元～2000 万元（不含 2000 万元）	131	48.5%
	2000 万元～5000 万元（不含 5000 万元）	54	20%
	5000 万元～1 亿元（不含 1 亿元）	24	9%
	1 亿元～4 亿元	34	12.5%
所属行业	纺织业	193	71.5%
	纺织服装和服饰业	22	8.1%
	化学原料和化学制品业	11	4.1%
	通用设备制造业	10	3.7%
	金属制品业	9	3.3%
	橡胶和塑料制品业	9	3.3%
	电气机械和器材制造业	6	2.2%
	专用设备制造业	5	1.9%
	其他	5	1.9%

数据来源：作者根据问卷资料整理。

二、数据分析与假设检验

1. 调查方法的偏差分析

(1)共同方法偏差检验。共同方法偏差（common method biases）是指因同样的数据来源、测量环境、项目语境以及项目本身特征所造成的预测变量与效标变量之间人为的共变（周浩和龙立荣，2004），共同方法偏差检验是心理学、管理学、社会学以及行为学等众多学科领域的一个重要研究议题。Campbell 和 Fiske（1959）最早发表在 PsychologicalBulletin 上的《Convergent and discriminant validation by the MTMM matrix》，指出"系统误差方差对实证结果可能产生严重的混杂影响，产生潜在的误导性结论"，他们强调方法变异主要源于使用相同的测量方法产生的变异。也就是说，研究中采用同样的方法测量不同的变量时，两个变量之间的相关性会因共同方法变异产生偏差结果，这种偏差就是所谓的共同方法偏差（熊红星等,2013)。Cote 和 Buckley(1987)采用 CFA 方法,检验了横跨心理学、社会学、营销学、商学、教育学的 70 项采用 MTMM 矩阵研究中存在的共同方法偏差问题,发现平均每一项代表性研究测量中有 26.3% 的变异源自系统性测量误差,比如共同方法偏差。

共同方法偏差的来源可能包括同源效应(如主题一致性和内在相关性等)、测量情境(同一时间点或同一地点测量的预测和标准变量)、问项特征(问项的歧义或共同量表格式)、问项情境(问项的嵌入或语境引起的情绪)等(Podsakoff et al.,2003)。特别是,如果研究的样本数据来自单一来源,且被调查者往往是以个人自我陈述或评价为主要的回答方式时,那么这种搜集研究样本数据的方法则更加容易受到共同方法偏差的影响(Kline et al.,2000;熊红星等,2013)。一个普遍的共识就是,如果不检验或者不控制共同方法偏差,那么共同方法偏差会对研究结果产生或高或低的影响(Scullen,1999)。例如,一些研究通过比较在控制共同方法偏差和不控制共同方法偏差这两种情况下,研究变量间的关系强度。研究发现:在不控制共同方法偏差时,变异解释的关系强度占 35%;而控制共同方法偏差时,变异解释的关系强度占 11%(Podsakoff et al.,2000)。此外,还需特别强调的是,有一种情况必须引起重视,由同一个答卷者在同一份调查问卷中,同时回答自变量和因变量的题项,成为产生共同方法偏差问题的所有来源中最普遍也是最严重的一个原因(韩昭君,2017)。

本研究设计的调查问卷主要采取李克特 5 点量表,需要受访者——中小制造企业管理者同时回答自变量和因变量。而中小制造企业管理者对问卷测量题项的回答往往会基于个人的主观认知和评价,因此存在出现共同方法偏差问题的可能。Fowler(1988)曾指出,在具体的问卷调查中,存在四种被调查者会对问卷题项做出非正确性回答的情况,这四种情况分别是:①答题者不知道或者没有掌握问卷问题答案的信息;②答题者针对问卷提问的问题,无法回忆起相关情境来回答;③答题者知道问题答案的相关信息,但不想诚实回答这些问题;④答题者无法准确理解问卷问题。因此,共同方法偏差检验是本研究确保和提高研究结论可靠的重要条件之一。

基于上述分析和阐述,根据 Podsakoff 等(2003)的建议,本研究主要通过事前研究设计和事后统计控制这两种途径,降低共同方法偏差对研究结果的干扰。

事前研究设计控制共同方法偏差。事前研究设计控制共同方法偏差主要通过以下途径:第一,对调查问卷的内容设计进行仔细研究和揣摩,既保证测量题项有充分的理论依据和参考来源,又保证实际调查中中小制造企业管理者便于理解;第二,在具体问卷调查中,向中小制造企业管理者充分解释问卷的调查目的和问卷语句及内容的意思;第三,向中小制造企业管理者表明问卷题项的填写不存在对错之分,全凭个人的主观认知填写,仅作研究统计分析之用。最后,向中小制造企业管理者表示问卷调查不会透露个人隐私。

事后统计控制共同方法偏差。共同方法偏差的检验有很多种方法,例如 Harman 单因素检验法、偏相关法、潜在误差变量控制法、多质多法模型、误差的独特性相关模型、直接乘积模型(direct product model)等(周浩和龙立荣,2004)。本研究主要采用两种方法检验共同方法偏差。第一种采用 Harman 单因子检验法,用 SPSS 22.0 进行探索性因素分析,第一个因子方差解释率为 42.862%,小于 50%,数据的共同方法偏差在可接受范围内 (Podsakoff et al.,2003)。第二种方法是检验变量间的相关系数,若变量间的相关系数大于 0.9,表明共同方法偏差很高;若小于 0.9,则可以接受。由表 5-4 可得,变量间相关系数最大为 0.691,小于 0.9,说明数据可以接受。综合以上两种检验方法可知,本次问卷调查结果的共同方法偏差不显著,调查数据可用于研究分析。

(2)无回应偏差检验。无回应是指由于各种原因而导致被调查者对调查问卷的不回答。无回应包括两种情况,一是没有能力回答,比如说重病在床,被调查对象是聋哑人等;二是有能力而没有回答,比如被调查者不在家,由于反感而拒答、填写答案时由于粗心而漏答。无回应偏差发生于两种情况:一是由于被调查者不合作,拒绝接受调查。在这种情况下,如果仅用回答者的数据对总体进行推算,就会导致有偏估计。二是虽然被调查者接受调查,他们却集中于某一个群体或阶层,从而导致调查中缺少某些类型的代表样本,影响到整个样本的结构,由此产生无回应偏差。

根据 Armstrong 和 Overton(1977)的研究,本研究对数据进行了无回应偏差检验。对比了早期被调查企业(前 25% 被回收问卷)和后期被调查企业(后 25% 被回收问卷)是否存在差异。以独立样本 T 检验来验证两次回收问卷在企业规模(SIZE)和所属行业(INDU)题项上的无回应偏差。结果发现,相关数据 T 检验均未通过显著性检验(t 值＝0.191 和 0.744),表明数据不存在此类偏差。

2. 信效度检验

信度是调查问卷结果的一致性、稳定性及可靠性,效度是调查问卷能够准确测出所需测量变量的程度,这两者是测量模型分析的前提。表 5-3 为外部协同网络、管理者认知、合作能力和中小制造企业绿色创新行为四个变量的信效度分析结果。

表 5-3 信度与效度检验结果

变量	Estimates	Cronbach's α	CR	AVE
外部协同网络	0.669～0.793	0.893	0.8927	0.5105
管理者认知	0.536～0.796	0.897	0.7502	0.5072
合作能力	0.632～0.817	0.749	0.8963	0.5217
绿色创新行为	0.685～0.991	0.858	0.8680	0.6918
验证性因素分析模型适配度	CMIN/DF＝2.204,RMSEA＝0.067,CFI＝0.964,NFI＝0.937,IFI＝0.964,RFI＝0.916,TLI＝0.936			

数据来源:作者根据问卷资料整理。

信度检验是一种测度评价体系是否具有一定的稳定性和可靠性的有效分析方法,它代表着测量工具的稳定性以及与测量结果的一致性。研究量表设计和编制的合理性和科学性将决定评价结果的可信度和有效度(薛薇,2013)。关于研究量表的信度检验,Narasimhan 和 Jayaram(1998)提出对量表结构的信度检验可以遵循如下两个步骤:第一步,进行探索性因子分析(EFA),检测测量指标的维度结构;第二步,采用 Cronbach's α 系数检验同一个潜变量下的所有观测变量的内部一致性情况。

关于量表的信度分析,本研究采用 Narasimhan 和 Jayaram(1998)提出的方法,Nunnally(1994)指出,Cronbach's α 在 0.9 以上,表明调查问卷的信度很高;Cronbach's α 介于 0.8～0.9 间,则表明调查问卷的信度较高;Cronbach's α 介于 0.7～0.8 间,表明调查问卷的信度仍可被接受;Cronbach's α 不超过 0.7,则表明需要重新设计变量的测量题项。经 SPSS 22.0 检验,量表整体的 Cronbach's α 系数为 0.935,表明量表具有较好的信度。

效度主要是指观测变量对潜变量测量的有效性和准确性。效度检验主要包括内容效度检验(content validity)和构念效度检验(construct validity)。首先,内容效度是有关专家对某个度量指标所测量的结果的认同度。为确保量表的内容效度必须规避以下几种情况:①遗漏一些反映构念内容的测量指标;②包含一些与构念内容无关的指标;③在整体内容构成,各成分指标比例失衡。本研究所用测度均来自国内外成熟量表,且研究团队在正式问卷发放前向相关领域专家咨询及预调查,对题项的表述方式进行了调整,使其更易被中小制造企业的高管理解,形成最终的测量量表。基于此,调查问卷的内容效度良好。

如表 5-3 所示,最终共提取特征根大于 1 的因子有 4 个,解释了 75.175% 的方差。各变量题项维度与初始设置一致,可以开展后续研究。本研究借助 AMOS 22.0 开展验证性因素分析(CFA),分析结果表明,$CMIN/DF=2.204$,$RMSEA=0.067$,$CFI=0.964$,$NFI=0.937$,$IFI=0.964$,$RFI=0.916$,$TLI=0.936$,表明模型拟合度良好。

构念效度主要反映的是一组观测变量在理论上可以测量其相对应的潜变量的程度(韩昭君,2017)。换种说法,在具体测量中,构念效度是指理论构念与测量量表之间的一致性程度(Schwab,1980)。一般而言,会基于如下三种情况影响一个量表的构念效度:一是研究的操作化定义出现了偏差;二是测量内容并没有完全充分地反映目标概念;三是量表本身缺乏信度。其中,构念效度主要从聚合效度和区分效度两个维度进行测量。

聚合效度是指通过使用多种测量手段对同一特性进行测试时的相似性,也就是说,在相同的特性下,各种测试方法应当合并到一起。一般根据因子载荷值、CR(组合信度)和 AVE(平均提取方差值)判断,如表 5-3 所示,四个变量的因子载荷值均超过了 0.5,CR(组合信度)均大于 0.7,AVE(平均提取方差值)最小值为 0.5072,大于 0.5,因此,问卷的聚合效度良好。

区分效度是指使用各种方法对各构念进行衡量时,所观察到的数字应当可以进行区别。一般来说,将某个潜变量的 AVE(平均提取方差值)平方根与该变量和其余所有变量的相关系数进行比较,若前者较大,则说明区分效度良好(FornellC and Larcker,1981)。如表 5-4 所示,对角线上的加黑数字代表了各个潜变量 AVE(平均提取方差值)的平方根,这些数字均大于该变量和其余所有变量的相关系数。基于以上分析,本研究的问卷具有良好的区分效度。

3. 描述性统计与相关性分析

相关系数矩阵分析用于判断变量之间的相关性,本研究运用 SPSS 22.0 统计软件开展相关系数矩阵分析见表 5-4。

表 5-4　变量的描述性统计分析与相关分析（$N=270$）

变量	均值	标准差	1	2	3	4
外部协同网络	3.8256	0.6411	**0.7145**			
绿色创新行为	3.6633	0.7778	0.630***	**0.8317**		
管理者认知	3.6356	0.8268	0.620***	0.691***	**0.7122**	
合作能力	3.9216	0.7694	0.595***	0.535***	0.678***	**0.7222**

注:对角线上加黑字体为 AVE 的平方根;***$p<0.001$。

数据来源:SPSS 22.0 统计分析结果。

从表 5-4 各变量的均值来看,外部协同网络的均值为 3.8256,表明中小制造企业已经意识到了外部协同网络的重要性,并主动寻找绿色创新合作伙伴。中小制造企业绿色创新行为的均值为 3.6633,表明样本企业的绿色创新实践已取得了一定的成绩。管理者认知的均值为 3.6356,表明中小制造企业管理者对绿色创新行为的价值认知及风险可控的认知较高。合作能力的均值为 3.9216,表明样本企业的合作能力较强。

从表 5-4 的相关系数矩阵分析结果来看,外部协同网络与中小制造企业绿色创新行为正相关($r=0.630, p<0.001$),初步支持了本研究的直接效应假设。外部协同网络与管理者认知正相关($r=0.620, p<0.001$),管理者认知和中小制造企业绿色创新行为正相关($r=0.691, p<0.001$),初步支持了管理者认知的中介效应假设。为验证前文所提的研究假设,本研究将进行分层回归分析,以便得到更强的数据分析结果。

4. 假设检验

(1)主效应及中介效应检验。本研究使用 Amos 22.0 选择极大似然法进行估计,结果如表 5-5 所示。将中小制造企业绿色创新行为设置为因变量,外部协同网络设置为自变量开展回归分析。根据模型 1 可知,外部协同网络正向影响中小制造企业绿色创新行为($\beta=0.664, p<0.001$),该结果支持了假设 1。将管理者认知设置为因变量,外部协同网络设置为自变量开展

表 5-5　主效应及中介效应检验结果（$N=270$）

模型	模型 1	模型 2	模型 3	模型 4
自变量	外部协同网络	外部协同网络	管理者认知	外部协同网络
因变量	中小制造企业绿色创新行为	管理者认知	中小制造企业绿色创新行为	中小制造企业绿色创新行为
中介变量				管理者认知
直接效应	0.664***	0.593***	0.669***	0.410***
间接效应				0.272
总效应	0.664***	0.593***	0.669***	0.682
假设检验	假设 1 成立	假设 2 成立	假设 3 成立	假设 4 成立

注：*** 表示 $p<0.001$，** 表示 $p<0.01$，* 表示 $p<0.05$。

回归分析。根据模型 2 可知，外部协同网络正向影响管理者认知（$\beta=0.593$，$p<0.001$），假设 2 得到支持。将中小制造企业绿色创新行为设置为因变量，管理者认知设置为自变量开展回归分析。根据模型 3 可知，管理者认知正向影响中小制造企业绿色创新行为（$\beta=0.669$，$p<0.001$），假设 3 得到支持。表 5-5 中的模型 4 是将管理者认知设置为中介变量加入结构方程中得到的结果，可以看出管理者认知是有中介作用的。

Mackinnon（2008）指出，与 Sobel 方法相比，Bootstrap 可以较好地降低第一种类型的误差，特别是在样本数少于 500 的情况下，它的检测效果更为稳定。因此，为了更准确地检验中介效应，本研究采用 Bias-Corrected Bootstrap 程序对中介效应进行检验，结果见表 5-6。利用重复随机抽样的方法在原始数据（$N=270$）中抽取 1000 个 Bootstrap 样本，生成 1 个近似抽样分布，用第 2.5 百分位数和第 97.5 百分位数估计 95%的中介效应置信区间。若 0 不包含在间接效应 95%的置信区间中，表明中间效应有统计学意义；若 0 包含在直接效应 95%的置信区间中，表明为完全中介，反之，则为部分中介。

根据表 5-6 中结果可知，间接效应置信区间为 0.172~0.460，不包含 0，表明存在中介效应；直接效应置信区间为 0.250~0.640，没有包含 0，说明管理者认知在外部协同网络和中小制造企业绿色创新行为关系中起部分中介作用。因此，假设 4 得到了支持。

表 5-6 Bootstrap 分析结果

	Bootstrap			Bootstrap			
	估值	标准差	Z	偏移修正值 95%CI		百分位数 95%CI	
				最低	最高	最低	最高
总体效应	0.701	0.095	7.379	0.522	0.898	0.527	0.908
直接效应	0.422	0.099	4.263	0.250	0.640	0.242	0.633
间接效应	0.279	0.071	3.930	0.172	0.460	0.167	0.445

(2)调节效应检验。本研究利用 SPSS 22.0 进行层次回归分析来检验假设 5a 和假设 5b,结果如表 5-7 所示。变量放入回归分析的步骤是:①外部协同网络与合作能力进入模型;②外部协同网络与合作能力的乘积项进入模型;③将管理者认知作为因变量进入模型,得到模型 5;④将因变量换成中小制造企业绿色创新行为,得到模型 6。表 5-7 结果显示,合作能力在外部协同网络与管理者认知之间起显著的正向调节作用($\beta=0.212, p<0.001$),合作能力在外部协同网络与中小制造企业绿色创新行为之间起显著正向调节作用($\beta=0.168, p<0.001$)。

为更清晰的反映合作能力对外部协同网络与管理者认知、外部协同网络与中小制造企业绿色创新行为的调节作用,本研究绘制合作能力调节效应图,如图 5-2、图 5-3 所示。图 5-2、图 5-3 中高(低)合作能力的斜率并不平行,在相同外部协同网络环境下,高合作能力的企业其管理者认知程度更高,企业绿色创新行为实施的更好,进一步验证了合作能力正向调节外部协同网络对管理者认知、外部协同网络对中小制造企业绿色创新行为的影响。因此,本研究假设 5a 和假设 5b 得到验证。

表 5-7 层次回归分析结果

变量	模型 5 管理者认知	模型 6 中小制造企业绿色创新行为
外部协同网络	0.274***	0.315***
合作能力	0.538***	0.386***
外部协同网络×合作能力	0.212***	0.168***

续表

变量	模型 5 管理者认知	模型 6 中小制造企业绿色创新行为
F 值	135.164	66.901
Durbin-Watson 值	1.313	1.572
R^2	0.561	0.403
$\triangle R^2$	0.043***	0.027***
N	270	270

注：*** 表示 $p<0.001$，** 表示 $p<0.01$，* 表示 $p<0.05$。

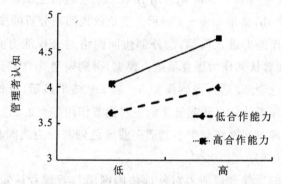

图 5-2　合作能力在外部协同网络和管理者认知间的调节效应

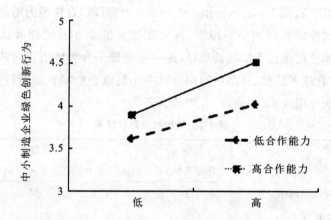

图 5-3　合作能力在外部协同网络和中小制造企业绿色创新行为间的调节效应

三、假设检验结果

本章利用从浙江省收集的问卷数据,对第三章提出的外部协同网络、管理者认知、合作能力、中小制造企业绿色创新四个变量间的关系进行实证分析,研究假设均得到了检验。首先,外部协同网络对中小制造企业绿色创新行为具有显著正向影响,这说明外部协同网络中政府、中介机构、合作企业相互协作提供的资金、技术、知识及信息等方面的支持,能够有效地促进中小制造企业绿色创新行为。其次,管理者认知在外部协同网络与中小制造企业绿色创新行为关系中发挥部分中介效应,外部协同网络影响管理者对中小制造企业绿色创新行为的价值认知和风险认知,进而影响企业绿色战略行为选择。最后,合作能力在外部协同网络与管理者认知之间起正向调节作用,合作能力越强,中小制造企业越能更好地吸收、利用外部协同网络提供的资源,增强管理者对实施绿色创新行为的价值认知,降低对风险的担忧,进而影响中小制造企业绿色创新行为的选择。综合以上内容,假设检验结果汇总见表5-8。

表5-8 假设检验结果汇总

序号	研究假设	验证结果
H1	外部协同网络对中小制造企业绿色创新行为有正向影响	支持
H2	外部协同网络对管理者认知有正向影响	支持
H3	管理者认知对中小制造企业绿色创新行为有正向影响	支持
H4	管理者认知在外部协同网络对中小制造企业绿色创新行为之间起中介作用	支持
H5a	合作能力对外部协同网络与管理者认知之间的关系具有调节作用	支持
H5b	合作能力对外部协同网络与中小制造企业绿色创新行为之间的关系具有调节作用	支持

第四节 研究结论与启示

一、研究结论

受到企业规模的限制,中小制造企业能够拥有的资金、技术、人才等资源较少。同时,中小制造企业成长时间较短,导致企业能力发展不足。中小制造企业自身资源与能力的不足,成为中小制造企业绿色转型过程中的巨大障碍。基于学者们的研究成果和现有文献,结合协同治理理论、战略认知理论及战略资源基础理论,本章建立了外部协同网络、管理者认知、合作能力和中小制造企业绿色创新行为的关系模型。通过对浙江省中小制造企业的问卷调查,共获得 270 份有效样本。运用统计分析软件 SPSS 22.0 和 AMOS 22.0 对调研所得数据进行实证研究分析,以管理者认知为中介变量和合作能力为调节变量,深入探讨外部协同网络对中小制造企业绿色创新行为的影响机制,得出的结论如下。

1. 外部协同网络对中小制造企业绿色创新行为具有显著正向影响

中小制造企业由于资源、能力有限,在由外部组织和中小制造企业形成的绿色创新网络中往往处于边缘的位置,拥有的权力相对较低。因此,中小制造企业与创新网络中其他企业的合作不频繁,关系强度较低,使得技术、信息、知识等绿色创新资源交换难度变大。此外,网络中各成员间伙伴关系强度不同,会产生"分裂断层"现象,导致中小制造企业在与外部组织合作中产生低信任度和不平等感,进而影响中小制造企业合作开展绿色创新的意愿和行动。

政府在国家创新系统中起着十分重要的作用,政府参与并根据实际情况制定和实施帮扶政策,对促进中小制造企业绿色创新起着十分重要的作用。政府通过制定与实施有利政策(如税收减免、专项计划、金融支持等)、提供信息交流或展开绿色创新相关教育培训等创造有利于中小制造企业主动进行绿色创新的经济和社会环境。当政府的支持力度加强,将有利于加强中小制造企业绿色创新的积极性。在信息化的市场背景下,企业在生产经营活动中将与供应链中其他企业产生交流与合作,且供应链中企业之间的经营活动将产生相互影响。供应商可以为中小制造企业提供绿色创新所需的设备、原材料及产品技术知识等支持,缓解中小制造企业绿色创新技术、信息等资源不足的问题。竞争者可以与中小制造企业一起解决面临的技术问题,建立相关的技术标准等,提高中小制造企业绿色创新成功的概率。顾客可以为中小制造企业提供产品信息和市场信息,降低中小制造企业绿色创新的市场风险。政府作为公共治理领域的"领导者",对网络中其他组织的行为具有重要的影响作用。比如,金融机构在响应政府号召的条件下,会降低中小制造企业绿色信贷的门槛,为中小制造企业绿色创新提供资金支持。其他金融机构在分析政策方向及中小制造企业绿色发展前景的基础上,增加对中小制造企业绿色创新的投融资行为。而行业协会、科技中介等中介机构也将会在技术服务、信息服务等方面为中小制造企业绿色创新加大服务力度,进一步提高中小制造企业实施绿色创新的积极性。同时,媒体为中小制造企业塑造环境友好型的形象,有利于增加社会公众对中小制造企业的认同感。民间的环保组织也可以为中小制造企业提供与绿色创新有关的信息与技术支持。外部网络中各主体协同合作为中小制造企业绿色创新提供支持,得到的效果远大于单一主体的单独支持。

因此,外部协同网络能有效地为中小制造企业提供绿色创新所需要的资金、技术及知识等方面的支持,营造有利于中小制造企业绿色创新的社会环境,有效地提高中小制造企业绿色创新的主动性。

2. 管理者认知在外部协同网络与中小制造企业绿色创新行为关系中发挥部分中介效应

中小制造企业由于人员结构简单,企业战略决策更多地取决于企业管理者的判断。战略认知理论指出,管理者对组织内部的资源、能力以及面临的机遇与威胁的信息处理和战略性意义建构,最终决定着管理者的战略决策行为。在中小制造企业绿色创新战略制定过程中,管理者认知起着关键作用。管理者对绿色创新的价值和风险认知及机会性判断是中小制造企业绿色创新行为产生的前提条件,中小制造企业管理者只有意识到绿色创新对短期经济效益和长期竞争优势的益处及在绿色创新过程中风险可控,才有可能实施绿色创新行为。

政府通过提供财政补贴、税收减免等政策,可以部分补偿由绿色创新引发的中小制造企业经营成本的增加。行业协会及科技中介为中小制造企业提供绿色创新相关技术、信息支持,降低了中小制造企业绿色创新中的技术风险。金融机构提供有关绿色信贷的支持,降低了中小制造企业绿色创新的财务风险。客户与中小制造企业之间信息分享,使中小制造企业更好地判断市场趋势,打消了管理者对市场不确定性的疑虑。供应链企业的知识、技术、信息等资源共享,能有效降低新产品的研发成本,减弱管理者对绿色创新合作风险担忧。多元主体的支持直接或间接影响着中小制造企业绿色创新的收益及风险判断,而多主体之间的协同支持,更是能让中小制造企业对外部环境及有效支持形成统一的、鲜明的印象,对绿色创新的收益及风险有更全面积极的判断。

外部协同网络对中小制造企业绿色创新的资金、技术支持,增加了管理者对绿色创新的积极评价,从而更有信心、更有意愿去解决绿色创新过程中的各种问题。同时,外部协同网络中多元支持主体共同为中小制造企业绿色创新提供支持,使管理者感受到企业在社会网络中是被信任和被公平对待的,降低对绿色创新成本、财务风险和市场风险的感知,提高制定与实施绿色创新战略的意愿。此外,外部协同网络中多元主体的协同支持会让管理者感受到外部环境中绿色发展趋势,增强管理者对实施绿色创新可以增强企业竞争优势和开拓市场的认知,促进中小制造企业更积极、主动地实施绿色创新行为。

在社会网络中,环境因素、个体因素及个体行为三者之间是相互影响的。因此,外部协同网络提供的全方位支持,使管理者感知到中小制造企业绿色创新行为的价值及风险可控,进而影响中小制造企业绿色创新行为决策。

3. 合作能力在外部协同网络与管理者认知、外部协同网络与中小制造企业绿色创新行为之间起正向调节作用

合作能力影响着中小制造企业外部关系网络的构建,是影响企业能否充分吸收、利用外部网络资源的关键要素。合作能力包括了问题解决、达成承诺和组织协调三部分内容。问题解决能力影响着中小制造企业与外部协同网络中主体的合作关系。良好的问题解决能力可以有效改善企业间的合作关系,提高企业进行资源共享的意愿,降低企业间的合作风险。同时,中小制造企业间的承诺可以降低合作伙伴间的不信任感,提升互动的可能性。中小制造企业间的关系协调能力有助于提高资源共享的效率,加快企业间的知识流动。合作能力强的中小制造企业可以通过发展和管理网络,激活和利用网络中的资源,促进自身创新能力提高和绿色创新项目完成。同时,合作能力强的企业可以更好地吸收和利用外部协同网络提供的资源,降低管理者的绿色创新风险的担忧。

因此，合作能力越强的中小制造企业，越能更好地吸收、利用外部协同网络提供的资源，增强管理者对实施绿色创新行为的价值认知，降低对风险的担忧，进而影响中小制造企业绿色创新行为选择。

二、实践启示

本章实证分析了外部协同网络、管理者认知、合作能力与中小制造企业绿色创新行为四者之间的关系和影响机制，通过分析讨论研究成果得出以下三点实践启示，为中小制造企业绿色创新实践提供理论指导。

1. 构建外部支持主体协同支持体系

中小制造企业绿色创新需要在一方牵头，多主体共同参与的情况下合作完成。在大部分绿色创新项目中，发挥主要作用的是企业。因此，需要中小制造企业自身或中小制造企业牵头联合高校和科研院所积极参与国际和国内绿色项目合作，扩展合作渠道，组织和参与重大的国际和国内绿色项目，诸如重大的绿色技术创新计划和规划，绿色创新标准的制定等。中小制造企业需要积极地申报国家和省部级绿色科研项目，基于自身的绿色技术创新基础，在绿色产业发展需求的情况下，生产前沿的、惠民的绿色创新产品。鼓励中小制造企业基于双链条（即创新链和价值链），积极地与行业内的龙头企业进行绿色技术协同创新，从而实现关键前沿绿色技术的开发和市场的细分，最大化地满足消费者绿色需求，并生产个性的绿色技术创新产品。

加大中小制造企业多主体合作绿色体系的支持力度，需要推进中小制造企业绿色体系发展工作，制定促进中小制造企业绿色发展的政策，强化多主体合作绿色体系发展的潜力。鼓励中小制造企业申报绿色双创促进计划等各类专项资金，反哺多主体合作绿色体系。聚焦新经济，引导和支持中小制造企业多主体合作绿色体系发展，鼓励中小制造企业积极通过公共服务平台和多主体开展绿色创新活动，培育一批竞争力强的、具有多主体合作绿色体系的中小制造企业。大力培育新业态中小制造企业多主体合作绿色体系，增强新业态中小制造企业的多主体合作绿色创新能力。支持有条件的中小制造企业利用资本市场为多主体合作绿色体系发展积极融资，对中小制造企业上市绿色融资给予支持和帮助。

2. 加强支持性政策措施的配套设计和宣传

在现有信息技术的支持下，结合互联网、物联网、智能制造等信息技术，强化绿色技术转移平台的建设,增加中小制造企业与其他绿色技术创新主体间联系程度和频率,使多主体间实现相互协同、相互促进。建立健全网络化、远程化的中小制造企业绿色技术合作体系,通过市场反馈绿色技术信息,供应商反馈绿色技术产品信息,实现两者信息与自有信息的融合,进而实现绿色技术产品的开发。在这个过程中,需要对绿色技术资源进行有效配置,推动中小制造企业整合有效的绿色资源,高效、准确地生产满足市场消费者的绿色产品,实现动态化、信息化针对性生产,同时建立健全多主体合作信息网络,实现信息及时传递。

此外,充分发挥作为绿色创新重要组成部分的社会资本的重要作用。引导更多的社会资本支持中小制造企业绿色创新,诸如基础研发机构的建设、创新公共平台的建设、R&D以及绿色成果的转化等,当然也离不开政府引导下的金融机构(绿色基金、绿色保险和融资风险)的支持,共同推动中小制造企业绿色创新的发展。严格执行中小制造企业所得税优惠管理方案,落实中小制造企业所得税减免、固定资产加速折旧、绿色研发费用税前加计扣除、创业投资和绿色技术转让、税收减免和税收优惠等激励绿色创新的税收政策。积极发展各种绿色金融服务,建立为中小制造企业提供一体化绿色技术创新服务的专业机构,建立和完善绿色信贷融资风险补偿和共担机制,深化中小制造企业与银行、保险、担保等金融机构合作,保障绿色技术创新顺利实施,激发绿色技术创新活力,推出适合中小制造企业绿色发展的系列产品。制定金融服务绿色创新人才政策,设立服务绿色创新人才特色金融机构,开辟金融支持绿色创新人才绿色通道。

3. 加强对中小制造企业管理者相关管理能力的培养

中小制造企业由于结构简单、机制灵活,管理者在企业行为决策上起着重要作用。因此,环保部门应该组织针对企业管理者的论坛会议、发放环保宣传或学习材料,提升管理者对于环境投资的认识,使管理者意识到环境投资的重要性。同时,还应该积极引导管理者将环境投资融入企业的发展战略,通过实例分析及市场数据,向管理者展示环境投资、更新环保设备和融入环保技术给企业带来的经济利益和企业的可持续发展战略的重要性,让管理者从根本上意识到环境投资给企业带来的社会效益、环境效益以及经济效益。同时,还要重视对中小制造企业管理者相关管理能力培训,如沟通、谈判等,使中小制造企业能更好地与相关组织开展合作,构建绿色创新网络,能够充分利用外部网络资源支持绿色创新活动。

此外，针对中小制造企业而言，一方面，在企业内部应该组织针对环境信息披露的培训教育，增强管理者的环保意识，提升管理者的思想认识。通过书面材料的学习使管理者获取大量的相关信息，从而逐渐重视环境保护，并逐步认识到承担环境责任的必要性，进而有利于其绿色创新意愿；另一方面，可以进行企业管理者之间的交流，如召开座谈会等，以会议交流的形式使管理者意识到绿色创新的重要性。在此过程中，可以通过认知程度高的管理者的经验分享或案例介绍，促进认知程度低的管理者改变思维方式，积极履行环境责任。同时，有助于提高管理者的领导力与声誉，并增强企业在行业中的竞争能力，树立良好的企业形象。因此，企业管理者应该重视绿色创新，并不断努力提高绿色创新行为。

第六章 创新平台关系治理对中小制造企业绿色创新的影响机制研究

第六章 创新平台关系治理对中小制造企业绿色创新的影响机制研究

为了探究协同支持网络构建的具体路径,本章基于协同创新、管理认知理论,构建创新平台关系治理对中小制造企业绿色创新行为的影响模型并进行实证,论证创新平台关系治理在协同支持网络构建中的重要作用。首先,通过对相关概念及理论基础进行文献梳理,构建科技中介关系治理、协同创新氛围、风险感知与中小制造企业绿色创新行为之间的关系模型,并提出研究假设。其次,根据预调查的结果调整现有成熟量表,得出最终量表,并基于问卷调研获得 270 份有效样本数据。然后,运用统计分析软件 SPSS 24.0 和 AMOS 24.0 对研究假设进行检验,包括信度与效度分析、共同方法偏差检验及中介效应检验等。最后,根据研究结果给出促进中小制造企业绿色创新行为实施的针对性实践启示,同时说明本研究的理论贡献、不足及研究展望。

第一节 研究背景与意义

一、研究背景

近年来,我国经济稳定增长,持续成为推动世界经济发展的重要引擎。国家统计局数据显示,2021 年中国经济总量突破 110 万亿元大关,达 114.4 万亿元,位居全球第二(国家统计局,2022)。然而,仅仅追求"金山银山"的粗放型经济增长方式使我国与"绿水青山"渐行渐远,资源紧缺、环境恶化、气候变暖等问题日益凸显,我国政府的应对到了刻不容缓的时刻。2015 年,《中国制造 2025》和《工业绿色发展规划 2016—2020》将绿色转型作为制造业进行绿色发展的重要战略发展路径。2020 年,十九届五中全会将绿色发展理念融入国民经济与社会发展的方方面面。2021 年 3 月,国家"十四五"规划明确提出要大力发展绿色创新,并推动重点行业及领域可持续发展。同年 11 月,十九届六中全会提出要坚持将绿色发展推动成为普遍形态的高质量发展,进一步肯定了生态文明建设的重要地位。2022 年,二十大报告中提出要推动绿色发展,促进人与自然和谐共生,要求牢固树立和践行"绿水青山就是金山银山"的理念。其中强调统筹产业结构调整、污染治理、生态保护、应对气候变化,协同推进降碳、减污、扩绿、增长,推进生态优先、节约集约、绿色低碳发展。

中小企业是我国经济高质量发展与技术进步的"助推器"（冉爱晶等，2017）。据国家工商总局的调查数据，中小企业占我国企业数量总数的90%，贡献了60%以上的纳税、生产总值及技术创新（方刚和胡保亮，2010）。与此同时，由于其生产设备廉价，水平较低，资金有限，环保措施跟不上，因此在生产过程中存在较大的污染排放，这些使得中小企业周边环境受到较大破坏。近年的环境行政处罚案件数量也在不断增长，依旧有不少中小企业存在污染物偷排漏排行为（郭婷，2019），中小企业尤其是中小制造企业对生态环境造成了严重破坏。据国家环保总局（现中华人民共和国环境保护部）的调查数据，国内超80%的中小制造企业面临着环境污染问题，占污染源总数的60%以上（王新华等，2019），由此，中小制造企业绿色创新战略决策行为至关重要。时至今日，越来越多的地方政府将关注重点转移到了环境污染治理上，各地政府也都出台了关于中小制造企业环境整治的各种政策，以浙江嘉兴为例，政府对工业园区以外的中小制造企业进行腾退。其中主要对象是分散在工业园区外的各类"低小散"企业（作坊），以及村级工业园区的整治，对主要包括：不符合产业政策的落后产能的企业；生产水平、生产工艺，排放标准不达标以及在生产过程中存在违法行为的企业；群众举报较多且效益产值低的企业；在各类综合评分中评价低的企业。其中的"低小散"企业是指产业层次低、产品档次低、产出水平低、税收贡献低，生产规模小且缺乏节能减排等配套设施，工业企业空间分布十分散乱，不符合产业政策的落后生产设备、生产工艺，安全生产意识低下，能耗居高不下以及生产过程中存在违法违规行为的企业和作坊。

与大型企业相比，中小制造企业面临着绿色创新资源匮乏、专业人才少、技术能力不足、融资困难等问题（Gupta and Barua，2018），企业倾向于通过合作从外部创新网络获取绿色创新资源、控制研发成本、加快产品上市速度，从而提高绿色创新能力（Yu，2015；王志良和沈闻长，2018）。然而，绿色创新活动的高投入、高风险性和长回报周期使得企业开展绿色创新实践变得艰难（Rennings，2000；Cao and Chen，2017），此外，中小制造企业面临着规模、资金、能力、技术受限等劣势，使得其只能处于创新网络边缘，在市场及创新的末端求取生存（Wang et al.，2021a），中小制造企业管理人员对于网络条件下绿色创新实践可能面临的各种风险高度关注，破坏性冲突、过度信任、依赖不对称性等关系风险和市场、技术等绿色创新风险掣肘着中小制造企业绿色创新行为(Marin et al.,2015;Hojnik and Ruzzier,2016)。那么,如何驱动网络条件下中小制造企业绿色创新行为?

作为遏制机会主义行为和推进企业合作的有效工具,关系治理机制在中小制造企业嵌入创新网络、开展绿色创新的过程中起到了至关重要的作用(姜骞等,2017)。关系治理理论指出,声誉、信任、关系专用性资产和社会规范等有助于减少机会主义行为、降低交易成本和推进有效合作(余维新等,2020)。实践过程中,企业关注双边合作关系治理的方式,比如,如何挑选高质量的供应商来构建一个基于客户需要的供应链,并为客户提供更加个性化的解决办法(白鸥,2015)。然而,随着创新网络理论与实践的发展,学者们逐渐意识到,在网络条件下双边关系治理很难处理不确定的创新任务和无法观测的创新行为所造成的风险(白鸥,2015),需要进一步考虑第三方的关系治理作用。

事实上,创新平台作为重点专项计划在《国家中长期科学与技术发展规划(2006—2020)》建立的中国创新体系中占据了极为重要的位置,对于推动多边协同的影响显而易见:首先,创新平台是连接业界—学界的桥梁,具有良好的声誉且能够在创新网络中迅速传播成员企业的违规行为(Ozmel et al.,2013)。其次,创新平台的中立地位使其能够指导和协调成员企业的创新活动。最后,创新平台作为区域创新的重要载体凭借自身的技术优势协助成员企业知识流动(DeSilva et al.,2022)。创新平台关系治理是以创新平台为主体,通过联合声誉、程序惯例和技术规范推动创新网络成员有效合作的一系列行为。该治理模式近年来被中国企业应用于管理实践,例如,浙江省现代纺织产业创新服务综合体、绍兴越城节能环保产业创新综合体等机构构建了良好的协同创新氛围,从而推动了中小制造企业与其他网络主体合作创新。与其他组织不同,创新平台具有社会性、中介性和市场性,并在创新网络中处于一个公共的多边结点,从而能够利用自己的技术、声誉和中立地位,在推动创新网络成员企业的合作创新中扮演一个有效的关系治理主体。然而目前针对创新平台关系治理"是否"以及"如何"有效驱动中小制造企业绿色创新行为这一议题的实证研究相对较少。与双边关系治理不同,创新平台因其所特有的"第三方"特征而起到独特的关系治理效能,因而对这一议题的深入研究可能会为网络条件下中小制造企业绿色创新行为的驱动机制提供不同的思路和方向。

二、研究意义

本章构建了创新平台关系治理、协同创新氛围、风险感知与中小制造企业绿色创新行为之间的概念模型,采用现场发放、电子邮件及电话访谈等方法获取相关数据,运用 SPSS 24.0 和 AMOS 24.0 软件开展实证检验,揭示科技中介关系治理对中小制造企业绿色创新行为的作用机制,为驱动中小制造企业绿色创新实践提供理论支撑。

1. 理论意义

首先,重点关注创新网络中的创新平台关系治理对中小制造企业绿色创新行为的影响,拓展了关系治理理论。已有的关于中小制造企业绿色创新行为的驱动机制研究大多从企业内部的绿色创新资源(Cuerva et al.,2014;Ali et al.,2021;Fahad et al.)、绿色动态能力(Yousaf,2021)、绿色吸收能力(Aboelmaged and Hashem,2019;Ben Arfi et al.,2018)、管理人员特征(Zhu et al.,2012;Yacob et al.,2019;Walker et al.,2010;Chang and Chen,2013)和企业外部的环境规制(Liu et al.,2017;王树强和范振鹏,2021)、市场需求(Chen and Liu,2020a;Liu et al.,2017)、合作网络中的伙伴关系(Martinez et al.,2017;Triguero et al.,2016)等展开,忽视了网络条件下中小制造企业管理人员对绿色创新风险的关注,忽略了创新平台关系治理对中小制造企业绿色行为的作用机理。本章基于对网络条件下中小制造企业绿色创新行为的考察,提出创新平台关系治理概念,并探究了创新平台关系治理对中小制造企业绿色创新行为的影响,为网络条件下中小制造企业绿色创新行为的驱动机制提供新的思路和方向。

其次,揭示了创新平台关系治理对中小制造企业绿色创新行为的作用机制。尽管理论界已经认识到创新平台具有创新网络治理的作用,但是关于网络条件下创新平台关系治理"是否"以及"如何"影响中小制造企业绿色创新行为这一问题却知之甚少。本章在文献分析的基础上,构建了创新平台关系治理、协同创新氛围、风险感知和中小制造企业绿色创新行为的理论模型,丰富了关系治理理论和协同创新理论在绿色创新行为领域的应用研究。

最后,同时关注了企业内外部因素对中小制造企业绿色创新行为的综合影响,克服了单一理论的局限性。已有的关于中小制造企业绿色创新行为实现路径研究大多立足于单个理论视角和单个层面(Fahad et al.;Gupta and Barua,2018;冯向前等,2020;Cui et al.,2019),忽略了中小制造企业绿色创新的复杂性特征。本书认为中小制造企业绿色创新的发生是企业内外部因素综合影响的结果,同时关注了创新平台关系治理、协同创新氛围以及风险感知的作用,通过整合运用关系治理理论和协同创新理论,能够避免单一理论的局限性,深化了中小制造企业绿色创新这一研究领域的理论研究。

2. 现实意义

探索创新平台关系治理对中小制造企业绿色创新行为影响机理是当前中国政府和社会迫切需要解决的重大问题,它服务于区域创新生态系统构建、中小制造企业绿色转型升级和国家生态文明建设。

20世纪80年代以来,中小制造企业在我国快速发展,但大多数中小制造企业绿色创新实践不足,在经营发展的过程中对生态环境带来了严重破坏(王新华等,2019),因此,如何引导并支持中小制造企业绿色转型成为社会各界关注焦点。实践过程中,中小制造企业资源能力匮乏及对不确定性高度关注是阻碍其绿色创新实践的重要原因,破解该问题是引导中小制造企业绿色创新转型发展的关键。我国中小制造企业数量庞大,是绿色低碳发展的主体,也是绿色创新的主力军,但从中小制造企业创新政策和环境保护政策实施效果来看,与期望相去较远,其主要原因之一在于政策供给没有从中小制造企业的角度厘清中小制造企业绿色创新行为与网络内外环境的关联机制。因此,基于中小制造企业对绿色创新不确定性的高度关注,从风险感知视角研究创新平台关系治理对中小制造企业绿色创新行为的影响机制,为引导中小制造企业绿色创新实践打开了新的视野,为政府完善区域绿色创新网络建设提供理论支撑。

第二节 理论模型构建与假设

一、理论基础

1. 创新网络关系治理

学术界普遍认为,网络治理是推动创新网络良性持续发展的关键(Lu et al.,2021),包含契约治理和关系治理两种机制。其中,契约治理源于交易成本理论,强调主体关系及其行为具有明确的制度性依据,并以此规制网络主体间的互动与合作（Abdi and Aulakh,2012）。关系治理源于社会交换理论，强调信任、惯例与规范等社会关系对网络成员利己行为的约束（Capaldo,2014）。两类治理机制相比较，契约治理容易导致行动僵化，无法预测创新环境变化所诱发的新问题（Schepker et al.,2014），不利于以高投入、高风险和回报周期长为特征的绿色创新的长期探索。关系治理正视"不完全契约"的存在，通过协商、信息交换等手段确保网络成员紧密合作，尤其适用于不确定性高、资产专用性强、任务复杂的网络条件下绿色创新的情境（Krishnan et al.,2016）。因此我们将致力于探究创新网络中的关系治理机制对绿色创新的驱动作用。

学者们对创新网络关系治理开展了广泛研究。Claro等（2003）指出，与买家进行联合规划和联合解决问题有助于降低交易成本和风险，提高企业的销售额和感知满意度。Tse等（2019）认为关系承诺、关系探索能够有效减少网络成员的机会主义行为。Wadood等（2022）研究发现，非正式的社会关系能够促进信任关系的建立，有利于网络成员获取社会可持续性相关知识。以上文献虽然为创新网络关系治理研究提供了理论支持，但仍存在两个研究缺口：第一，已有研究仅把企业与合作伙伴的关系置于抽象的创新网络情境中，实质上还是将二元关系作为焦点研究对象。白鸥指出，双边关系治理所提供的一般信任不能有效应对创新网络中创新任务不确定、创新行为不可观察所带来的风险（白鸥,2015）。创新网络情境下关系治理机制的探究需要突破二元关系的掣肘。第二，治理被定义为治理主体针对治理对象采取的"组织交易的模式"（Williamson and Ouchi,1980），已有文献在此基础上强调了治理主体的主动性。但在治理主体主动发起治理模式的过程中，合作双方资源与权力的不对等容易诱发沟通障碍、欺骗、创新资源获取困难等问题。作为创新网络的重要组成部分，创新平台能够利用自身技术和声誉助力企业有效合作（Kokshagina et al.,2017;Randhawa et al.,2017;Bagherzadeh et al.,2022）。但已有文献尚未关注到创新平台的创新网络关系治理作用。为弥补以上研究缺口，本章将突破二元关系的局限性，考虑创新平台在创新网络中的关系治理作用。

2. 创新平台关系治理

已有文献将创新平台视为虚拟环境开展了广泛研究，在这些虚拟环境中，不同创新主体参与知识的转移和集成，以迎接开放式创新挑战

(Schreieck et al.,2022)。绿色创新有赖于网络主体间的互信关系(Araujo and Franco,2021),但中小制造企业个体影响力有限,难以与高校和科研院所形成平等的对话机制(Xu and Li,2020),表达自身绿色创新需求。最近的研究指出,创新平台是连接学界和业界的中介机构,掌握着最前沿的科技成果与企业最迫切的技术需求,加上其作为"第三方"的中立地位和良好声誉,使得其能够高效实时地整合供求信息,助力合作关系向长期稳定的方向转变(Kokshagina et al.,2017;Randhawa et al.,2017;Bagherzadeh et al.,2022)。鉴于此,本章将创新平台视为特定的关系治理主体,拟探究创新平台关系治理对中小制造企业绿色创新行为的影响机制。

关于创新平台关系治理机制,已有研究尚未达成一致结论。Ozmel 等(2013)指出,知名中介的声誉背书降低了网络成员行为不可观察带来的风险,为企业彰显自身能力和可靠性提供了通道。De Sliva 等(2022)认为,创新中介不仅具备网络构建功能,还具备知识整合功能,前者强调对网络成员合作关系的调解,后者表现为利用自身专业知识参与外部知识的转移和整合,以促进合作者之间的多边知识流动。Abbate 等(2019)的案例研究结果显示,创新平台不仅对企业间合作起到组织、监控和监管的作用,还能够为其提供工具和服务。综合以上学者的观点,本章认为创新平台关系治理包含联合声誉、程序惯例和技术规范三种机制。其中,联合声誉强调创新平台通过建立网络层面的声誉背书来激励和协调创新网络成员企业合作行为;程序惯例强调创新平台指导和协调网络成员企业间合作创新活动;技术规范强调创新平台对网络成员间的创新活动给予技术支持、创造公共技术工具、协同制定技术标准。

二、理论模型

中小制造企业在国民经济发展中起到重要的作用,但其粗放经营对生态环境造成了极大的污染(Luo et al.,2020)。已有文献指出,绿色创新是企业达成可持续发展目标的重要手段之一(王娟茹等,2021)。实践中,资源匮乏、技术能力弱、专业人才少、融资困难等问题一直限制着中小制造企业绿色创新活动的开展(Gupta and Barua,2018)。创新网络理论指出,中小制造企业可以通过合作突破自身创新资源的约束,提高技术创新能力(Yu,2015;王志良和沈闻长,2018)。但实际上,绿色创新活动的高投入、高风险性和长回报周期使得企业开展绿色创新实践变得艰难,加上中小制造企业资源能力有限、位于创新网络边缘、网络权力薄弱(Wang et al.,2021a),管理人员高度关注合作过程中绿色创新实践面临的不确定性(谢雄标和胡阳艳,2020)。依据关系治理理论,创新平台关系治理形成的联合声誉、程序惯例和技术规范降低了网络成员行为不可观察带来的风险,有助于企业获取稀缺的绿色创新资源和促进有效合作,最终影响中小制造企业绿色创新战略行为决策。本研究聚焦创新平台的关系治理功能,探究创新平台关系治理对中小制造企业绿色创新行为的影响机制,能够突破双边关系的局限性,拓宽关系治理理论的应用范围。

协同创新理论指出,企业个体间的相互协同作用是协同创新氛围的形成效果(Chen and Liu,2020a),协同创新氛围是有利于中小制造企业协同创新行为发生的重要外部环境要素,网络条件下中小制造企业绿色创新活动的顺利开展离不开协同创新氛围的支持。创新平台关系治理形成的联合声誉、程序惯例和技术规范机制有助于构建以信任、尊重、互惠、友好为特征的协同创新氛围,进而有助于激发创新网络成员企业彼此的信任感,提高了成员企业共享绿色创新知识的意愿,有利于中小制造企业整合和重组与绿色创新有关的资源。基于此,本研究将协同创新氛围纳入研究模型,探讨其在创新平台关系治理与中小制造企业绿色创新行为关系间发挥的中介作用。

社会认知理论指出,个体、行为与环境相互作用,个体的主观感知是建立在外部客观事实基础上的预期,外部情境因素是感知形成的重要前提(Sitkin and Pablo,1992)。中小制造企业的决策起点是对于决策环境的主体性认知,这种主体性认知体现在绿色创新战略决策过程中便是风险感知。绿色创新活动的高投入、高风险性和长回报周期使得企业开展绿色创新实践变得艰难,此外,国内大多数中小制造企业资源能力匮乏,难以将科技创新成果有效转化为创新收益(任晓敏和陈岱云,2015),因此,中小制造企业对绿色创新行为具有较强的风险感知(谢雄标和胡阳艳,2020)。而外部网络作为企业生存和发展的外部条件,网络中的创新平台关系治理有助于降低高管人员对开展绿色创新过程中遇到的破坏性冲突、过度信任、依赖不对称性等关系的风险感知和市场、技术等风险感知,进而促使中小制造企业采取绿色创新行为。基于此,本研究将风险感知纳入研究模型,探讨其在创新平台关系治理与中小制造企业绿色创新行为关系间发挥的中介作用。

作为中小制造企业绿色创新有效开展的网络环境因素,协同创新氛围在很大程度上能够决定中小制造企业管理人员的风险感知。具体而言,以信任、尊重、互惠、友好为特征的协同创新氛围有利于企业形成网络归属感,降低对破坏性冲突、过度信任、依赖不对称性等关系风险的感知。此外,良好的协同创新氛围能够提升网络成员的知识共享意愿,进而实现了知识、专利、技术等资源的按需流动,提升了中小制造企业绿色创新的成功概率,降低了管理人员对绿色创新过程中面临的市场、技术等风险的感知。基于此,本研究将协同创新氛围和风险感知同时纳入理论模型,揭示创新平台关系治理对中小制造企业绿色创新行为的作用机制。

综合上述理论分析,构建本研究的理论模型如图 6-1 所示。

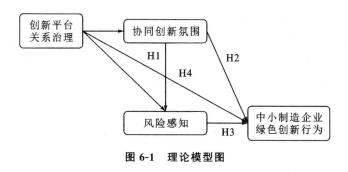

图 6-1　理论模型图

三、研究假设的提出

1. 创新平台关系治理与中小制造企业绿色创新行为

创新平台关系治理形成的联合声誉、程序惯例和技术规范有助于控制机会主义、降低交易成本和促进有效合作,进而促使中小制造企业采取绿色创新行为。针对联合声誉治理机制,首先,由于创新网络中存在不确定的创新任务和无法观测的创新行为(白鸥和魏江,2018),而联合声誉机制能够为成员企业的绿色创新能力、信用和可靠性背书(白鸥,2015),因此,成员企业依靠联合声誉来达成获取创新网络中稀缺的绿色创新资源和潜在的商业机遇的目的,从而更好地开展绿色创新实践。其次,联合声誉通过共同身份的建立(Obstfeld et al.,2014),打破了企业学习的边界,进而降低了知识转移的成本,使成员企业能够更加有效地学习新知识(Dyer and Nobeoka,2000)。针对程序惯例,首先,程序惯例构建了创新网络层面的决策流程和秩序,有利于建立基于信任与共享价值观的成员企业之间的交互,促进中小制造企业获取并运用其他成员企业的互补能力开展绿色研发(Uzzi,1997;Jones et al.,2021)。其次,程序惯例有助于企业开展深入、广泛的知识搜索,深入的搜索有利于企业缩小知识耦合的范围,实现与环保相关政策法规的匹配,从而改善企业的绿色创新(Frone and Frone,2018)。广泛的搜索有利于找到以前未认识到的创新知识之间的联系,进而提高高管人员对绿色创新的期望,此外,广泛的搜索轨迹和弹性的选择空间能够分散企业绿色创新的风险(Ge et al.,2014)。针对技术规范,首先,技术规范能够衡量成员企业在创新网络中的贡献,提高创新投入较低的企业获得创新资源的成本(Reagans et al.,2015)。其次,技术规范可为成员企业的产品开发和技术开发提供基本的体系结构和测试手段(Nambisan and Sawhney,2011),以及基于这些技术的自定义技术工具的应用。各成员企业均可利用上述工具,以低廉的成本,研发出互补的创新产品(Terjesen et al.,2011),各公司可以透过不同的角度,在不同的行业内,运用、修改和试验方案,从而实现绿色创新。基于此,提出以下假设:

H1:创新平台关系治理和中小制造企业绿色创新行为呈显著正向相关关系。

2. 协同创新氛围的中介作用

协同创新氛围是指有利于企业协同创新行为发生的一系列外部环境要素(Pavlou and Sawy,2011)。创新平台关系治理对形成良好协同创新氛围的促进作用体现在三个方面。首先,联合声誉使得背叛行为可观察、可报告并通达给潜在的合作伙伴,从而遏制了两种机会主义行为:一是在开放式知识共享活动中对伙伴的巧取豪夺,二是只从网络中获取有价值的信息而不与合作伙伴分享(白鸥,2015)。其次,程序惯例立足于网络成员共同的价值观念(Zhang,2013),在创新平台的推动下,程序惯例成为多数对少数的监督,极大提高了违反规则行为被发现的概率,激励成员企业追求共同的创新目标。最后,技术规范建立了网络成员间一致的预期,从而降低了各方在期望值、技术和目标等方面的差异性,促进了彼此的协调和校准(Bresman,2013)。

创新平台关系治理形成的联合声誉、程序惯例和技术规范有助于构建以信任、尊重、互惠、友好为特征的协同创新氛围。首先,联合声誉机制是建立在机会主义行为可以观察、报告、并传达给合作伙伴的基础之上

(Nooteboom,2011)。创新平台促进了内聚集程度较高的小世界在创新网络内不断涌现,从而迅速地传播不良声誉。通过这种方式,联合声誉机制抑制了两种重要的投机行为:第一,在公开的知识分享中,对合作者进行了巧取豪夺;第二,仅仅从网络中获取绿色创新资源而不与合作伙伴共享(白鸥,2015)。其次,程序惯例依赖网络成员共同的价值观念产生(白鸥,2015),它的执行是多数成员企业对少数成员企业的监督,这种机制极大地增加了破坏规则行为被发现的概率和被制裁的力度(Zhang,2013),从而有效约束了成员企业行为,激励成员企业追求共同的创新目标。最后,技术规范促成了各成员企业之间的一致性期望(白鸥,2015)。通过创新平台的技术规范,成员企业不必按照不同的标准进行工作,减少了双方在期望、技术、目标等方面的差距,并能更好地进行调整和协作(Bresman,2013)。

良好的协同创新氛围有利于促使中小制造企业采取绿色创新行为。中小制造企业倾向同高校、科研机构等横向利益相关者及供应商、顾客等纵向利益相关者开展互惠合作,以突破自主创新瓶颈,寻求开放式的创新模式,协同创新成为中小制造企业开展绿色创新的主要途径(Xie and Xu,2014)。陈劲和阳银娟指出,协同创新是以企业、高等院校和科研院所等创新主体为主,以创新平台、金融机构、中介机构等为辅的开放式创新模式,其核心作用是资源的获取、吸收、整合和增值(陈劲和阳银娟,2012),而个体间的相互协同作用正是协同氛围的形成效果(Von Krogh,1998)。良好的创新氛围能够增进创新合作者之间的信任,促进情感交流,提升网络成员的知识共享意愿(Holste and Fields,2010),进而促进中小制造企业绿色创新。学者 Argot 指出,知识重组伴随着知识共享而发生,对与环境相关的知识进行知识重组能够驱动企业绿色创新实践,而知识共享则可以降低资源损耗,从而减少绿色创新的成本(Argote,2005)。

如前文所述,创新平台关系治理有助于形成以信任、尊重、互惠、友好为特征的协同创新氛围,提高了成员企业共享绿色创新知识的意愿,进而驱动中小制造企业绿色创新。基于此,提出以下假设:

H2:协同创新氛围在创新平台关系治理与中小制造企业绿色创新行为的关系中起中介作用。

3. 风险感知的中介作用

风险感知是行为主体对客观风险的主观感受、认知和判断(Weinstein,

1980)。风险感知并不是主体完全主观层面的判断,而是建立在客观事实依据基础之上的预期,外部情境因素是风险感知的重要前提(Sitkin and Pablo,1992)。创新平台关系治理从3个方面降低中小制造企业的风险感知。首先,联合声誉构建了共享利益,使得企业间的合作关系嵌入在互惠的小团体中(白鸥和魏江,2018),从而限制了自私行为,降低了中小制造企业的风险感知;其次,程序惯例为网络成员的投入行为提供了评估流程(白鸥,2015),为利益相关者识别风险提供了便利;最后,技术规范有利于企业利用合作伙伴的创新资产(Edquist,2019),实现了绿色创新知识的有效传递,降低中小制造企业的风险感知。

创新平台关系治理形成的联合声誉、程序惯例和技术规范有助于降低中小制造企业的风险感知。风险是令人失望的结果出现的可能性(Sitkin and Pablo,1992),风险伴随绿色创新活动而存在,个体对令人失望结果出现的可能性的认知差异产生了不同的风险感知,而关系治理作为一种软的治理机制,可以弥补契约治理的空缺,从而降低转型企业的风险感知程度(Liao,2010)。首先,联合声誉构建了共享利益机制,促进网络成员企业追求共同的绿色创新目标,限制了自私的行为,进而降低了中小制造企业对于机会主义的风险感知;其次,程序惯例为创新网络成员的投入行为提供了评估流程,极大地减少了对成员企业的贡献的模糊评价程度,为风险利益相关者识别风险提供便利;最后,成员企业可借助技术规范来杠杆或再使用其他成员企业的创新资源,例如技术和流程,以协助公司进行创新(Lansiti and Levien,2004),这种创新利用实现了绿色创新知识的快速与有效传递,降低了中小制造企业对绿色创新技术和市场的风险感知。

风险感知能够影响中小制造企业绿色创新行为。企业的决策出发点是对于企业生存环境的主观感知,即绿色创新战略决策过程中的风险感知(严浩坤和王庆喜,2004)。决策的风险感知原理是个体按照主观的感知风险制定相应决策,并且采取相应的降低或化解风险感知的战略行为。风险感知程度是企业做出战略选择的重要参考点,在很大程度上决定企业战略决策行为(谢雄标和胡阳艳,2020)。早期的心理学研究指出,决策者在认知加工的基础上制定决策,因此在做出风险决策时将大幅利用认知资源(Sitkin and Weingart,1995),风险感知程度的高低将直接引致个体开展风险性行为的差异。绿色创新活动的高投入、高风险性和长回报周期使得企业开展绿色创新实践变得艰难(Rennings,2000;Cao and Chen,2017),此外,国内大多数中小制造企业资源能力匮乏,难以将科技创新成果有效转化为创新收益(任晓敏和陈岱云,2015),企业高度关注开展绿色创新的过程中面临的不确定性(谢雄标和胡阳艳,2020),将新技术的不可预测性视为对其生产经营造成威胁要素的企业将很难制定绿色创新决策(Sharma,2000)。

如前文所述,创新平台关系治理的程度不同,将直接影响中小制造企业对未来可能遭遇风险的主观评价不同,进而影响中小制造企业绿色创新行为。基于此,提出以下假设:

H3:风险感知在创新平台关系治理与中小制造企业绿色创新行为的关系中起中介作用。

4. 协同创新氛围和风险感知的链式中介作用

协同创新氛围在很大程度上能决定中小制造企业的风险感知程度。首先,信任、友好、互惠、尊重的协同创新氛围能够帮助企业形成对创新网络的归属感,从而以更开放的态度对待合作伙伴,充分利用双方的优势互补创新资源,这是一种良性的、正面的关系,能够减少或消除双方在合作过程中的不确定行为和潜在的负面影响。这对于减少企业对破坏性冲突、过度信任、依赖不对称性等关系风险的感知是有益的(Li and Si,2007)。其次,情境因素是风险感知的重要前提,良好的协同创新氛围能够提升网络成员的知识共享意愿(Holste and Fields,2010),当个体认为环境中蕴含较多的绿色创新知识和信息时,将增强自身对获取及利用所需知识与技能以应对绿色创新不确定性的预期。Zaheer等人的研究指出,良好的协同创新氛围有利于加强企业之间的沟通,提高企业之间知识和信息的质量和效益,有利于集成已有的知识和信息,降低创新的风险(Zaheer et al.,1998)。

基于以上分析,本研究认为协同创新氛围与风险感知在创新平台关系治理与中小制造企业绿色创新行为间起到链式中介作用,即"创新平台关系治理→协同创新氛围→风险感知→中小制造企业绿色创新行为"。基于此,提出以下假设:

H4:协同创新氛围与风险感知在创新平台关系治理与中小制造企业绿色创新行为的关系中起链式中介作用。

本章基于第二章对中小制造企业绿色创新行为、创新平台关系治理、协同创新氛围、风险感知概念及理论基础的分析,构建了本研究的理论模型,并针对主效应、协同创新氛围的中介效应、风险感知的中介效应、协同创新氛围和风险感知的链式中介效应提出了相应的研究假设,研究假设汇总如表 6-1 所示。

表 6-1 研究假设汇总

序号	假设内容
H1	创新平台关系治理和中小制造企业绿色创新行为呈显著正向相关关系
H2	协同创新氛围在创新平台关系治理与中小制造企业绿色创新行为的关系中起中介作用
H3	风险感知在创新平台关系治理与中小制造企业绿色创新行为的关系中起中介作用
H4	协同创新氛围与风险感知在创新平台关系治理与中小制造企业绿色创新行为的关系中起链式中介作用

第三节 实证分析

一、变量测量

本研究所采用调查问卷的主体部分由中小制造企业基本情况调查和研究变量的测量构成。具体而言,中小制造企业基本情况调查包括企业的名称、企业规模和所属行业。研究变量的测量方面,基于对以往文献的回顾和总结,并根据研究情境做出调整,形成四个变量(中小制造企业绿色创新行为、创新平台关系治理、协同创新氛围和风险感知)的测量量表,题项依据李克特五标度打分法进行,从 1 到 5 表示"非常不符合"到"非常符合",要求中小制造企业高管人员进行评价打分。调查问卷详见附录 B。

1. 因变量:中小制造企业绿色创新行为(LS)

参照 Chiou 等学者的研究,并根据研究情境对部分题项做出了调整,从绿色工艺创新、绿色产品创新和绿色管理创新 3 个方面进行了测量(Chiou et al.,2011),包括"企业将绿色创新纳入了企业战略目标体系""企业在生产过程中引入新技术或新设备以节约资源"等题项。具体测量题项如表 6-2 所示。

表 6-2　中小制造企业绿色创新行为的测量题项

变量	题项命名	测量题项	题项来源
中小制造企业绿色创新行为	LS1	企业研发产品零件容易回收的新产品	Chiou 等（Chiou et al., 2011）
	LS2	企业研发使用易分解材料的新产品	
	LS3	企业更新生产工艺防止污染	
	LS4	企业在生产过程中引入新技术或新设备以节约资源	
	LS5	企业将绿色创新纳入了企业战略目标体系	
	LS6	企业高层管理者负责绿色创新战略	

数据来源：作者整理。

2. 自变量：创新平台关系治理（GX）

创新平台关系治理聚焦于创新平台的关系治理功能，针对这一变量的测量，在综合前人研究的基础上，从联合声誉、程序惯例、技术规范 3 个方面进行测量（Ozmel et al., 2013；De Silva et al., 2022；Abbate et al., 2019）。包括"创新平台为我们的声誉提供背书""创新平台组织创新网络成员定期会面"等题项。具体题项如表 6-3 所示。

表 6-3　创新平台关系治理的测量题项

变量	题项命名	测量题项	题项来源
创新平台关系治理	GX1	创新平台为我们的声誉提供背书	Ozmel 等（Ozmel et al., 2013；De Silva et al., 2022；Abbate et al., 2019）
	GX2	创新平台组织创新网络成员定期会面	
	GX3	创新平台为合作项目提供技术支持和服务	
	GX4	创新平台帮助企业与合作伙伴一起建立共同身份	

数据来源：作者整理。

3. 中介变量：协同创新氛围（FW）和风险感知（FX）

本研究将协同创新氛围视为有助于中小制造企业协同创新活动开展的重要外部环境要素，变量测量借鉴 Sveiby 和 Simons(2002)的研究，并根据中国情境对部分题项进行了适当调整，采用 4 个题项来测量，包括"网络成员企业能够公开透明地交流合作""网络成员企业能够理解合作领域符号术语"等题项。

本研究关于风险感知（FX）的测量借鉴 Keh 的研究，并根据中国情境对部分题项进行了适当调整，采用 4 个题项进行测量（Keh et al.,2002），包括"与网络成员企业合作开展绿色创新的可能损失较高""合作过程中，企业面临着核心绿色创新技能泄露的风险"等题项。具体题项如表 6-4 所示。

表 6-4 协同创新氛围和风险感知的测量题项

变量	题项命名	测量题项	题项来源
协同创新氛围	FW1	网络成员企业能够公开透明地交流合作	Sveiby 和 Simons (Sveiby and Simons, 2002)
	FW2	网络成员企业能够彼此尊重各自文化	
	FW3	网络成员企业不因利益诱使违反协议	
	FW4	网络成员企业能够理解合作领域符号术语	
风险感知	FX1	合作过程中绿色创新的整体风险较高	Keh（Keh et al., 2002)
	FX2	与网络成员企业合作开展绿色创新的可能损失较高	
	FX3	合作过程中，企业面临着绿色创新人才流失的风险	
	FX4	合作过程中，企业面临着核心绿色创新技能泄露的风险	

数据来源：作者整理。

4. 控制变量的测量

企业规模（SIZE）。学术界普遍认为，企业规模对企业绿色创新行为存在一定的作用,但是研究结果并不统一。在本研究中,主要关注创新平台关系治理对中小制造企业绿色创新行为的影响,所以需要控制企业规模对中小制造企业绿色创新行为的作用。在企业规模的界定方面,工业和信息化部门联合其他多个部门在2011年颁布的《中小制造企业划型标准规定》对企业的规模做了明确的分类,本研究通过年营业收入测量企业规模(张镒,2020)。

所属行业(INDU)。学术界普遍认为,企业所属行业对企业绿色创新行为存在一定的作用,但是研究结果并不统一。在本研究中,主要关注创新平台关系治理对中小制造企业绿色创新行为的影响,所以需要控制企业所属行业对中小制造企业绿色创新行为的作用。在中小制造企业所属行业的界定方面,工业和信息化部门联合其他多个部门在2011年颁布的《中小制造企业划型标准规定》对企业所属行业做了明确的分类(张镒,2020)。

二、样本选择与数据收集

1. 样本选择

本研究的主要样本为浙江省的中小制造企业,原因如下。

(1)浙江省是以"金山银山"为核心的绿色发展思想的发源地,区域生态文明建设具有代表性。

(2)浙江省产业创新服务综合体实践成效显著,企业与顾客、供应商、高校、科技机构等的合作关系紧密,区域中小制造企业创新网络成效显著(池仁勇,2005)。

(3)制造企业的能耗大、排污量大、关联性强,其发展状况直接关系到全社会的节能降耗(毕克新等,2014)。

2. 样本数据的收集

本研究以大样本调查为基础,收集了创新平台关系治理、协同创新氛围和风险感知的变量数据。本研究采取以下三个步骤减少调查方法的偏差分析。

(1)调查问卷中的大多数题目都是从国外的成熟的量表中借鉴的,翻译工作由多名拥有出国深造经历的战略领域研究人员协作开展,调查过程中将问卷项目分量表测量,以消除被调查者对理论模型的认识。

(2)在预调查中,调研人员通过访谈对题项的表述方式进行了调整,使其更易被中小制造企业的高管理解,并确保度量项目没有不明确的描述。

(3)对每个公司只发放一份问卷,保证测量题项没有正确或错误的答案,此外,为了降低数据内生性、保障问卷数据的效度和质量,调研过程中要求每家样本企业选定一名熟悉企业绿色创新活动的中高层管理人员在归纳整理其他相关部门意见后完成问卷。

正式调查在2018年10月至2019年6月间开展,以实地发放问卷为主,邮件和电话访问为辅,回收270份有效问卷。按照工业和信息化部门联合其他多个部门在2011年颁布的《中小制造企业划型标准规定》对中小制造企业进行界定(张镒,2020)。

三、数据分析与假设检验

1. 描述性统计分析

本研究运用SPSS 24.0统计软件对问卷调查得到的研究数据开展了描述性统计分析,表6-5显示了样本企业的企业规模和所属行业。

表6-5 样本基本信息表($N=270$)

变量	类别	样本数/家	比例
企业规模	300万元以下	27	10%
	300万元~2000万元(不含2000万元)	131	48.5%
	2000万元~5000万元(不含5000万元)	54	20%
	5000万元~1亿元(不含1亿元)	24	9%
	1亿元~4亿元	34	12.5%
所属行业	纺织业	193	71.5%
	纺织服装和服饰业	22	8.1%
	化学原料和化学制品业	11	4.1%
	通用设备制造业	10	3.7%
	金属制品业	9	3.3%
	橡胶和塑料制品业	9	3.3%
	电气机械和器材制造业	6	2.2%
	专用设备制造业	5	1.9%
	其他	5	1.9%

数据来源:问卷资料。

从企业规模来看,年营业收入低于 300 万元的中小制造企业有 27 个,占有效样本量的 10%;年营业收入介于 300 万元~2000 万元(不含 2000 万元)的中小制造企业有 131 个,占有效样本量的 48.5%;年营业收入介于 2000 万元~5000 万元(不含 5000 万元)的中小制造企业有 54 个,占有效样本量的 20%;营业收入介于 5000 万元~1 亿元(不含 1 亿元)的中小制造企业有 24 个,占有效样本量的 9%;营业收入介于 1 亿元~4 亿元的中小制造企业有 34 个,占有效样本量的 12.5%。

从所属行业来看,纺织业的中小制造企业数量最多,有 193 家,占有效样本量的 71.5%;其次是纺织服装和服饰业,占有效样本量的 8.1%;化学原料和化学制品业占有效样本量的 4.1%;通用设备制造业占有效样本量的 3.7%;金属制品业、橡胶和塑料制品业各占有效样本量的 3.3%;电气机械和器材制造业占有效样本量的 2.2%;专用设备制造业和其他行业的样本企业数量最少,均有 5 家,各占有效样本量的 1.9%。

此次问卷调研的有效样本基本特征与目前中小制造企业的现状基本相符,具有代表性。

2. 调查方法的偏差分析

(1)无回应偏差检验。依据 Armstrong 和 Overton(1977)的研究结论,本研究对数据开展了无回应偏差检验。使用独立样本 T 检验对比早期样本企业(回收问卷的前 1/4)和后期样本企业(回收问卷的后 1/4)测量企业规模(SIZE)和所属行业(INDU)的题项。验证结果显示,相关数据均未通过显著性检验(t 值=0.191 和 0.744),表明调研数据不存在无回应偏差。

(2)共同方法偏差检验。同一来源的研究数据可能会引起共同方法偏差问题。依据 Podsakoff 等(2003)的研究结论,本研究对数据开展了共同方法偏差检验。采用 Harman 单因素法,将测度创新平台关系治理(GX)、协同创新氛围(FW)、风险感知(FX)及中小制造企业绿色创新行为(LS)的题项数据开展探索性因子分析(EFA)。数据分析结果显示,在未进行旋转时特征值大于 1 的因子有四个,第一个因子解释了 41.986% 的方差,并未超过临界值 50%,表明调研数据的共同方法偏差不明显。

3. 信效度检验

信度和效度是测量模型分析的先决条件,前者反映了调研结果可靠程度,后者则反映了调查问卷准确表征测量变量的程度。本研究依次检验研究数据的信度和效度,实证分析结果如表6-6所示。

表6-6 样本变量的信度和效度检验结果

变量	题项命名	因子载荷值	KMO	Cronbach's α	AVE	CR
创新平台关系治理	GX1	0.836	0.832	0.886	0.689	0.898
	GX2	0.828				
	GX3	0.807				
	GX4	0.848				
协同创新氛围	FW1	0.830	0.836	0.876	0.650	0.881
	FW2	0.825				
	FW3	0.762				
	FW4	0.806				
风险感知	FX1	0.851	0.815	0.905	0.718	0.910
	FX2	0.836				
	FX3	0.874				
	FX4	0.827				
中小制造企业绿色创新行为	LS1	0.815	0.910	0.929	0.659	0.921
	LS2	0.835				
	LS3	0.778				
	LS4	0.825				
	LS5	0.771				
	LS6	0.845				
模型适配度	CMID/DF=1.504,RMSEA=0.043,CFI=0.980,NFI=0.943,IFI=0.980,RFI=0.933,TLI=0.976					

数据来源:SPSS 24.0和AMOS 24.0统计分析结果。

(1)信度检验。本研究基于Cronbach's α系数评价量表的信度,Nunnally指出,Cronbach's α超过0.9,表明调查问卷的信度很高;Cronbach's α介于0.8~0.9间,则表明调查问卷的信度较高;Cronbach's α介于0.7~0.8间,表明调查问卷的仍可被接受;Cronbach's α不超过0.7,则表明需要重新设计变量的测量题项。信效度检验分析结果见表6-6,问卷整体的 Cronbach's α 系数为 0.773,各个子量表的 Cronbach's α 系数均超过了 0.8,表明评分结果较为可信(Nunnally,1994)。

(2)效度检验。内容效度是有关专家对某个度量指标所测量的结果的认同度。本研究所用测度均来自国内外成熟量表,且研究团队在正式问卷发放前向相关领域专家进行了咨询及预调查,对题项的表述方式进行了调整,使其更易被中小制造企业的高管理解,形成最终的测量量表。基于此,调查问卷的内容效度良好。

本研究首先开展了 KMO 测试系数检测和巴特莱特球体检验,量表整体的 KMO 统计量为 0.906,并在 0.001 显著水平下通过检验。如表 6-6 所示,最终共提取特征根大于 1 的因子有 4 个,解释了 75.175% 的方差。各变量题项维度与初始设置一致,可以开展后续研究。本研究借助 AMOS24.0 开展验证性因素分析(CFA),根据拟合指标标准,CMIN/DF 值在 1~3 区间表明模型具有良好的适配度,RMSEA 值小于 0.08 表明模型适配合理,GFI、NFI、IFI、RFI 以及 TLI 指数高于 0.9 表明有良好的模型适配度,模型适配度指标值如表 6-6 所示,从中可以看出,研究理论模型的适配度指标值均优于临界适配值,说明模型适配度良好,模型拟合效果较为理想。

聚合效度是指通过使用多种测量手段对同一特性进行测试时的相似性,也就是说,在相同的特性下,各种测试方法应当合并到一块。一般根据因子载荷值、CR(组合信度)和 AVE(平均提取方差值)判断,如表 6-6 所示,四个变量的因子载荷值均超过了 0.7,CR(组合信度)均大于 0.8,AVE(平均提取方差值)的最小值为 0.650,因此,问卷的聚合效度良好。

区分效度是指使用各种方法对各构念进行衡量时,所观察到的数字应当可以进行区别。通常,将某个潜变量的 AVE(平均提取方差值)平方根与该变量和其余所有变量的相关系数进行比较,若前者较大,则说明区分效度良好。如表 6-7 所示,对角线上的加黑数字代表了各个潜变量 AVE(平均提取方差值)的平方根,这些数字均大于该变量和其余所有变量的相关系数。因此,问卷的区分效度良好(Fornell and Larcker,1981)。

4. 相关系数矩阵分析

相关系数矩阵分析用于判断变量之间的相关性,本研究运用 SPSS 24.0 统计软件开展相关系数矩阵分析(见表 6-7)。

从表 6-7 各变量的均值来看,创新平台关系治理(GX)的均值为 3.526,表明样本企业已经意识到了创新平台关系治理的重要性,并主动寻找具有关系治理功能的创新平台合作。协同创新氛围(FW)的均值为 3.428,表明样本企业开展绿色创新实践所处的创新网络具备较好的协同创新氛围。风险感知(FX)的均值为 2.462,表明样本企业的中高层管理人员将绿色创新视为机会的程度较高。中小制造企业绿色创新行为(LS)的均值为 3.718,表明样本企业的绿色创新实践已取得了一定的成绩。总体看来,各个变量的均值表现与目前研究团队对中小制造企业的现状观察基本相符。

从表 6-7 的相关系数矩阵分析结果来看,创新平台关系治理(GX)与中小制造企业绿色创新行为(LS)正相关($r=0.429, p<0.01$),初步支持了本研究的直接效应假设。创新平台关系治理(GX)与协同创新氛围(FW)正相关($r=0.346, p<0.01$),协同创新氛围(FW)和中小制造企业绿色创新行为(LS)正相关($r=0.482, p<0.01$),初步支持了协同创新氛围的中介效应假设。创新平台关系治理(GX)与风险感知(FX)负相关($r=-0.280, p<0.01$),风险感知(FX)和中小制造企业绿色创新行为(LS)负相关($r=-0.406, p<0.01$),初步支持了风险感知的中介效应假设。为验证本文所提的研究假设,本研究将进行分层回归分析,以便得到更强的数据分析结果。

表 6-7 相关系数矩阵($N=270$)

变量	1	2	3	4	5	6
1. SIZE	N/A					
2. INDU	0.139*	N/A				
3. GX	0.012	0.007	**0.830**			
4. FW	0.130*	0.034	0.346**	**0.806**		
5. FX	−0.066	0.023	−0.280**	−0.380**	**0.847**	
6. LS	0.079	−0.037	0.429**	0.482**	−0.406**	**0.812**

续表

变量	1	2	3	4	5	6
均值	2.656	4.674	3.526	3.428	2.462	3.718
标准差	1.168	2.083	1.001	0.976	1.056	0.870

注：SIZE：企业规模；INDU：所属行业；GX：创新平台关系治理；FW：协同创新氛围；FX：风险感知；LS：中小制造企业绿色创新行为。下表同。* 和 ** 分别代表 $p<0.05$，$p<0.01$；对角线上加粗的数字代表 AVE（平均提取方差值）的平方根，N/A 表示不适合进行分析。

数据来源：SPSS 24.0 统计分析结果。

5. 假设检验

(1) 主效应检验。为了验证创新平台关系治理对中小制造企业绿色创新行为的直接影响效应，将中小制造企业绿色创新行为（LS）设置为因变量，创新平台关系治理（GX）和控制变量企业规模（SIZE）和所属行业（INDU）设置为自变量开展回归分析。由模型 4 可知，创新平台关系治理（GX）正向影响中小制造企业绿色创新行为（LS）（$\beta=0.422$，$p<0.01$），因此，假设 H1 成立。实证检验结果见表 6-8。

(2) 协同创新氛围的中介效应检验。本研究利用层次回归分析法验证协同创新氛围（FW）在创新平台关系治理（GX）与中小制造企业绿色创新行为（LS）间的中介作用，有关结果见表 6-8。将协同创新氛围（FW）设置为因变量，创新平台关系治理（GX）和控制变量企业规模（SIZE）和所属行业（INDU）设置为自变量开展回归分析。由模型 2 可知，创新平台关系治理（GX）对协同创新氛围（FW）具有正向影响（$\beta=0.344$，$p<0.001$）。将中小制造企业绿色创新行为（LS）设置为因变量，协同创新氛围（FW）和控制变量企业规模（SIZE）和所属行业（INDU）设置为自变量开展回归分析。由模型 5 可知，协同创新氛围（FW）对中小制造企业绿色创新行为（LS）具有正向影响（$\beta=0.477$，$p<0.001$）。将中小制造企业绿色创新行为（LS）设置为因变量，控制变量企业规模（SIZE）和所属行业（INDU）、创新平台关系治理（GX）（$\beta=0.293$，$p<0.001$）和协同创新氛围（FW）（$\beta=0.374$，$p<0.001$）同时作为自变量开展回归分析。由模型 6 可知，创新平台关系治理（GX）和协同创

新氛围(FW)对中小制造企业绿色创新行为(LS)的正向影响依然显著,但创新平台关系治理(GX)对中小制造企业绿色创新行为(LS)的回归系数从 0.422 下降到 0.293。即协同创新氛围在创新平台关系治理与中小制造企业绿色创新行为间起到了部分中介效应,因此,假设 H2 成立。

表 6-8 创新平台关系治理、协同创新氛围和中小制造企业绿色创新行为回归分析

	FW		LS			
	模型 1	模型 2	模型 3	模型 4	模型 5	模型 6
SIZE	0.128*	0.120*	0.080	0.075	0.019	0.029
INDU	0.016	0.014	−0.010	−0.012	−0.018	−0.018
GX		0.344***		0.422***		0.293***
FW					0.477***	0.374***
R^2	0.017	0.136	0.006	0.184	0.230	0.305
调整后 R^2	0.010	0.126	−0.001	0.175	0.221	0.295
F 值	2.320	13.925***	0.838	19.898***	26.464***	29.093***

注:*、**、*** 分别代表 $p<0.05, p<0.01, p<0.001$,下表同。
数据来源:SPSS 24.0 统计分析结果。

(3)风险感知的中介效应检验。本研究继续利用层次回归分析法验证风险感知(FX)在创新平台关系治理(GX)与中小制造企业绿色创新行为(LS)间的中介作用,有关结果见表 6-9。将风险感知(FX)设置为因变量,创新平台关系治理(GX)和控制变量企业规模(SIZE)和所属行业(INDU)设置为自变量开展回归分析。由模型 8 可知,创新平台关系治理(GX)对风险感知(FX)具有负向影响($\beta=-0.280, p<0.001$)。将中小制造企业绿色创新行为(LS)设置为因变量,风险感知(FX)和控制变量企业规模(SIZE)和所属行业(INDU)设置为自变量开展回归分析。由模型 9 可知,风险感知(FX)对中小制造企业绿色创新行为(LS)具有负向影响($\beta=-0.417, p<0.001$)。将中小制造企业绿色创新行为(LS)设置为因变量,控制变量企业规模(SIZE)和所属行业(INDU)、创新平台关系治理(GX)($\beta=0.331, p<0.001$)和风险感知(FX)($\beta=-0.324, p<0.001$)同时作为自变量开展回归分析。由模型 10 可知,创新平台关系治理(GX)和风险感知(FX)对中小制造企业绿色创新行为(LS)的影响依然显著,但创新平台关系治理(GX)对中小制造企业绿色创新行为(LS)的回归系数

第六章 创新平台关系治理对中小制造企业绿色创新的影响机制研究

从 0.422 下降到 0.331。即风险感知在创新平台关系治理和中小制造企业绿色创新行为之间发挥了部分中介效应,因此,假设 H3 成立。

表 6-9 创新平台关系治理、风险感知和中小制造企业绿色创新行为回归分析

	FX		LS			
	模型 7	模型 8	模型 3	模型 4	模型 9	模型 10
SIZE	-0.070	-0.067	0.080	0.075	0.050	0.053
INDU	0.033	0.034	-0.010	-0.012	0.004	-0.001
GX		-0.280***		0.422***		0.331***
FX					-0.417***	-0.324***
R^2	0.005	0.083	0.006	0.184	0.179	0.280
调整后 R^2	-0.002	0.073	-0.001	0.175	0.170	0.269
F 值	0.721	8.076***	0.838	19.898***	19.337***	25.770***

数据来源:SPSS 24.0 统计分析结果。

(4)链式中介效应检验。Mackinnon 指出,与 Sobel 方法相比,Bootstrap 可以较好地降低第一种类型的误差,特别是在样本数少于 500 的情况下,它的检测效果更为稳定(Mackinnon,2008)。因此,本研究使用 Bootstrap 对链式中介效应进行验证,选择 Hayes 模型 6,迭代 5000 次,将置信区间设置为 95% 进行分析,分析结果如表 6-10 所示。

表 6-10 链式中介作用的检验

模型	效应值	标准差	95%CI 下限	95%CI 上限
GX 对 LS 的间接影响	0.144	0.040	0.077	0.238
GX→FW→LS	0.088	0.030	0.040	0.160
GX→FX→LS	0.034	0.020	0.006	0.089
GX→FW→FX→LS	0.022	0.011	0.007	0.055

数据来源:宏文件 PROCESS 分析结果。

由上表可知,95% 置信区间的上下限不包含 0,由此,创新平台关系治理 (GX) 对中小制造企业绿色创新行为 (LS) 的间接影响显著,效应值为 0.144(0.077,0.238)。其中,以协同创新氛围 (FW) 为中介变量得到的效应值是 0.088(0.040,0.160),以风险感知 (FX) 为中介变量得到的效应值

是 0.034(0.006,0.089),以协同创新氛围(FW)和风险感知(FX)同时作为链式中介得到的效应值是 0.022(0.007,0.055,不包含 0)。由此可知,协同创新氛围和风险感知在创新平台关系治理与中小制造企业绿色创新行为间发挥了链式中介效应,因此,假设 H4 成立。

四、实证结果的讨论

1. 创新平台关系治理对中小制造企业绿色创新行为的影响

实证分析结果表明,创新平台关系治理有助于控制机会主义行为、降低交易成本和促进有效合作,进而影响中小制造企业绿色创新行为。首先,联合声誉有助于降低行为不可观察带来的风险,使得成员企业的良好声誉在协同创新网络中迅速传播,企业更愿意在创新平台塑造的合作秩序内进行绿色研发资源的投入;其次,程序惯例在绿色创新网络层次上建构了决策过程与秩序,促进了网络成员在信任与分享的基础上相互影响,有助于中小制造企业获取和使用其互补的资源,进行绿色新产品的研发;最后,技术规范可以有效地解决因行为无法观察、任务难以界定而导致的协作困境,同时也可以为企业进行绿色创新提供协作接口和模块化渠道,提高了绿色创新过程的相容性,促进了隐性知识的流通,推动不同类型的知识融合。

2. 协同创新氛围的中介作用

实证分析结果表明,创新平台关系治理有助于构建以信任、尊重、互惠、友好为特征的协同创新氛围,为中小制造企业绿色创新的有效开展提供保障。首先,联合声誉抑制了在公开的知识分享中,对合作者进行的巧取豪夺和仅仅从网络获取绿色创新资源而不与合作伙伴共享的投机行为,有助于形成良好的协同创新氛围;其次,程序惯例机制加重了对违反决策流程、规则、资源配置等行为的惩罚,从而激励网络成员企业追求共同的创新目标;最后,技术规范促进了网络成员彼此的协调和校准,建立成员企业之间一致的预期。良好的创新氛围能够提升网络成员企业共享绿色创新知识的意愿,而知识共享则可以降低资源损耗,降低中小制造企业绿色创新的成本。

3. 风险感知的中介作用

实证分析结果表明,创新平台关系治理有助于降低中小制造企业管理人员的风险感知。具体而言,联合声誉提供的透明机制遏制了网络成员的机会主义行为,降低了中小制造企业的合作风险感知。程序惯例的制定为利益相关者进行风险的认知、识别和判断提供便利。仅仅降低中小制造企业高管人员对于绿色创新的破坏性冲突、过度信任、依赖不对称性等关系风险感知是不够的,技术规范能够实现绿色创新知识的快速与有效传递,从而提高了绿色创新成功的概率,降低中小制造企业高管人员对于绿色创新的市场、技术等的风险感知。一般而言,中小制造企业内部缺乏健全的法人结构,因此,中小制造企业绿色创新战略决策更多取决于企业管理人员的判断,只有当管理人员将绿色创新技术的不可预测性视为机会要素时,才会制定绿色创新战略决策。

4. 协同创新氛围和风险感知的链式中介作用

实证分析结果表明,创新平台关系治理有助于构建以信任、尊重、互惠、友好为特征的协同创新氛围,降低中小制造企业对绿色创新的破坏性冲突、过度信任、依赖不对称性等关系风险的感知和市场、技术等风险的感知,最终提升中小制造企业绿色创新行为。情境因素是风险感知的重要前提,创新网络中良好的协同创新氛围能够降低中小制造企业高管人员对开展绿色创新过程中遇到的破坏性冲突、过度信任、依赖不对称性等关系的风险感知和市场、技术等的风险感知。此外,以信任、尊重、互惠、友好为特征的协同创新氛围有助于提升网络成员的知识共享意愿,实现绿色创新知识的快速有效传递,提高了中小制造企业绿色创新的可能。综合以上分析,创新平台关系治理和协同创新氛围能够显著降低中小制造企业高管人员对于绿色创新的风险感知,最终促使中小制造企业采取绿色创新行为。

五、假设检验结果

本章基于对 270 份问卷数据的实证检验,得出的假设检验结果汇总见表 6-11。具体而言:首先,创新平台关系治理和中小制造企业绿色创新行为呈显著正向相关关系;其次,协同创新氛围在创新平台关系治理与中小制造企业绿色创新行为间起到部分中介作用,这表明,创新平台关系治理有助于形成以信任、尊重、互惠、友好为特征的协同创新氛围,最终提升中小制造企业绿色创新行为;风险感知在创新平台关系治理与中小制造企业绿色创新行为间起到部分中介作用,即创新平台关系治理能够显著降低中小制造企业管理人员的风险认知,最终促使中小制造企业采取绿色创新行为;最后,协同创新氛围与风险感知在创新平台关系治理与中小制造企业绿色创新行为间起到链式中介作用,创新平台关系治理有助于构建良好的协同创新氛围,进而降低管理人员的风险感知,最终促使中小制造企业采取绿色创新行为。

表6-11 假设检验结果汇总

序号	假设内容	验证结果
H1	创新平台关系治理和中小制造企业绿色创新行为呈显著正向相关关系	支持
H2	协同创新氛围在创新平台关系治理与中小制造企业绿色创新行为的关系中起中介作用	支持
H3	风险感知在创新平台关系治理与中小制造企业绿色创新行为的关系中起中介作用	支持
H4	协同创新氛围与风险感知在创新平台关系治理与中小制造企业绿色创新行为的关系中起链式中介作用	支持

第四节 研究结论与启示

一、研究结论

中小制造企业资源能力匮乏及对不确定性高度关注是阻碍其绿色创新实践的重要原因,破解该问题是引导中小制造企业绿色转型发展的关键。本章在文献分析的基础上建立了创新平台关系治理、协同创新氛围、风险感知和中小制造企业绿色创新行为的作用机制模型,以协同创新氛围和风险感知为中介变量,深入探讨创新平台关系治理对中小制造企业绿色创新行为的影响机制,运用 SPSS 24.0 和 AMOS 24.0 软件对问卷调查数据开展实证检验,得出的结论如下。

1. 创新平台关系治理能够显著促使中小制造企业采取绿色创新行为

在网络治理研究领域,学者们关注到了关系治理对于推动创新网络良性持续发展的关键作用(Wadood et al. ,2022;Tse et al. ,2019;Claro et al. ,2003)。但现有文献只是将二元关系置于社会网络情境下,其研究对象依然是二元关系。本文开创性地探究了创新平台作为关系治理主体对创新网络的治理作用。这一做法延续了Krackhardt的观点,他认为相比于双边关系,"第三方"的加入能够遏制某一方追逐私利的行为、降低单独一方的控制权和议价权、促进合作以及解决矛盾(Krackhardt,1999)。类似地,Mueller(2021)也指出,"第三方"组织能够利用自身的中立地位和良好声誉,促进企业间的资源流动。此外,已有文献侧重于分析企业发起关系治理模式的主动性,如基于非正式的社会关系(Wadood et al.,2022)、承诺关系、探索关系(Tse et al.,2019)限制合作过程中的利己行为。尚未关注合作双方资源、权利不平等的问题,不利于驱动网络条件下中小制造企业合作绿色创新。本文实证探究了创新平台具有的联合声誉、程序惯例和技术规范关系治理机制对中小制造企业绿色创新的驱动作用。这是基于创新平台角度对具体可行的创新网络关系治理模式的一次先驱性实证研究。

2. 协同创新氛围和风险感知分别在创新平台关系治理与中小制造企业绿色创新行为的关系中起到部分中介作用

首先,关于关系治理的影响机制研究,已有文献认为关系治理有利于知识的获取和交换,进而影响企业创新行为(Clauss and Kesting,2017;Mariotti,2011),忽略了交易成本、目标分歧、机会主义动机等对成员企业创新的消极影响。基于此,本书开创性地将协同创新氛围这一合作创新的重要保障纳入概念模型。在创新网络条件下,企业创新活动的有效开展依赖于各网络成员与知识需求方或知识供给方形成以价值观念和共享愿景为基础,通过理念、情感、使命等方式有效指导和促进显性知识与隐性知识互动的创新氛围(Gonzalez-Moreno et al.,2019)。实证检验结果表明,协同创新氛围在创新平台关系治理对中小制造企业绿色创新行为的影响中起到部分的中介作用。这一结论支持并拓展了"协同创新氛围有利于推动中小制造企业协同创新"的观点(Xie and Xu,2014)。区别在于,本书将协同创新氛围从企业拓展至外部,更加符合网络条件下中小制造企业对绿色创新过程中面临的环境不确定性高度关注的特点。

其次,已有研究强调创新网络能够影响中小制造企业对关键信息、异质性资源等的把控,进而影响其绿色创新行为(Triguero et al.,2016),忽略了从创新网络到绿色创新行为之间的"黑箱",尚未关注到风险感知的作用。Roper和Tapinos(2016)指出,绿色创新是企业基于内外部因素判断下的战略选择,顺应这一观点,本书将风险感知纳入概念模型。实证检验结果表明,风险感知在创新平台关系治理对中小制造企业绿色创新行为的影响中起到部分的中介作用。这一结论明确了风险感知在网络条件下中小制造企业绿色创新行为的驱动机制中的地位和作用,充分验证了 Yin 和 Yu(2022)关于"风险感知对绿色创新有重要影响"的观点,表明中小制造企业利用网络资源开展绿色创新的过程离不开风险感知从战略的高度进行指引和整合。

3. 协同创新氛围和风险感知在创新平台关系治理与中小制造企业绿色创新行为之间发挥链式中介作用

现有的关于中小制造企业绿色创新驱动因素的文献主要从企业内外部角度展开,前者包括充足的财务资源(Cuerva et al.,2014)、绿色人力资源(Ali et al.,2021)、信息资源(Fahad et al.)、绿色动态能力(Yousaf,2021)、绿色吸收能力(Aboelmaged and Hashem,2019;Ben Arfi et al.,2018)、管理人员开展绿色创新的意愿(Zhu et al.,2012;Yacob et al.,2019)、管理人员对环境问题的关注(Walker et al.,2010)、环保承诺(Chang and Chen,2013)等;后者主要包括强制性和激励性的环境规制(Liu et al.,2017;王树强和范振鹏,2021)、市场需求(Chen and Liu,2020a;Liu et al.,2017)、合作网络中的伙伴关系(Martinez et al.,2017;Triguero et al.,2016)等关键要素。随着创新网络实践与理论的发展,关于创新网络驱动中小制造企业绿色创新行为的文献也越来越多。本书认为,中小制造企业绿色创新行为是企业内外部因素共同作用的结果,有必要将企业内外部的驱动因素相结合,综合考察网络条件下中小制造企业绿色创新行为的驱动机制。本章整合创新氛围理论和管理者认知理论,将协同创新氛围和风险感知同时纳入理论模型,揭示了网络条件下创新平台关系治理对中小制造企业绿色创新行为的影响机制。

二、理论启示

本章探讨了创新平台关系治理对中小制造企业绿色创新行为的作用机制,并关注了协同创新氛围的中介效应、风险感知的中介效应以及协同创新氛围和风险感知的链式中介效应,主要理论贡献如下。

第一，本文从创新平台的角度拓展了创新网络治理研究。现有文献主要关注创新网络背景下双边关系的控制和协调，其研究对象本质上是企业与合作伙伴的二元关系(Wadood et al.,2022;Tse et al.,2019;Claro et al.,2003)，且现有文献大多将创新平台视为企业合作的虚拟环境(Schreieck et al.,2022)。本研究是关注创新平台关系治理功能的先驱，揭示了创新平台关系治理"是否"影响中小制造企业绿色创新行为这一问题的答案，为创新网络治理的理论研究提供了新思路。

第二，本文完善了创新网络背景下中小制造企业绿色创新的驱动机制。以往研究主要从网络结构和网络关系视角来解释网络背景下企业创新行为(Zhang et al.,2019;Yan et al.,2020)，从网络治理视角研究企业绿色创新驱动机理较少。本书从网络治理视角出发，通过实证检验揭示了创新平台关系治理对中小制造企业绿色创新行为影响机制，进一步揭示了创新平台关系治理、协同创新氛围、风险感知对中小制造企业绿色创新行为的重要作用，由此，拓展了创新网络条件下中小制造企业绿色创新行为研究。

三、实践启示

在当前中国实施创新驱动和绿色低碳转型的国家战略背景下，本章研究结论具有一定的启示意义。

首先，政府应高度重视创新平台关系治理对中小制造企业绿色创新的影响，在建立绿色创新网络时，政府应根据区域内产业的绿色发展情况及中小制造企业的绿色创新需求，遴选出具备关系治理功能的创新平台机构，并给予其办公场所和实验场地、税收优惠、绿色采购等支持。此外，在绿色创新网络运营的过程中，政府应完善创新平台的监管、评价考核、退出等相关程序和制度，通过定期实地考察、网络评价等途径，了解创新平台关系治理能力及对中小制造企业绿色创新支持效果，及时采取对策，确保绿色创新网络的可持续运行。

其次，创新平台应进一步强化关系治理，营造良好的协同创新氛围。一方面，通过联合声誉、程序惯例和技术规范等方式建立"共存共荣"的理念，培育共同语言、共同规则、共同理念等关系社会化行为，构建有利于绿色创新知识整合的协同创新氛围；另一方面，通过建立供应商协会、举办创新论坛、建立成员间人员的互派互访等机制，促进创新网络成员之间的关系人情化，进而提升创新网络成员间的知识共享的水平，为不同网络主体间的紧密合作创造良好环境。

四、研究不足与展望

1. 研究不足

尽管本章对创新平台关系治理对中小制造企业绿色创新行为的作用机理进行了充分的探讨，丰富了关系治理理论和协同创新理论在绿色创新行为领域的应用研究，但仍存在一些研究不足。具体如下。

(1)数据收集的限制。本章的样本数据为浙江省的中小制造企业，但不同区域内的环境规制工具、税收优惠政策、居民绿色消费理念、中小制造企业绿色发展水平等不同，基于地域的局限性，从科学研究的高普适性角度来看，结论向其他地域及行业推广时应持谨慎态度，未来的研究可扩大样本进一步检验。

(2)截面数据的限制。本章使用的是截面数据，关于关系治理、协同创新氛围、风险感知等的动态变化以及不同的分析层次，本章尚未涉及。问卷收集工作在同一时段内开展，无法了解创新平台关系治理、协同创新氛围、风险感知和中小制造企业绿色创新行为在时间序列上的动态演变过程。

(3)企业人为因素认知的局限性。本章基于对社会认知理论的文献分析，考察了风险感知在创新平台关系治理和中小制造企业绿色创新行为间的中介作用，但由于时间和资源的局限性，本章尚未将其他企业内部因素纳入研究模型，有待后续研究的进一步完善。

2. 研究展望

针对以上研究不足，根据本章的研究结果，提出研究展望如下。

(1)扩大数据收集范围。本章使用的数据受限于浙江省的中小制造企业，后续研究可以扩大数据收集的地域、行业及数量，以期提高研究结论的普适性，深入探究网络条件下中小制造企业绿色创新行为的驱动机理。

(2)纵向研究设计。本章采用的数据是截面数据，无法体现出创新平台关系治理的动态演变过程。因此，未来的研究可以通过纵向的研究方法来把握关系治理机制的演变，探讨在新的因素加入之后，创新平台关系治理机制的变化以及对中小制造企业绿色创新行为的影响。

(3)增加对中小制造企业内部影响因素的研究。本章考察了风险感知的中介效应,但企业的绿色战略决策行为还会受到组织内部其他因素的影响,如绿色动态能力和组织冗余。因此,后续研究可以基于动态能力理论和资源基础理论,探究企业内部其他影响因素对中小制造企业绿色创新行为的作用机理。

第七章 中小制造企业绿色创新协同支持体系的构建

前文论证了协同支持对中小制造企业绿色创新的重要性及内在机理。本章基于中小制造企业资源能力有限及绿色创新转型的外部性及不确定性特点,从企业战略行为理论和协同治理理论出发,论证协同支持体系对中小企业绿色转型的重要性,分析中小制造企业绿色创新协同支持体系特点和构建原则,系统设计中小制造企业绿色创新知识支持体系、中小制造企业绿色创新资金支持体系、中小制造企业绿色创新市场支持体系和中小制造企业绿色创新协同支持体系,并从企业、政府和行业层面提出中小制造企业绿色创新协同体系构建的具体路径。

第一节 中小制造企业绿色创新协同体系设计的理论依据

一、协同治理理论

对于协同治理概念的界定,国内学者分为两种。第一种,认为协同治理理论是协同论与治理论的结合;第二种,认同国际组织给出的定义。西方学者对协同治理的理解有一个基本的共识:第一,政府以外的行动人加入治理中;第二,为达到共同的目标,各行动人共同努力的过程。目前许多学者明确表示要从广义上定义协同治理,具体表现有四点:第一,从协同主体上看,包括了联邦政府以外、美国境内所有的可能成为协同伙伴的行动人,包括公众和地方政府机构、部落、非政府组织、商业组织和其他非政府相关人。第二,从协同客体上看,包括了联邦机构在政策过程中所有的工作,而且政策过程也被定义为政府作为执行机构与政策发展、执行和实施所有相关的行为。第三,从外延上看,包括了所有以协商与共识为基础的方式、方法和过程,比如公民参与、公民对话、公众协商、协商民主、公众咨询、多方协同、协同式公共管理、纠纷解决以及沟通。第四,从沟通方式上看,既包括了面对面的沟通,也包括了通过网络的沟通。总之,协同治理可以定义为打破参与者的边界的一种公共政策制定和管理的过程和结构,不同级别的政府组织、公众和个体,为了解决同一个问题而共同行动起来。

二、中小制造企业绿色转型协同支持的必要性及作用机制

在实际生产经营活动中,中小制造企业在污染治理和环境治理过程中面临着经济和技术双重困难,使得其存在较强的逃避承担治污责任的动机。大多数单个中小制造企业的污染排放规模与处理设施的经济运行规模存在着较大差距,污染治理成本较高。一方面,中小制造企业平均生存周期短,在生产过程中转产频繁,治污设备折旧成本较高;另一方面,由于经营年限少、财务报表不健全、资产规模较小、不确定性高等因素的影响,中小制造企业的信息在很多方面都比较难于量化(Irwin and Scott,2010;Roberts,2015)。由于信息的不全面及不对称,导致中小制造企业在进行绿色创新过程中面临着融资难、融资贵等问题(Berger and Udell,2006;姜付秀等,2016;宋华和卢强,2017)。受到资源和能力的限制,中小制造企业在市场竞争中较难接触到先进的技术信息及人才,加大了中小制造企业绿色创新的难度。

有学者研究指出,中小制造企业在实施绿色行为时需要从外部获取支持,且外部支持可以有效促进中小制造企业绿色行为的实施(冯忠垒等,2015;李贲和吴利华,2017)。政府通过提供财政激励、技术资源、试点项目和税收减免等政策能缓解中小制造企业资金压力及信息不足问题,促进中小制造企业绿色创新的实施(Lee,2008;Klewitz et al.,2012)。近年来,政府连续发布多条法律法规,鼓励、支持和引导中小制造企业绿色发展的财税、金融在内的一系列政策措施。中央财政陆续从不同方面设立了多项扶持中小制造企业发展的专项资金,通过无偿资助、贷款贴息等方式支持中小制造企业科技创新。各地税务部门落实减税降费政策,助力企业调整优化产业结构,走绿色发展的"新路子"。同时,政府部门通过利用自身资源优势,为中小制造企业绿色创新提供基础设施支持及信息支持。

行业协会通过提供绿色生产所需的技术信息和技术支持,可以降低中小制造企业创新成本和经营风险,从而促进企业绿色创新行为的实施(Lee,2001;龙文滨等,2017)。信息和技术指引被中小制造企业认为是提高环境行为的重要支持(Hillary,2004)。行业协会可以充当环保信息和技术的交流渠道,利用专业化职员或共同使用内、外部知识资源,为行业的发展前景提供预测,并为成员企业提供整体化或个性化的信息和技术服务。例如,行业协会为中小制造企业提供与清洁生产相关的信息和技术支持,促使企业

减少排污数量(郭庆,2007)。由于企业管理者的环保知识和态度直接影响中小制造企业的环境表现,行业协会可以通过出版书籍、印刷资料、举办讲座、组织培训等形式,面向业主经理开展环保知识的宣教活动。针对中小制造企业资金匮乏、管理资源有限的特征,行业协会开展环保产品推广会、环保技术交流会等,推动环保产品的研制、生产和流通。

中介机构可以作为中小制造企业与其他企业或机构连接的桥梁,提供网络信息服务,帮助中小制造企业更好地嵌入社会网络中,从而提高其进行绿色创新的主动性。中小制造企业可以通过中介机构积极与政府部门合作,充分利用政府实施的推动中小制造企业创新发展的各项政策、计划、法规。高校及科研机构是技术、人才的战略高地,对于技术、人才等资源匮乏的中小制造企业来说,建立与高校及科研机构的联结,关系到科技型中小制造企业技术创新的成功和企业的长期发展。中小制造企业可以通过科技中介与高校及科研院所建立紧密的联系。中介机构能给中小制造企业带来实施绿色创新所需的知识和技术以及协同伙伴,有效降低中小制造企业绿色创新的风险(Matschoss and Heiskanen,2017;Kivimaa et al.,2017)。

客户将绿色需求及时与中小制造企业进行信息分享,可以更好地帮助中小制造企业识别市场需求,提高企业经营者对绿色创新的收益预期,促进中小制造企业绿色创新的实施(Horbach et al.,2012;伊晟和薛求知,2016);企业供应商通过参与绿色新产品开发过程,可以降低中小制造企业绿色产品创新风险(Handfield et al.,2005;Wynstra et al.,2000);金融机构通过提供绿色创新所需的资金支持,帮助中小制造企业克服绿色创新资金短缺的问题(Uzzi,2002)。

现有关于中小制造企业绿色创新研究强调了外界支持的重要性,但大多关注于单一支持主体的作用。但在现实中,中小制造企业绿色创新受到多方面制约,单一主体的支持并不能有效驱动中小制造企业绿色创新。首先,在由外部组织和中小制造企业形成的绿色创新网络中,具有较高中心度或占据结构洞位置的企业对网络中的信息和资源有较强的调配能力(胡保亮和方刚,2013)。处于网络中心位置的企业更容易汇集多种稀缺信息及互补性技能(钱锡红等,2010),可以大幅度降低企业创新成本和风险(钱锡红等,2010;曾德明等,2012),从而促进绿色创新的实施。从网络位置与知识搜索角度来看,处于中心位置的企业更容易识别和发现网络中的多样化和新颖的知识,并能够通过联结关系获取、整合和利用这些知识,不仅激励了知识搜索行为也为知识搜索创造了条件。处于中心位置的企业更容易进行关系概化(将与现有行动者之间的关系模式扩展至与其他新的行动者之间),强化了结构探索,促进了企业搜索区别于现有伙伴的新的伙伴去获取独特的知识和经验。其次,越是处于中心位置,企业越是能够打破组织惯性。我国众多企业深深根植于本地集群发展,容易形成组织惯性。惯性降低了技术的风险性,但也使企业倾向于利用产业集群中的现有知识而不是搜索来自全球制造网络的新知识。如若企业在全球制造网络中的中心度比较高,将会面对具有不同需求、目标和结构的其他企业,与这些企业长期进行交互将会发展系统的惯例和流程来处理全球制造网络中的异质性知识。这些惯例将替代原有惯性,并能够促进企业搜索来自全球制造网络中的异质性知识。最后,越是处于中心位置,企业越是能够控制认知距离。认知距离是指网络中的企业间技术知识和技术经验的差异程度。在全球制造网络中,我国企业与网络中的其他企业特别是国际旗舰企业的认知距离是比较大的。过大的认知距离限制了我国企业的知识搜索,因此难以理解、吸收、整合和利用全球制造网络中的新知识。高中心位置的企业有许多面对不同类型知识和信息的机会,也更有机会观察网络中的其他企业并与其他企业交互。

中小制造企业由于资源能力的有限性,在创新网络中处于边缘位置,与网络中其他企业的关系强度较低,权力也相对较低(Jerome et al.,2009),与网络中其他企业进行信息、知识等绿色创新资源交换难度较大(任胜钢,2010)。Heidl等(2014)认为网络中各成员间伙伴关系强度不同,会产生"分裂断层"现象(赵炎和孟庆时,2014),"分裂断层"会引发"子群内—外"的不平等和不信任,容易造成伙伴间关系冲突等问题的发生,不利于网络绩效与网络稳定(杨毅等,2018)。"分裂断层"现象的存在,导致中小制造企业在与外部组织合作中存在低信任度和不平等感,进而影响中小制造企业合作开展绿色创新的意愿和行动(王志良,2018)。各主体之间只有建立协同机制,形成对中小制造企业的协同支持网络,才能让中小制造企业感受到公平和信任,愿意并能够与外部组织在绿色创新方面有更好的交流与合作,促进中小制造企业绿色创新。

第二节 中小制造企业绿色创新协同体系设计思路

一、中小制造企业绿色创新协同支持体系特点

中小制造企业绿色创新无法仅仅依靠某一社会组织或单独的政府系统得到有效促进,公私部门之间的合作成为政府必须面对的问题,政府各部门内部、政府与市场、政府与社会之间的界限逐渐被跨界问题所打破(田玉麒,2017)。协同治理作为一种新的公共治理模式被广泛运用。因此,基于协同治理理论,本章提出了中小制造企业绿色创新协同支持体系。中小制造企业绿色创新协同支持体系是由地方政府、行业协会、科技中介、客户、供应链企业、金融机构等多主体协同合作,集合多主体资源及优势为中小制造企业提供支持的服务体系。中小制造企业绿色创新协同支持体系特点如下。

(1)目标是支持中小制造企业绿色创新转型。中小制造企业绿色创新转型支持体系构建的目的是打破中小制造企业绿色创新转型的各种障碍,提高中小制造企业绿色创新转型的动力和能力。

(2)多元主体协同。中小制造企业绿色创新转型面临一系列问题和障碍,需要多元主体协同才能解决。

(3)改善中小制造企业绿色创新转型的收益和风险是关键。收益性和风险性是中小制造企业绿色创新转型决策的关键,中小制造企业绿色创新体系构建要以绿色创新转型收益和风险改善为基础。

二、中小制造企业绿色创新协同支持体系构建原则

中小制造企业绿色创新协同支持体系包括知识支持体系、资金支持体系、市场支持体系及各分体系、各主体之间的协同机制,针对中小制造企业绿色创新的障碍和动力不足,给予技术、资金、人才、信息资源、市场推广等方面的支持。中小制造企业绿色创新主要体现为绿色技术创新的过程,其中,知识支持体系尤为重要,需要充分整合现有工程技术研究中心,大企业技术中心、行业研究院、生产力促进中心及高校、科研院所的科技资源,针对

性提供技术服务。中小制造企业绿色创新协同支持体系构建遵循以下原则。

1. 统筹协调原则

中小制造企业绿色创新协同支持体系是一个网络构建的过程,通过对各类资源的优化组合,促进中小制造企业绿色创新。通过财政政策、金融政策、税收政策等,引导绿色技术创新的方向,对各类创新资源进行全面整合和系统配置,克服企业和市场的逐利性和盲目性,扫除企业和市场创新障碍,分散企业技术创新风险,不断强化信息流、知识流和技术流的形成和发展,为企业进行绿色创新提供物质支撑和资金支持。

2. 系统开放原则

系统是指由若干相互联系、相互作用的要素组成的具有特定功能的有机整体,具有整体性、结构性、层次性和开放性等特征。根据系统论的观点,系统开放包含对外开放和对内开放两层含义。对外开放是指向环境开放,不断从环境中引进负熵流,输出正熵流,它是系统演化的外部条件;对内开放是指系统本身的自我开放,即系统诸要素之间所进行的物质、能量和信息的传递和交换,它是系统演化的内部动力。系统开放原则要求把中小制造企业绿色创新协同支持体系视为一个系统,以系统整体目标的优化为准绳,协调系统中各分系统和各要素的相互关系,使系统完整、平衡。应把中小制造企业绿色创新协同支持体系看作是一个多层次、多维度的体系,涵盖政府、企业、市场、社会、个人等不同层级的主体,既要考虑局部,也要关注整体,还要注意局部与整体的互动。

3. 可操作性原则

中小制造企业绿色创新协同支持体系的构建要有明确的执行主体、确定的阶段目标和切实可行的措施。中小制造企业绿色创新协同支持体系构建的推进具有阶段性和层次性,应分步实施,很难一步到位。应站在全局的高度系统思考问题。站得高,看得远是基础,关键是要高效地去落实。运用政府的宏观调控弥补市场的自发性、盲目性和滞后性,实现政府宏观调控与市场配置资源的优化组合,增强实践性和可操作性。

三、中小制造企业绿色创新协同支持体系设计

资源能力不足及绿色创新价值和风险不确定是中小制造企业绿色转型

的关键影响因素,只有社会协同支持,才能破解制约中小制造企业绿色转型的资源能力不足的障碍,才能使中小制造企业对绿色转型的价值和风险有稳定的预期,进而影响中小制造企业绿色转型行为选择。中小制造企业绿色创新支持体系详见图7-1。

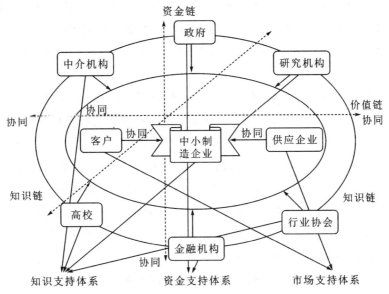

图 7-1 中小制造企业绿色创新支持体系

1. 中小制造企业绿色创新知识支持体系

针对中小制造企业绿色创新技术能力不足和信息不对称的障碍,整合科研机构、行业协会、行业研究院、国家工程技术中心、企业技术中心,搭建生态环境治理技术服务平台,特别是构建地方政府＋行业研究院(行业生产力促进中心)为核心的科技创新服务体系,为中小制造企业提供污染治理咨询服务、技术服务。

中小制造企业通过和高校、研究机构、行业协会及中介进行正式和非正式互动,能够获取前沿的科学技术,从而提高绿色产品创新或绿色工艺创新能力。创新氛围和文化反映了地区工业企业从事绿色研发活动的动力和使命感,有利于在合作竞争环境中追求正确的创新价值观,实现技术和产品质量的不断提升。产学研合作旨在利用高校、科研单位的基础研究水平,为企业技术研发提供技术路线和可行性研究报告,并辅助解决企业发展中的技术难题,这为企业绿色研发和成果转化提供了必要的技术支持。产学研合作是当前我国工业企业实现技术学习和赶超跨国公司的有效途径,利用高校和科研机构的基础研究能力,解决企业绿色创新发展过程中的技术难题,同时缩短了企业技术和产品开发的周期。

2. 中小制造企业绿色创新资金支持体系

针对中小制造企业绿色创新资金实力和融资能力相对较弱的特点,在企业绿色信用评价基础上,构建财政专项计划、银行绿色信贷、证券绿色融资等多层次多渠道资金资助体系,为中小制造企业提供污染治理的资金支持。

转型经济体中的政府部门掌握了资源分配的权力,企业与政府机构加强联系能主动让其了解企业情况,有助于企业对稀缺资源和信息的获得,这对处于网络边缘的中小制造企业来说是非常重要的。地方政府是技术创新活动有效开展的重要支持机构,政府资助在区域创新过程中也起着不可替代的作用。政府对创新活动的资助主要体现在实行拨款资助和税收优惠等政策上,这样能降低企业开展研发创新活动的成本和风险,激发企业开展研发创新的积极性,对创新产出具有正向影响。曹霞和于娟(2015)选用2005—2011年国内30个省市地区的面板数据对中国各区域创新效率及影响因素进行实证分析发现,研发支持通过降低企业的创新成本和风险,激发企业创新积极性,从而正向影响区域绿色创新主体的创新效率。张旭(2017)认为研发投入对绿色技术创新有正向作用,且随时间变化不断增强。

金融机构面对企业通过技术创新走绿色化生产模式具有较强的盈利能力时,将会愿意以较低的贷款利率给企业贷款。另外,企业通过较高的科技创新和创新投入开展绿色化生产模式时,能够吸引金融机构以优惠的贷款利率给企业贷款,帮助其进行科技创新。当企业通过投入较少的科技研发和创新投入费用开展绿色化生产模式时,金融机构以优惠的贷款利率给企业贷款的意愿将会降低,金融机构更看重的是企业通过加大科技创新和创新投入来提高未来的可持续盈利。

3. 中小制造企业绿色创新市场支持体系

针对中小制造企业市场开拓能力不足的特点,在完善清洁生产审核机制、环境标志产品认证、绿色产品认证基础上,构建政府绿色采购信息库及绿色企业(产品)推荐平台,支持中小制造企业融入绿色供应链,扩大绿色消费市场,增加中小制造企业绿色创新收入。

随着从封闭创新向开放创新的转变,企业绿色创新逐渐依赖于市场支持体系中的合作伙伴:新的创意依赖和商业合作伙伴、顾客和供应商的合作,市场支持体系可以为企业提供关键性资源、关系租金和竞争优势。

企业为了实现绿色创新必须实施有效的绿色导向的供应链管理,绿色供应链管理的成功离不开高层的支持。Zhu等(2008)通过对中国三个行业的企业样本的研究,发现高层管理的承诺对企业绿色供应链管理具有重要影响,如果缺乏高层的承诺,项目往往注定失败或者难以有效推动。企业中高层管理人员对绿色供应链管理的支持有利于企业环保目标的设定和薪酬系统中对环境管理的考量,而这有利于促进企业员工参与环境管理,进而有利于跨部门的合作。跨部门的合作又有利于企业对外部利益相关者的诉求迅速做出反应,设计新的产品和生产流程满足利益相关者的要求。另外,通过对内部环境管理的整合,企业的设计、制造和营销部门可以实现顺畅合作,支持企业的技术部门,促进产品和生产流程的改进。企业内部中高层管理人员对绿色供应链管理的承诺支持,有利于企业加强对环境管理重要性的认识,企业各部门间的协作可以使得内部环境管理更加有效,环保意识与环保技术在各个部门间顺畅传输,将促进企业产品和生产流程的改进。

企业进行绿色创新的重点是让客户获得核心收益,绿色创新对企业整合公众绿色创意能力的要求更高,企业只有关注客户需求,持续改进,才能实现渐进式绿色创新。Zimmerling和Purtik(2017)认为,新颖的绿色创新往往是系统性的,需要改变消费习惯,所以把终端客户视为共同的开发者,对终端客户的早期整合有助于绿色创新的成功。企业与消费者的协作主要发生在分销或者市场营销活动中。企业与消费者对环保事务的合作是推动企业环境管理和环境绩效的重要因素。Christmann和Taylor(2001)研究发现来自消费者或者下游外国企业的环保压力会促使中国企业在环境管理方面采取自律措施。消费者会对企业产品提出一定环保要求,要求产品设计和生产流程达到特定的标准。企业为了应对消费者的需求不得不改进技术,更新原有的产品和生产流程。企业与消费者的协作是一个交互过程,Danese等(2018)发现企业与消费者协作的竞争优势来源于信息分享和共同发展。企业与消费者的协作可以促进彼此的理解与知识分享,引导企业产品创新,提高创新能力。企业与消费者的协作有助于企业理解消费者的环保要求,重构解决问题的惯例,在产品设计和生产流程上进行革新,满足消费者需求。

4. 中小制造企业绿色创新协同支持协调机制

在促进中小制造企业绿色创新过程中政府发挥着主导作用,首先,要理顺相关政府部门科技厅(局)、发改委、经信厅(局)、环保厅(局)之间的关系,建立沟通协调机制,做到信息共享,及时发现问题,各司其职合力解决问题;其次,要建立政府相关部门、中小制造企业与其他社会主体之间的协同机制,整合社会力量,通过市场机制,解决中小制造企业绿色创新障碍问题,引导中小制造企业进行绿色创新发展。

企业协同支持协调机制是由企业和客户、供应商、中介机构等通过形成垂直或水平的关联节点所构成。解学梅认为,企业协同创新网络是指企业在创新过程中,同供应链企业、相关企业、研究机构、高校、中介和政府等创新行为主体,通过交互作用和协同效应构成技术链和知识链,以此形成长期稳定的协作关系,具有聚集优势和大量知识溢出、技术转移和学习特征的开放的创新网络。可见,同一般的企业创新网络相比,企业协同创新网络更强调创新行为主体间的知识交互和技术转移,更注重政府和制度环境在协同中的作用,更强调创新行为的协同效应。企业协同支持协调机制的影响是一个系统、长期的过程,企业在拥有良好的内外部资源的同时,还需要不断地获取网络外部的创新资源,在开放式创新时代,企业要想获得持续的发展,实现绿色创新,就需要与不同的创新合作伙伴在资源共享、技术合作、信息沟通等方面构筑长期、稳定、持久的合作关系,充分发挥其在协同创新网络中的角色匹配作用,以此提升企业的创新绩效。

第三节　中小制造企业绿色创新协同体系构建的具体路径

经济新常态下中小制造企业绿色创新是大势所趋,转型可以认为是从一种状态转变为另外一种状态的过程,具体可以表现为中小制造企业在不同产业之间或不同发展模式间进行转变。可以认为是中小制造企业在产业链和价值链中不断提升其所处位置的过程,具体可以通过中小制造企业创新和企业间的整合实现。绿色创新是经济生态文明建设下中小制造企业转型的大势所趋,但在绿色创新过程中出现了部分中小制造企业对绿色创新概念的误读,将绿色创新和多元化进行混同等问题,因此有必要指出这些问题。同时,基于协同治理理论和协同支持网络,探索基于协同治理的中小制造企业绿色创新生态系统实现路径,从企业、政府以及社会等层面提出相应的促进中小制造企业绿色创新的策略和建议。

一、企业层面

1. 中小制造企业内部建立标准化和结构化的领导组织

中小制造企业绿色创新是长期性、艰巨性的一项任务,标准化和结构化的领导组织,使组织和企业能有更全面的组织管理能力,可为实施中小制造企业绿色创新及转型提供组织保障。具体而言,省、市层面要成立中小制造企业绿色创新委员会,负责区域内中小制造企业绿色创新的顶层设计、总体布局、统筹协调、整体推进、督促落实。中小制造企业内部根据省、市中小制造企业绿色创新委员会的组织要求成立相应的绿色创新组织部门,负责整个中小制造企业绿色创新发展的统筹组织管理,共同推进中小制造企业绿色创新向生态文明发展。

2. 中小制造企业通过降低投资专属性来促进中小制造企业绿色创新

中小制造企业绿色创新组织部门要制定详细的绿色创新计划,绿色创新首先要明确绿色创新目标,比如希望公司成为什么样的企业,是研发型企业、制造型企业还是两者兼有型的企业。直接由制造型企业转型为研发型企业有一定的难度,但中小制造企业可以分步实施绿色创新计划。中小制造企业在进行专属性投资的时候要尽量降低这些投资的专属性,最好是投资建设柔性化的工厂,也就是该工厂能够为不同的中小制造企业以及不同的产品提供生产加工服务,尽量主动地规避专属性投资的风险。

3. 提升自身实力,争取获得更大的在产业链布局方面的话语权

中小制造企业要利用其生产制造能力以及在产业链中生产制造环节所具有的话语权,力争获得更大的产业链的参与权。中小制造企业要积极了解所在产业的整体发展情况,包括消费市场的情况,产品未来的发展趋势等。中小制造企业的绿色创新最好是在现有的基础上进行,绿色创新不是另起炉灶,而是在生产制造的基础上向产业链的高附加值端进军。比如通过参股合作等多种形式参与上游的研发设计环节和下游的销售以及品牌创

设环节。

4. 充分利用物联网技术开展中小制造企业绿色创新工作

在物联网环境下,中小制造企业的绿色创新遇到了新的难得的机遇期。目前,物联网技术虽然已有了广泛的应用领域,但其还处于发展的初级阶段,这样中小制造企业间在物联网技术应用方面的差距不是很大。另外在当前较为完善的金融市场环境中,中小制造企业和过去相比能够更加容易地获得风险资金的支持。这样中小制造企业的绿色创新就一定要和物联网技术结合起来。比如安装传感器等物联网设备,运用相应的物联网技术来为企业获得更好的发展潜力。中小制造企业也可以在广阔的物联网市场中寻找到新的发展机会。比如就研发传感器本身开发相关的物联网应用软件,设计研发有关的物联网设施设备等。

二、政府层面

1. 支持中小制造企业提高绿色发展水平

首先,政府应积极组织开展中小制造企业绿色发展培训,帮助中小制造企业及时了解和掌握国家生态环境相关法律法规标准、政策措施等,提高企业绿色发展意识。其次,根据中小型民营企业的行业特点,分类施策,推动企业提高污染治理水平,实现达标排放和全过程管控。充分利用主流媒体和自媒体平台,加强生态环境法律法规标准、重大政策性文件的宣传解读,认真总结中小制造企业环境治理经验,及时宣传先进典型,曝光反面案例,推动企业履行好生态环境保护责任和义务。同时,积极引导有条件的中小制造企业引入第三方治理模式,降低环境治理成本,提升绿色发展水平。通过第三方专业化市场服务,为有环境治理和低碳发展需求的中小制造企业提供问题诊断、治理方案编制、污染物排放监测以及环境治理设施建设、运营和维护等综合服务。

2. 政府需整合社会资源

发挥地方政府在资源整合方面的核心作用,构建中小制造企业绿色创新知识支持体系、资金支持体系、市场支持体系。政府需加强关于中小制造企业绿色发展顶层设计,加强与其他部门等的合作,积极回应企业合理诉求。加强信息共享,积极开展联合调查研究、教育培训、宣传推广,积极协调有关部门支持中小制造企业绿色发展。同时,加强污水、垃圾、危险废物等治理设施建设,为中小制造企业绿色发展提供良好的配套条件。

3. 政府应实施相应的鼓励政策

对于中小制造企业的绿色创新,政府可以实施相应的鼓励政策。除了对符合条件的企业实施减免税政策之外,还可以要求中小制造企业认真制定绿色创新计划。在对中小制造企业进行年检的同时要审核其绿色创新计划的可行性、完备性,再根据绿色创新计划的实施情况给予企业一定的补贴。政府可以设置中小制造企业绿色创新专项基金,中小制造企业可以申请获得该项基金的支持。同时政府要成立绿色创新专家团队来帮助企业进行绿色创新,由政府来提供绿色创新智慧服务。这种服务由政府免费提供,但应享有中小制造企业绿色创新成功后所带来的利润增长。这样做能够减轻政府实施补贴政策的财政压力,同时也能够激励政府所聘请的绿色创新专家团队,让其更有动力为企业的绿色创新提供服务。

支持中小制造企业参与实施国家环保科技重大项目和中央环保投资项目。生态环境领域各级财政专项资金要加强对环境基础设施建设、企业污染治理设施改造等的支持力度。积极实施各项财税优惠政策;制定实施创新绿色金融政策。加快推动设立国家绿色发展基金,鼓励有条件的地方政府和社会资本共同发起区域性绿色发展基金,支持中小制造企业污染治理和绿色产业发展。完善环境污染责任强制保险制度,将环境风险高、环境污染事件较为集中的行业企业纳入投保范围。鼓励中小制造企业设立环保风投基金,发行绿色债券,积极推动金融机构创新绿色金融产品,发展绿色信贷,推动解决中小制造企业环境治理融资难、融资贵问题;落实绿色价格政策。积极推动资源环境价格改革,加快形成有利于资源节约、环境保护、绿色发展的价格机制。加快构建覆盖污水处理和污泥处置成本并合理盈利的价格机制,推进污水处理服务费形成市场化。加快建立有利于促进垃圾分类和减量化、资源化、无害化处理的固体废物处理收费机制。建立生态环境领域按效付费机制。引导中小制造企业形成绿色发展的合理预期;完善市场化机制。推进碳排放权、排污权交易市场建设,通过参与碳排放权、排污权交易市场,提高环境成本意识。发展基于碳排放权、排污权等各类环境权益的融资工具,推动环境权益及未来收益权切实成为合格抵质押物,拓宽企业绿色融资渠道。完善清洁生产审核机制,支持中小制造企业建设绿色供应链。完善环境标志产品、绿色产品认证体系,扩大绿色消费市场。

4. 政府建设协同支持服务体系

政府应积极建设协同支持服务体系，实施至少一位技术专家或一个咨询团队服务一家中小制造企业的策略。中小制造企业的绿色创新是国家的战略任务，政府需要实行一对一、多对一的绿色创新技术指导。企业和产业的绿色创新是国家战略，因此可以依靠国家的力量来为企业的绿色创新服务。我国拥有丰富的人才资源，应该充分利用这些资源来为企业的绿色创新提供智力服务。这一方面有利于中小制造企业，另外一方面也有利于相关科研人才自身的成长。依托产业园区、科研机构和行业协会、商会，搭建生态环境治理技术服务平台，为中小制造企业提供污染治理咨询服务。鼓励组建由企业牵头、产学研共同参与的绿色技术创新产业联盟，推进行业关键共性技术研发、上下游产业链资源整合和协同发展。

5. 政府需加快完善知识产权保护体系

提升中小制造企业绿色创新动力，需要加快完善知识产权保护体系的建设，中小制造企业绿色创新更多的是向附加值高的设计研发领域进军，而这些领域需要较为完善的知识产权保护体系的支持。若知识产权保护体系不完善，则中小制造企业将缺乏花费大力气进行研发设计的动力。因为一旦完成了相应的科研攻关任务，但是若其他中小制造企业能够轻而易举地免费或以极低的代价获得这些技术，那么该中小制造企业就会失去研发的动力。因此，政府要进一步加快完善知识产权保护体系，尤其是涉及绿色创新方面的知识产权保护要着力推进以提升中小制造企业进行绿色创新的动力。

三、社会层面

1. 加强中小制造企业与高校科研团队的合作

在绿色创新的道路上企业需要运用现有的科技知识，而这些科技知识所在的科技文献大多是英文写成且发表在外文期刊，收录在外文数据库中的，企业一般不购买这些数据库，因此就难以利用这些资源。可以考虑跟高校科研团队合作，来购买相关的数据库，然后组织专家团队进行重点文献的翻译工作，再将这些文献交给正在进行绿色创新的企业人士研读。当然社会组织可以联络相应领域的专家对这些科技文献进行重新整理，形成较为通俗易懂的文字以方便企业界人士阅读，同时提供专家的答疑解惑服务。

目前有关专家学者希望国内科研人员尽量将重要的科研成果发表在中文期刊以让国人能够看懂这些文献。但做到这一点需要较长时间的积累，首先要提高国内中文期刊的国际影响力，改革科研人员的考核评价体系，这些在短时间内都较难完成。但高校科研团队组织人员翻译重组这些外文科研文献资料来为企业界人士使用却是可行的。

2. 加强中小制造企业间的协同支持合作

中小制造企业之间可以进行协同支持合作，建立企业间在绿色创新方面的沟通制度，既可以相互支持，也可以防止重复投资。为了防止出现企业在绿色创新道路上进行重复研发、重复建设以及资源匮乏等现象，中小制造企业间要建立相关的沟通制度和合作机制。中小制造企业可以形成联盟，共同商讨确定需要研发创新的产品和部件，然后进行研发任务的分配，最后将这些研发成果在中小制造企业间进行共享。目前很多行业的中小制造企业间都是独立开展绿色创新工作，不能形成合力。实施绿色创新战略之前很多生产制造类中小制造企业都是注重生产加工环节，而不同的中小制造企业其生产加工的部件、产品不同，因此没有很大的相互合作的动力。而在绿色创新过程中中小制造企业需要大量资源的投入，很多情况下这不是一家中小制造企业独自所能完成的，这就需要社会各方在绿色创新领域的通力合作。

3. 加强创新平台建设

科技创新离不开各项资源的支持，因此，首先，需要做好创新平台研究资源的建设。企业要设立专项资金，吸引研究人员参与，激励表现突出的工作人员，使平台持续稳定地运行。同时，还要做好科研项目经费的管理，统筹安排，最大程度地发挥经费价值，禁止浪费、私自挪用。此外，依托各企业的实验室以及研究人员建立科技创新平台实验室，围绕科研项目配备实验条件，向平台科研人员开放，充分验证预研究相关理论数据，确保研究的合理性、实用性。做好实验室管理，定期维护保养相关设备，保证设备能够正常运行。合理调配各类实验资源，减少资源浪费。其次，科技创新离不开管理，通过科学的管理规划为科研指引方向、铺平道路，因此应提升管理能力。应围绕科技创新制定工作目标，明确工作责任，责任落实到每一个人。围绕平台的核心业务梳理专业研究方向以及各研究团队的专业需求，明确科研任务、科研方向，着力解决科技创新过程中遇到的各种难题。针对研究方向以及相关企业的发展需求申报国家和地方科研项目,申请研究资金开展科学研究。最后,加强人才队伍建设,一方面,加强人才队伍建设,积极引入科研技术人员及科技创新管理人员,为平台发展提供必要的人力资源支持。与此同时,围绕项目开展学术交流,以科技创新为契机,加强合作交流,培养一批能推动企业发展的高精尖人才;另一方面,可以通过激励制度选拔优秀人才。根据对企业的贡献实施绩效激励,激发员工们的工作热情、工作积极性,华为的股权激励就极具代表性。评估记录员工的工作能力,激励那些通过学习提升工作技能的员工,把他们放到更重要的职位上,给予更高的薪资福利待遇。定期开展表彰大会,授予为企业作出突出贡献的顶尖人才一些重要荣誉,提升员工的归属感,同时也作为一种榜样力量激励那些尚未取得突出荣誉的人员努力奋斗。

第八章 中小制造企业绿色创新现状及相关政策措施建议

在前文理论分析基础上，本章通过大样本调查，了解了我国中小制造企业绿色创新实践的组织机构、管理制度、企业文化、生产体系和技术创新的现状及障碍因素。梳理目前我国中小制造企业绿色创新支持的现状，找出存在的潜在问题，提出相应的对策建议，以改善中小制造企业绿色创新的环境。

第一节 中小制造企业绿色创新现状

21世纪初，联合国发布了由95个国家1300多名科学家历时4年调查形成的《千年生态系统评估报告》，全面评估地球总体的生态环境状况。该研究报告指出，人类赖以生存的生态系统有60%正处于不断退化的状态，支撑能力正在减弱，并警告未来50年内这种退化还将继续。2021年，第五届联合国环境大会在肯尼亚首都内罗毕召开，大会主题是"加大力度保护自然，实现可持续发展"。联合国秘书长古特雷斯在致辞中说，新冠疫情仍在全球肆虐，当下人类面临三重环境危机：气候变化、生物多样性丧失，以及每年导致约900万人死亡的环境污染问题。为实现联合国2030年目标，必须不遗余力地采取行动解决荒漠化、海洋垃圾、粮食和水安全问题。"我们必须把地球的生态健康放在制定计划和政策的核心位置。"

中国社会经济的发展同样受资源环境的约束。党的十八大以来，我国对生态文明建设给予前所未有的重视，把生态文明建设摆在全局工作的突出位置。习近平强调："要清醒认识保护生态环境、治理环境污染的紧迫性和艰巨性，清醒认识加强生态文明建设的重要性和必要性，以对人民群众、对子孙后代高度负责的态度和责任，真正下决心把环境污染治理好、把生态环境建设好，努力走向社会主义生态文明新时代，为人民创造良好生产生活环境。"近些年来，我国开展了一系列根本性、开创性、长远性工作，加快推进生态文明顶层设计和制度体系建设，决心之大、力度之大、成效之大前所未有。2015年，中共中央、国务院发布的《关于加快推进生态文明建设的意见》和《生态文明体制改革总体方案》，对生态文明建设作出全面部署，明确了加快推进生态文明建设的基本原则，规划了生态文明建设总目标，成为我国生态文明领域改革的顶层设计和基础性制度框架。中央和地方各级政府陆续出台了一系列强有力的政策措施,淘汰落后工业产能,加大环境治理力度,打响蓝天保卫战,形成保护环境的强大合力。同时,加强法治建设,建立并实施中央环境保护督察制度,大力推动绿色发展,深入实施大气、水、土壤污染防治三大行动计划,率先发布《中国落实2030年可持续发展议程国别方案》。特别值得关注的是,我国在发展中国家中率先作出碳达峰、碳中和的承诺。这些政策措施的出台,为推动中国生态环境保护提供了重要的政策保障、制度保障和法治保障。在此背景下,企业绿色发展成为社会经济发展的客观要求。

绿色创新(Green Innovation)是由新的或改良的产品、流程、服务和管理等组成的创新,它既能为客户和企业实现增值,也能显著降低对环境的不利影响(Hojnik and Ruzzier,2016)。中小制造企业是指在《国际标准行业分类》属于制造业,包括农副食品加工业,食品制造业,酒、饮料和精制茶制造业,烟草制品业,纺织业等31类细分行业,年均营业收入在300万元到40000万元之间的企业。中小制造企业在国民经济中具有重要地位,然而,中小制造企业是产品的生产者、原材料的消费者,同时也是污染的主要制造者,所以中小制造企业有义务改善环境,成为污染治理的主要实施者。目前,我国为数众多的中小制造企业存在环境污染问题,已经成为主要的污染来源(孟庆春等,2020)。因此,中小制造企业的绿色创新行为更是受到社会的关注。

中小制造企业绿色创新行为影响因素很多,在政府不断完善相关法律、制度和采取相关技术经济政策的背景下,中小制造企业的绿色创新行为现状如何?影响因素状态如何?存在哪些问题?怎样进一步解决这些问题?带着这些问题,课题组在浙江省进行了中小制造企业绿色创新行为调查。该调查研究可为中小制造企业绿色创新行为研究提供实证支持,也为相关政策制定提供指导,具有重要的理论和现实意义。

一、研究设计

本研究调查问卷的内容主要包括3个部分:第一部分是企业基本情况调查,包括被调查企业的名称、规模、类型和所属行业等;第二部分针对企业的绿色创新行为现状进行调查;第三部分对企业绿色创新中的障碍因素展开调查。问卷所采用的具体题项及来源见表8-1,其中共包含6个障碍因素。

所有问卷项目均采用李克特五级量表进行测量。

浙江省是"绿水青山就是金山银山"生态文明理念的发源地,地区绿色发展程度较高,具有代表性。由于中小制造企业具有能源消耗量大、排污量大、关联性强等特征,中小制造企业的发展对于整个社会能否实现节能减排具有重要影响。基于以上分析,在相关专家的建议下,本研究采用随机抽样的方法对浙江省内的中小制造企业进行了问卷调查。为了保证数据的质量,首先对小样本进行预调查,在对题项进行微调后,数据收集主要通过发送电子问卷、电话访谈、实地调查等方式进行,由企业环保部门负责人填写问卷。正式调查开始于2018年10月,结束于2019年6月,历时9个月,只向每家企业发放一份问卷,共发放了1000份问卷,回收有效问卷270份,有效回收率为27%。

对有效问卷样本情况进行统计,从企业规模来看,资产总值为300万元~2000万元(不含2000万元)的企业最多,占总样本的48.5%;300万元以下、2000万元~5000万元(不含5000万元)、5000万元~1亿元(不含1亿元)、1亿元~4亿元的企业分别有27家、54家、24家、34家,占有效样本总数百分比分别为10%、20%、9%、12.5%。从所属行业来看,纺织业的企业最多,占总样本的71.5%。样本总体符合当前中小制造企业的基本情况,具有代表性。

二、中小制造企业绿色创新现状

1. 组织机构

中小制造企业绿色发展首先体现在组织结构上是否有专门部门、专业人员开展企业的环保、资源节约及集约利用工作。调查发现,中小制造企业中有60.7%的企业有专门分管环境工作的部门,92.2%的企业中环保部门有较高的地位,80%的企业环保部门具有环保专业人员。由此可见,大多数资源型企业在管理上还是比较重视环保、资源的节约和集约利用的。但同时存在的问题也很明显,还有11.2%的企业没有专门环保管理机构,7.8%的企业环保部门在公司地位很低,20%的企业没有环保专业人员。从描述性统计量表来看(见表8-1),均值都小于4,第一项和最后一项的标准差都大于1,说明中小制造企业环保组织保障方面存在较大差异,且总体上还有待加强。

表 8-1　现状指标及题项的描述性统计情况

变量	评价指标说明	均值	标准差
组织保障	企业内部存在专门分管环境工作的部门或机构	3.18	1.34
	环境管理部门在企业组织结构中的地位很高	3.69	0.91
	企业环境管理部门具有环境保护专业人员	3.77	1.26
制度保障	企业具有专门的绿色创新制度	3.41	1.2
	企业内环境保护制度的执行力很强	3.51	0.99
	企业将环境保护纳入企业目标体系	3.9	0.9
环保意识	企业注重环境保护形象的塑造	3.5	1.01
	企业定期开展员工的环境意识、环境管理技能的培训	3.45	1.2
	企业员工能积极参加企业的环境管理实践活动	3.55	1.09
清洁生产相关	企业绿色工艺流程设计的科学性和合理性	3.9	0.9
	企业在制造过程中选择污染少的生产工艺	3.8	0.9
	企业在制造过程中引进节约能源的新技术	3.3	1.1
绿色技术创新投入及成果	企业积极准备绿色技术研发	4.1	1
	企业自有技术研发的绿色创新占比较高	3.9	1
	在同行业中,企业每年合作研发的绿色技术数量较多	3.66	0.87

2. 管理制度

中小制造企业的绿色创新需要相应的制度来规范和保障。调查发现,62.6%的中小制造企业目前具有专门的绿色创新制度。所有的样本企业均表示将环境保护纳入企业的目标体系。有0.4%的中小制造企业认为目前企业内环境保护制度的执行力较差,23.7%的中小制造企业认为目前企业内环境保护制度的执行力一般,75.9%的中小制造企业认为目前企业内环境保护制度的执行力较好。可见,大多数中小制造企业在环保制度建设、执行方面总体上还是比较好的,有少数企业仍需加强。从描述性统计量表来看,企业环保制度比较完善,但环保制度的建设和执行还有待提高。

3. 企业文化

中小制造企业的绿色发展需要落实到企业生产经营全过程,需要全员参与,因此,环保工作需要绿色企业文化支持。调查发现,注重企业环保形象的中小制造企业有88.8%,定期开展员工的环境意识、环境管理技能培训的有57.8%,员工能积极参加企业环境管理实践活动的有57.4%。可见,大多数中小制造企业注重绿色企业文化的培育,但企业在具体绿色实践中,没有切实开展环保工作。从描述性统计量表来看,中小制造企业在绿色意识上较强,主动将环保纳入企业的日常活动,注重企业环保形象,但是员工的绿色意识及相关技能有待提高。

4. 生产体系

生产体系的科学性、先进性是企业绿色发展的关键。调查发现,所有的中小制造企业都认为企业的绿色工艺流程设计科学且合理。16.3%的中小制造企业认为企业在制造过程中选择生产工艺的污染性一般,83.7%的中小制造企业认为企业在制造过程中选择生产工艺的污染性较少。0.4%的中小制造企业认为企业在制造过程中没有引进节约能源的新技术,13.3%的中小制造企业认为企业在制造过程中引进节约能源的新技术一般,86.3%的中小制造企业认为企业在制造过程中引进节约能源的新技术较好。可见,中小制造企业比较重视生产体系的绿色化,大多数企业在生产设计、供应商选择、生产流程优化、生产工艺选择等方面都积极开展相关工作,少数企业在这些方面仍需加强。从描述性统计量表来看,中小制造企业在设计、生产过程中比较注意资源节约和环境保护,与其他方面的行为比较,中小制造企业在生产体系绿色化上最为积极。

5. 技术创新

企业绿色发展往往受到技术瓶颈的制约,因此企业技术创新特别是绿色技术创新应该成为企业的基本活动之一。调查发现,10%的中小制造企业表示自身准备绿色技术研发的积极性一般,90%的中小制造企业表示自身积极地准备了绿色技术研发。7.78%的中小制造企业表示企业自有技术研发的绿色创新占比较低,29.3%的中小制造企业表示企业自有技术研发的绿色创新占比一般,62.92%的中小制造企业表示企业自有技术研发的绿色创新占比较高。在同行业中企业每年合作研发的绿色技术数量较多占93%。从描述性统计量表来看,中小制造企业在绿色技术创新的投入和产出明显不足,且企业之间差异较大。因此,中小制造企业绿色技术创新还需要在资金投入、交流合作、成果及应用等方面有大幅度提升。

三、中小制造企业绿色创新障碍因素

1. 中小制造企业绿色创新障碍因素的梳理

绿色创新强调在追求经济效益的同时最大程度地降低对环境的负面影响,对组织的生产经营活动提出了新的要求。已有学者基于不同视角对企业绿色创新中的障碍因素进行了研究,具体而言,如 Arundel 等(2009)讨论了绿色创新及其测量方法,确定了绿色创新的障碍主要包括经济障碍、技术障碍、与劳工有关的障碍、法规不完善、缺乏研究工作、缺乏市场需求、与管理和供应商有关的障碍;Del Rio 等(2010)阐述了促进绿色创新的政策特征和具体措施,并指出缺乏资金、技术能力低、缺乏利益相关者的压力、薄弱的立法是企业开展绿色创新过程中面临的关键障碍;Marin 等(2015)采用聚类分析法对欧盟 27 国中小制造企业进行了实证分析,确定了主要障碍为资金不足、知识障碍、不确定的回报、技术能力弱、市场障碍;Abdullah 等(2016)对马来西亚制造商实施绿色创新的障碍进行了广度上的研究,结果表明绿色创新每一维度的障碍各不相同,其中管理者开展绿色创新的意愿不足、外部资源不足、缺乏政府支持和客户需求不足等是绿色产品创新中的障碍,信息不足、缺乏有效的合作关系、缺乏客户需求以及商业利益的不确定性是绿色工艺创新中的障碍,而商业惯例、技术壁垒、缺乏政府支持以及缺乏资源是绿色系统创新中的障碍。

通过对现有文献进行梳理可以看出,目前学者们主要从经济、市场、制度和技术等方面探讨了企业开展绿色创新过程中面临的障碍因素,但研究对象多集中在发达国家的企业,针对发展中国家的研究较少,且对中小制造企业的关注不足。事实上,我国大多数中小制造企业往往面临资金、人才与技术等各方面的限制(任晓敏和陈岱云,2015),极度缺乏将技术创新和科技成果转化为经济效益的必要条件,因此,中小制造企业绿色创新中的障碍亟待解决。综合上述分析,本书在现有文献的基础上将我国中小制造企业绿色创新中的障碍因素划分为内部资源与能力障碍和外部资源获取障碍。前者是指中小制造企业内部出现的阻碍绿色创新实施的因素,包括管理及人力障碍、资金障碍和技术障碍;后者强调企业外部出现的阻碍绿色创新实施的因素,包括不良的外部合作关系、缺乏政府支持和市场障碍。从内外部全方面对中小制造企业开展绿色创新过程中面临的障碍进行系统梳理,有助于对主要障碍因素的识别。

2. 中小制造企业绿色创新障碍因素的实证检验

（1）信效度检验。信度分析用来评价测量量表的稳定性和可靠性，本研究采用克朗巴赫系数（Cronbach's α）、组合信度（CR）和潜变量的平均提取方差（AVE）来检测测量模型的信度。检测结果显示见表（8-2），所有变量的总量表和分量表的 Cronbach's α 均在 0.722 以上，大于基准值 0.7，各变量测度项的 AVE 都大于 0.5，各测量项的组合信度 CR 均在 0.8 以上，表明量表具有较好的内部一致性，信度良好。对于效度分析，本研究的题项大多数来源于成熟量表（详见表 8-3），保证了内容效度。统计检验结果表明，整体因素的 KMO 值为 0.837，Bartlett's 球形检验的显著性水平为 0.000，显示样本数据符合做因子分析的要求，且效度良好。样本企业绿色创新及障碍因素量表信度检验结果如表 8-2 所示。

表 8-2　样本企业绿色创新及障碍因素量表信度检验结果

项目	变量	指标数量	Cronbach's α	AVE	CR
企业内部资源与能力障碍	管理及人力障碍	4	0.789	0.575	0.843
	资金障碍	4	0.782	0.578	0.846
	技术障碍	4	0.782	0.582	0.848
企业外部资源获取障碍	不良的外部合作关系	4	0.886	0.709	0.967
	缺乏政府支持	4	0.803	0.586	0.849
	市场障碍	4	0.760	0.505	0.801

注：$N=270$。下同。

表 8-3　调查问卷指标说明及来源

变量	题项命名	测量题项	题项来源
内部资源与能力障碍	管理及人力障碍（GR）	企业员工绿色创新知识不足；企业缺乏用于绿色创新的人力资源；企业不愿向绿色实践转换；企业内部绿色创新激励机制不足	李晓翔和马竹君；Lin 和 Ho（李晓翔和马竹君，2018；Lin and Ho，2008）

续表

变量	题项命名	测量题项	题项来源
内部资源与能力障碍	资金障碍(ZJ)	绿色创新占用企业大量资金;从传统系统转到绿色系统的成本高;由于需求较少,绿色产品没有形成规模经济;绿色创新产生的生态效益不能转化为企业经济效益	Hottenrott 和 Peters;Savignac(Hottenrott and Peters,2012;Savignac,2008)
	技术障碍(JS)	绿色创新的技术能力不足;绿色创新技术具有不确定性;企业缺乏对绿色创新的研发投资	袁杰等(袁杰等,2013)
外部资源获取障碍	不良的外部合作关系(HZ)	寻找对绿色创新有共同利益的合作伙伴困难;合作伙伴不愿就绿色实践进行信息交流;缺乏对其他企业绿色创新做法的了解;同行企业间绿色创新人才流动不畅通	王志良和沈闻长;Dhull 和 Narwal(王志良和沈闻长,2018;Dhull and Narwal,2016)
	缺乏政府支持(ZF)	政府缺乏足够的绿色创新扶持手段;在制定绿色技术标准时,政府对中小制造企业存在歧视;政府缺乏针对中小制造企业绿色创新的培训;政府制定的绿色技术标准不适合	Brammer 等;Runhaar 等(Brammer et al.,2012;Runhaar et al.,2008)
	市场障碍(SC)	绿色产品的市场竞争状况难以预测;顾客对绿色产品的忠诚度变化很快;企业无法从市场获取资源以生产绿色产品;顾客对绿色产品的反应不强烈	Ociepa 和 Pachura;李钰婷等(Ociepa and Pachura,2017;李钰婷等,2016)

(2)相关分析。如表 8-4 所示,相关分析结果显示,管理及人力障碍、资金障碍、技术障碍与中小制造企业绿色创新行为显著负相关,不良的外部合作关系、缺乏政府支持、市场障碍与中小制造企业绿色创新行为显著负相

关。另外，各变量 AVE 值的平方根（见表 8-4 中粗体部分）均大于变量自身与其他变量间的相关系数，说明样本有良好的区分效度。

表 8-4 变量的均值、标准差和相关系数矩阵

变量	GR	ZJ	JS	HZ	ZF	SC
GR	**0.575**					
ZJ	0.162**	**0.578**				
JS	0.108	0.032	**0.582**			
HZ	0.209**	0.128*	0.179**	**0.709**		
ZF	0.214**	0.018	0.079	0.154*	**0.586**	
SC	0.273**	0.162**	0.141*	0.179**	0.343**	**0.505**
均值	1.637	1.570	1.641	1.829	1.669	1.512
标准差	0.425	0.480	0.499	0.610	0.512	0.411

注：**、* 分别为 $p<0.010$、$p<0.050$，下同；对角线上的数据为 AVE 值的平方根。

（3）障碍因素的多元回归分析。相关分析只表明两个变量之间的相关程度，而不能确定变量之间的因果关系，因此本研究采用多元回归分析探讨样本企业绿色创新中的主要障碍因素，运用 SPSS 24.0 软件构建多元回归模型。在进行回归分析时，采用逐步多元回归方法，以企业绿色创新作为因变量，以 6 个障碍因素作为自变量依次导入回归模型中，然后通过对各个模型进行 F 检验，选出最能解释因变量与自变量之间关系的模型进行分析。如表 8-5 所示，模型 1 的预测变量为管理及人力障碍，模型 2 在模型 1 的基础上引入了资金障碍，模型 3 在模型 2 的基础上引入技术障碍，模型 4 在模型 3 的基础上引入不良的外部合作关系，模型 5 在模型 4 的基础上引入缺乏政府支持，模型 6 在模型 5 的基础上引入市场障碍。结果表明，拟合优度最高的模型为模型 6，满足回归分析要求。

表 8-5 样本企业绿色创新障碍因素多元回归分析结果

模型	R	R^2	调整后的 R^2	F	显著性
1	0.306	0.093	0.090	27.589	0.000
2	0.342	0.117	0.110	17.650	0.000
3	0.426	0.181	0.172	19.611	0.000

续表

模型	R	R^2	调整后的 R^2	F	显著性
4	0.450	0.203	0.191	16.836	0.000
5	0.491	0.241	0.226	16.743	0.000
6	0.516	0.266	0.249	15.869	0.000

在此基础上进行 T 检验,如表 8-6 所示,各自变量的 VIF 值均在 1.5 以下,表明回归方程不存在严重的多重共线性问题。在内部资源与能力障碍中,技术障碍对企业绿色创新行为的影响最大($b=-0.852, p<0.001$),其次是资金障碍和管理及人力障碍。究其原因,技术是中小制造企业绿色创新产出的主要推动力,技术对于企业创新资源的高效使用和改进生产方法、生产工艺等有显著的促进作用,技术水平直接决定着企业的盈利能力和在市场竞争中的地位(杨朝均等,2020);在外部资源获取障碍中,市场障碍对企业绿色创新行为的影响最大($b=-0.241, p<0.05$),其次是缺乏政府支持和不良的外部合作关系。究其原因,中小制造企业是以盈利为目的的经济实体,其绿色创新成果只有符合市场需求、顺应市场导向,企业才能得以发展(杨朝均等,2018)。

表 8-6　样本企业绿色创新障碍因素检验结果

自变量	非标准化系数 B	非标准化系数 标准误差	标准系数 Beta	t	显著性	VIF
GR	−0.210	0.075	−0.158	−2.798	0.006	1.146
ZJ	−0.143	0.064	−0.122	−2.249	0.025	1.055
JS	−0.236	0.061	−0.209	−3.853	0.000	1.049
HZ	−0.110	0.051	−0.118	−2.133	0.034	1.102
ZF	−0.166	0.063	−0.151	−2.644	0.009	1.166
SC	−0.241	0.080	−0.176	−2.995	0.003	1.232
常量	5.704	0.189		30.120	0.000	

四、研究结论

本研究以浙江省的270家中小制造企业为研究对象,采用逐步多元回归的方法进行了实证研究,主要结论如下。

(1)总体而言,中小制造企业有一定的绿色意识,比较重视生产过程控制、管理制度的规范,但还存在一些问题,在实际的绿色创新实践过程中遇到了企业内外部的障碍。

(2)企业内部资源与能力障碍中的技术障碍对绿色创新的影响最大,是企业绿色创新的主要内部障碍,其次是资金障碍和管理及人力障碍,说明绿色创新的产生依赖较高的研发强度和知识流动,丰富的技术资源对于中小制造企业开展绿色创新是不可或缺的。

(3)企业的外部资源获取障碍中的市场障碍对绿色创新的影响最大,是企业绿色创新的主要外部障碍,其次是缺乏政府支持和不良的外部合作关系,说明中小制造企业开展绿色创新的主要驱动力是经济利益,相比于达到某些硬性技术指标,企业更关心的是绿色产品能否获得顾客的认可,以及绿色产品的市场前景等信息。

第二节 中小制造企业绿色创新支持现状

一、中小制造企业绿色创新知识支持体系现状

创新的本质就是知识的产生,而知识的应用过程则会产生知识溢出。知识溢出过程是一种"学习"活动,通过有目的地、主动地学习获得知识的应用或是将学习到的知识与现有知识相融合开发出新知识的活动。相比于传统创新,绿色创新需要更多样化的知识资源,尤其是来自其他企业的知识溢出。在知识经济时代,知识已成为推动中小制造业绿色创新系统运行的重要资源和要素之一。绿色创新支持系统的运行被越来越多地理解为有关清洁生产、循环制造、末端处理工艺等新知识在系统内的产生、应用和扩散的过程。因此知识溢出是绿色创新产生效应并推动创新系统运行的重要链

条,中小制造企业绿色创新系统研究的"系统范式"也必将高度关注知识在创新系统中各个创新机构和要素之间的流动。例如,长三角生态绿色一体化发展示范区执行委员会 2020 年发布的《长三角生态绿色一体化示范区产业发展指导目录(2020 年版)》和《长三角生态绿色一体化发展示范区先行启动区产业项目准入标准》中强调,要重点放大优秀企业的知识溢出效应和带动效应,加快实现绿色协同发展。又如,前西门子 CEO 罗旭德曾表示,绿色创新与绿色技术是送给未来的礼物,需要持续加强对外部知识的学习和业务组合,确保通过绿色创新保证公司未来发展。另外,在绿色专利申请中也会引用其他专利,例如绿色专利 A(申请号:CN202011461413)共引用了 8 项专利,其中非相关环境技术有 3 项。

知识产权在推动绿色发展和激励气候友好技术创新的过程中发挥着重要的作用。简言之,知识产权是吸引政府和企业在研发领域进行投资进而开发和部署科学技术以应对气候变化的关键。科学技术的开发和有效利用要求一个具有国家标准和国际标准的市场,以及相应的监管,经济和社会体制支撑的整体架构,而知识产权的保护既是构建这样整体架构中的重点,也是技术发展和转让的前提。现行的知识产权系统构架具有一定的系统性和动态性。它建立在对教育、研发进行公共和私人投资的基础上。它依赖于对知识产权法的实施,能实现技术转让和协作的不同的稳健创新基础设施以及公开专利信息。从对气候友好技术的影响来看,现有的知识产权制度构架基本上可支持气候友好技术创新。气候变化的相关讨论并没有为改变知识产权制度的根本架构提供充足理由。

现行的《中华人民共和国专利法》自 1984 年颁布以来,分别于 1992 年、2000 年和 2008 年进行了三次修订,第四次修订草案已被列入《国务院 2017 年立法工作计划》,但没有涉及绿色技术或绿色专利领域。在《中华人民共和国专利实施细则》《专利实施强制许可办法》等相关配套法规中也缺乏绿色专利的相关内容。2017 年 6 月,国家知识产权局发布了《专利优先审查管理办法》,明确"涉及节能环保、新一代信息技术、生物、高端装备制造、新能源、新材料、新能源汽车、智能制造等国家重点发展产业"的专利申请可以请求优先审查。不可否认,该办法的实施标志着中国在 2012 年的《发明专利申请优先审查管理办法》的基础上又迈出了重要一步。但是,"十二五"期间中国节能环保产业专利申请高达 448592 件,如果每件专利申请都采用优先审查程序,会导致审查过程混乱,有必要对审查标准进行细分,明确绿色专利的领域和范围。

英国知识产权局于2009年5月建立了"绿色快审通道",成为全球首家针对绿色发明引进专利加速程序的机构。同年7月,韩国知识产权局也通过加速审查程序为申请者开绿灯,审查速度比以前快了1.5~3倍。同年9月,澳大利亚知识产权局将绿色专利申请的平均审查周期缩短到4至8周。同年11月,日本制定专门的《绿色专利问题指南》,指出了具体做法:首先由专利申请人为其气候友好技术提出要求快审申请,其次由气候友好技术专项审查员审查,只要经审查满足气候友好技术要求的都可以进入快速审查通道,一旦许可快速审查申请,自提出申请之日起三个月内可公布快速审查报告。但是如若经审查不属于气候友好技术,则首席审查员会通知申请人,驳回快速审查程序申请并向其说明理由,建议进入普通审查通道。申请人有异议的,应以书面异议回执的形式回馈给专利局。首席审查员的驳回通知和申请人的异议书都将一并进入专利申请的档案,并予以公告。欧洲专利局为所有技术领域的专利申请提供了一个类似的加速方案。申请人能免费选择检索(检索报告)和/或审查的加速程序。绿色发明专利快速审查程序的建立,大大缩短了绿色专利申请审查周期,推动了绿色产业的发展进程,并明确了此类发明的专利性和保护范围。绿色发明者或专利申请人以及他们的竞争对手和普通民众都能从中获益。

相比于国外政策,中国绿色专利快速审查制度有一系列问题。就中国目前的情况来看,《专利优先审查管理办法》适用对象主要是生态环保及高新技术领域,具体明确了快速审查的适用对象和具体程序要求,是中国绿色专利快速审查制度建立的标志,也是中国绿色专利制度建设迈出的重要一步。然而,《专利优先审查管理办法》属于部门规章,针对"绿色专利制度"的规定篇幅较少并且不够全面。目前并没有在专利法和环境法之间建立绿色专利快速审查的对话机制。虽有一定条款涉及绿色技术的推广和使用,但是并未明确提及绿色专利技术的相关规定,没有体现尊重和保护发明创造人利益的功能,导致侵权成本低,惩罚力度小,不利于调动绿色专利创造者的积极性。这种制度之间的不衔接极大制约了中国绿色专利快速审查制度本身的实施效果,与中国的绿色发展理念初衷严重不符,对绿色改造的目的形成破坏。此外,《专利优先审查管理办法》适用程序过于笼统、冗长,耗时过多。具体由国家知识产权局的哪个部门、哪个审查员进行审查并无规定,究竟是交由独立于发明专利初步审查部门和实质审查部门及其审查员之外的机构和人员进行审查,还是根据优先审查请求提起的相应阶段由进行发明专利申请的初步审查部门及其审查员进行审查,语焉不详。最后,绿色专利审查信息平台构架不够完善,在具体的绿色专利申请审查过程中,该专利是否属于"绿色专利",是否和现有技术类似,单靠审查员的审查是低效和不科学的。专利审查员的职业素养直接关系着专利的质量,中国审查绿色专利技术的人员专业还未引入专业领域的相关人士,因此,实践中会存在好技术不被采纳的情况。

二、中小制造企业绿色创新资金支持体系现状

绿色创新需要依靠健全的金融支持体系,以满足绿色技术创新活动的融资需求。在市场机制的基础上,创新主体与金融机构之间应建立起公平的利益分配机制,使创新主体能够在金融业的支持下创造市场价值,而金融机构也能够从创新主体的创新收益中获得相应的分配。推进绿色技术创新的关键路径是营造有利于绿色技术创新的市场机制,从而凸显绿色技术市场价值和竞争优势,引导金融机构和投资者主动寻求具有潜在市场价值的绿色创新项目并提供融资便利或资金注入,绿色创新项目的市场价值也会给创新主体、金融机构和投资者带来相应的回报。

如今,我国已初步建立绿色金融体系,《关于构建绿色金融体系的指导意见》明确了绿色金融包括绿色信贷、绿色债券、绿色股票指数和相关产品、绿色发展基金、绿色保险、碳金融等。在实践中,我国的绿色金融体系在促进绿色发展和绿色技术创新方面起到了关键作用,并取得了显著成绩。

2016年,中国人民银行联合六部门发布《关于构建绿色金融体系的指导意见》,全面阐述了中国政府关于发展绿色金融的政策框架,为中国推动绿色技术创新、实现绿色转型提供了金融方面的政策保障。2019年,《关于构建市场导向的绿色技术创新体系的指导意见》(下称《意见》)第十六条提出加强对绿色技术创新的金融支持,阐述了在银行信贷、绿色基金投资、资本市场建设、海外融资、开发保险产品、政府激励政策等方面的指导意见。《意见》鼓励金融机构积极投身绿色金融服务,不断创新绿色金融产品,有利于撬动更多的社会资本流向绿色技术和绿色产业。2021年4月,中国人民银行等三部门联合发布《绿色债券支持项目目录(2021年版)》,形成了国内统一且与国际接轨的绿色债券标准。2021年5月27日,中国人民银行发布了《银行业金融机构绿色金融评价方案》。根据该方案,央行将每季度对大型

国有银行开展绿色金融的情况进行定量定性考核,这将实质性地推动银行业向绿色方向倾斜,促进绿色金融体系建设。为了推进绿色金融实践,我国已经在六省(自治区)九地区开展绿色金融试点工作。截至 2020 年底,上述试验区范围内的绿色贷款余额为 2368.3 亿元,占总贷款余额的 15.1%。绿色债券余额为 1350.5 亿元。绿色金融试点的示范带动作用也逐步显现。

1. 绿色信贷

绿色信贷是我国绿色金融发展中起步最早、发展最快、政策体系最为成熟的产品。我国政府从政策入手,通过出台多项政策,激发商业银行推动绿色信贷的发展,加速中国绿色信贷规模扩大及多元化发展(详见表 8-7)。2007 年 7 月,中国人民银行等三部门联合发布了《关于落实环保政策法规防范信贷风险的意见》(下称《意见》),强调利用信贷手段保护环境的重要意义,要求加强信贷管理工作和环保的协调配合、强化环境监管管理等。这一政策的发布,标志着绿色信贷作为经济手段全面进入我国污染减排的主战场。随后,国家不断出台政策,要求大力发展绿色信贷,对重点行业和领域进行绿色化转型升级。经过多年的发展和探索,我国绿色信贷标准逐渐完善,在监管体系方面也已经形成了顶层设计、统计分类制度、考核评价体系和激励机制的政策框架。《绿色信贷指引》是我国探索绿色信贷统计制度和考评评价的纲领性文件,对金融机构发展绿色信贷起到了有效的规范性和指导性作用。为进一步推进该文件的落地,银监会于 2014 年发布了《绿色信贷实施情况关键评价指标》,为后续绿色银行评级提供了依据和基础。2017—2018 年中国银行业协会和央行先后出台《中国银行业绿色银行评价实施方案(试行)》《关于开展银行业存款类金融机构绿色信贷业绩评价的通知》,从定量和定性两个维度要求各银行开展绿色信贷自我评估。该项工作制度执行严格,各家银行在进行自评价时均需要提供详细的证据和证明文件,同时银监会组成绿色信贷评价小组进行核查和抽查。值得注意的是,央行在 2021 年 6 月发布了《银行业金融机构绿色金融评价方案》(简称《评价方案》),在《关于开展银行业存款类金融机构绿色信贷业绩评价的通知》的基础上,进一步扩大了绿色金融考核业务范围,将绿色债券和绿色信贷同时纳入定量考核指标,定性指标中更加注重考核机构绿色金融制度建设及实施情况。

表 8-7　绿色信贷评价体系发展对比

时间	发文单位	文件	主要内容
2007年7月	环保总局、央行、银监会	《关于落实环保政策法规防范信贷风险的意见》	要求加强信贷管理工作和环保的协调配合、强化环境监管管理等
2012年2月	银监会	《绿色信贷指引》	在总结前期实践的基础上，进一步丰富完善绿色信贷相关规定，从组织管理、政策制度及能力建设、流程管理、内控管理与信息披露、监督检查等方面细化了绿色信贷的管理体系
2013年7月	银监会	《绿色信贷统计制度》	对绿色信贷相关统计领域进行了明确划分，要求银行机构对涉及环境、安全等重大风险企业贷款和节能环保项目及服务贷款。对年度节能减排能力进行统计
2014年6月	银监会	《绿色信贷实施情况关键评价指标》	是绿色信贷考评的关键性文件，是绿色银行评级的依据和基础
2017年12月	中国银行业协会	《中国银行业绿色银行评价实施方案（试行）》	开展绿色银行评价工作。同年，中国人民银行将银行机构绿色信贷业绩表现纳入宏观审慎评估（MPA）
2018年7月	央行	《关于开展银行业存款类金融机构绿色信贷业绩评价的通知》	将绿色信贷业绩评价指标设置定量和定性两类，定量指标权重为80%，包括绿色贷款余额占比、绿色贷款余额份额占比、绿色贷款增量占比、绿色贷款余额同比增速、绿色贷款不良率5项。定性指标权重为20%，得分由央行综合考虑银行业存款类金融机构日常经营情况并参考定性指标体系确定

续表

时间	发文单位	文件	主要内容
2019年12月	银保监会	《关于推动银行业和保险业高质量发展的指导意见》	要求金融机构建立健全环境与社会风险管理体系,将环境、社会治理要求纳入授信全流程,强化环境、社会、治理信息披露和与利益相关者的交流互动等方面来大力发展绿色金融
2020年12月	财政部	《商业银行绩效评价办法》	将绿色信贷占比纳入服务国家发展目标和实体经济的考核条件
2021年5月	央行	《银行业金融机构绿色金融评价方案》	对《关于开展银行业存款类金融机构绿色信贷业绩评价的通知》进行修订,将绿色贷款升级为绿色金融

2. 绿色债券

绿色债券指募集资金专门用于支持符合规定条件的绿色产业、绿色项目或绿色经济活动,依照法定程序发行并按约定还本付息的有价证券。2021年,我国绿色债券市场持续快速发展,与此同时,绿色债券顶层设计相关政策持续完善,绿色债券的规范类文件持续出台,各地方政府也积极出台了一系列支持地方绿色发展的配套政策。

我国持续出台了一系列的绿色债券规范类文件。2021年3月,交易商协会印发《明确碳中和债相关机制的通知》,进一步推动了绿色债券市场碳中和债的标准化进程。同年5月,经中央全面深化改革委员会第十七次会议审议,生态环境部印发《环境信息依法披露制度改革方案》,明确2025年基本形成强制性环境信息披露制度的目标,建议将强制性环境披露要求纳入绿色产品和绿色制造评估体系。同年9月,绿色债券标准委员会发布《绿色债券评估认证机构市场化评议操作细则(试行)》《绿色债券评估认证机构市场化评议标准》和《绿色债券评估认证机构市场化评议材料清单》等配套文件,界定了市场化评议申请步骤、市场化评议内容及评议结果运用等内容,明确了评估认证机构开展绿色债券评估认证业务需满足的条件,进一步规范了绿色债券评估认证行业。2022年7月29日,《中国绿色债券原则》明确了四大核心要素：一是募集资金用途。绿色债券的募集资金需100%用于符合规定条件的绿色产业、绿色经济活动等相关的绿色项目，应直接用于绿色项目的建设、运营、收购、补充项目配套营运资金或偿还绿色项目的有息债务。二是项目评估与遴选。发行人应明确绿色项目具体信息，若暂无具体募投项目的，应明确评估与遴选流程，并在相关文件中进行披露。三是募集资金管理。发行人应开立募集资金监管账户或建立专项台账，对绿色债券募集资金到账、拨付及收回实施管理，确保募集资金严格按照发行文件中约定的用途使用，做到全流程可追踪。四是存续期信息披露。绿色债券在存续期应持续做好信息披露工作，规范了每年定期报告或专项报告、半年或季度报告、第三方评估认证机构出具的存续期评估认证报告的披露内容。

此外，绿色债券的顶层设计持续完善，国内外绿色标准逐步接轨。2021年7月1日，由中国人民银行、国家发展改革委、证监会联合发布的《绿色债券支持项目目录（2021年版）》正式实施。文件明确了绿色债券定义，进一步明确了详细的支持目录，为我国绿色债券市场发展提供了稳定框架和灵活空间，实现了与欧盟标准更进一步的接轨。文件采纳国际通行的"无重大损害"原则，对绿色债券界定标准问题进行了进一步明确和细化，如对煤炭等化石能源清洁利用等项目不再纳入支持范围，并增加了绿色农业、绿色建筑、可持续建筑、水资源节约和非常规水资源利用等新时期国家重点发展的绿色产业领域类别，与当前国家产业政策及转型导向更趋一致。

3. 绿色基金

绿色基金是指专门针对节能减排战略，低碳经济发展，环境优化改造项目而建立的专项投资基金，其目的在于通过资本投入促进节能减排事业发展。尽管起步较晚，我国正逐渐成为世界上绿色基金发展最快的国家。2002年，我国国内第一只致力于清洁技术投资的海外系列风险投资基金——中国环境基金成立；2011年首只绿色证券类投资基金——"兴全绿色投资股票型证券投资基金"发行；中国节能环保集团公司联合银行、保险公司、工商企业等设立的绿色基金已超过50亿元人民币。2016年《中共中央关于制定国民经济和社会发展第十三个五年规划的建议》中明确提出"设立绿色发展基金"，同年8月财政部等七部门联合印发《关于构建绿色金融体系的指导意见》中，指出"支持设立各类绿色发展基金，实行市场化运作"。根据中国证券投资基金业协会调查数据，62.25%的私募证券投资基金管理人认同ESG投资理念;2016年备案的节能环保等绿色方向的私募基金有121只,较2012年增长82.6%;2017年,中国ESG社会责任投资基金共106只,大约22%的中国机构投资节能环保等绿色产业/项目。2020年7月,由财政部、生态环境部、上海市共同发起设立国家绿色发展基金,首期募资规模为885亿元。作为国家级投资基金,国家绿色发展基金将在推动绿色发展和绿色技术创新过程中起到引领作用,通过面向市场需求,引导民间资本投向绿色领域、支持绿色技术创新。此外,地方绿色发展基金、PPP绿色基金、绿色PE/VC基金等也纷纷出炉。截至2020年底,在中国证券投资基金业协会备案的绿色基金数量已达850家。中国绿色基金发展呈现以下特点。

一是各级政府纷纷成立绿色基金,在美国和西欧,绿色基金的发行主体主要为非政府组织和机构投资者,日本则是以企业为主,在我国,各级政府以多种方式推动绿色基金发展,目前山东、内蒙古、宁夏、安徽等17个省(区、市)成立了省级绿色发展基金或投资引导基金,云南普洱市、陕西西安市、安徽新安江市等地级市也成立市级绿色产业基金,政府作为绿色基金的发行主体,可以降低投资者对于绿色项目的风险厌恶,引导民间资本跟进。

二是绿色股权投资比例较高。截至2016年底,在中国证券投资基金业协会备案的265只绿色基金中,股权投资基金数量超过60%,创投类和证券类基金占比分别为12.5%和10.6%。不难理解,新的绿色项目首先面临的问题是股权融资,取得资本金之后才能进一步开展债务融资。未来,中国将发展多类型绿色基金,促进环保和经济社会的可持续发展。

三是绿色基金投资前景广阔。据统计测算,"十三五"期间,我国在可持续能源、环境基础设施建设、环境修复、工业污染治理、能源与资源节约等五大领域的绿色融资需求为14.6万亿元~30万亿元人民币,绿色基金资金来源广泛,投资对象多样,随着经济社会发展对绿色产业市场的需求持续加强,绿色基金发展土壤将愈加丰厚。

基于以上分析,目前我国的绿色信贷、绿色债券和绿色基金已取得了一定的成绩,但仍存在一些问题。

首先,绿色创新投资回报期长,风险因素多。绿色创新的自身特点决定了初始投资规模大,后期回报周期长,从而带来更多的风险因素和干扰因素。在建设期,有自然灾害发生、地质环境变化、规划设计调整、产业政策变更带来的项目建设时间延长或建设停滞的风险;在投产期,有市场不及预期

(建设期过长的市场变化)、设备损毁(天灾人祸)、补贴调整和滑坡(例如可再生能源基金)和技术进步带来的效率淘汰(新兴战略产业)等风险。金融机构是经营风险的,尤其是以银行为代表的存款类金融机构更是风险敏感型资金融出机构,本金安全始终是第一位的。对风险的态度和判断的差异,成为绿色创新投资和金融机构支持两者之间缺乏互相合作的现实问题,也是核心问题。

其次,金融支持绿色创新发展缺乏鼓励性环境。在当前的金融机构监管政策上,主要方向是加强对中小微企业和涉农主体的信贷投放,并进行考核。截至目前,市场上还没有形成统一的关于支持绿色创新发展的监管考核机制。第一,从宏观层面看,就是对绿色创新发展的政策支持力度不够,政策落地效果不理想,导致金融机构缺乏在支持创新选择上进行切换的动力。第二,绿色金融相关人才培养体系较弱,专业的支持绿色创新发展的金融机构需要配备专业的熟悉创新知识的人才,以满足对绿色创新的精准识别、对未来风险的科学研判和对融资产品的有效创新。当前,人才已经成为制约绿色金融发展的一大因素。同时,金融支持绿色创新发展激励措施欠缺,诸如碳排放权、绿色电力证书等权益交易市场推进缓慢,碳金融等金融服务相对滞后,金融和绿色创新发展间缺乏创新产品的载体。在现有的金融环境中,金融机构更趋于传统和保守,偏好在熟悉的行业开展业务。

最后,绿色创新企业和金融机构信息共享渠道不足。从"十一五"到"十三五"期间,绿色创新发展从无到有,从小到大,产生了一大批优秀的绿色企业,包括:传统高能耗企业的节能降耗样板公司江苏沙钢、宝武马钢;可再生能源公司隆基股份、协鑫新能源;新能源汽车企业比亚迪、蔚来汽车;污水处理企业中铁水务、首创水务等。总体来看,绿色企业数量不断增多,发展和转型势头逐渐增强,同期的金融发展速度和体量也在不断增强,但两者之间缺乏相应的信息共享渠道。金融机构在业务开展中难以发现和识别市场中的绿色创新企业。因此,导致金融机构发掘绿色企业、服务绿色企业成本较高,选择和识别难度较大,或者陷入已经服务了涉绿企业却无法正确归类到绿色金融的困境。

三、中小制造企业绿色创新市场支持体系现状

2019年1月,国家发展改革委、科技部联合印发了《关于构建市场导向

的绿色技术创新体系的指导意见》(下称《意见》)。《意见》强调,强化企业的主体地位,提升企业在绿色技术创新中的作用,激发各类创新主体活力,增强市场在配置资源和连接创新各环节中的功能;推动绿色技术创新成果转移转化的市场化,完善激励和风险防范机制,提高市场在绿色技术成果转化中的作用;优化绿色技术创新的市场环境,通过加强知识产权保护,规范市场行为,强化金融等服务支撑,为绿色技术创新营造良好的市场环境。《意见》预计,到2022年,基本建成市场导向的绿色技术创新体系。企业绿色技术创新主体地位得到强化,出现一批龙头骨干企业,"产学研金介"深度融合、协同高效;绿色技术创新引导机制更加完善,绿色技术市场繁荣,人才、资金、知识等各类要素资源向绿色技术创新领域有效集聚,高效利用,要素价值得到充分体现;绿色技术创新综合示范区、绿色技术工程研究中心、创新中心等形成系统布局,高效运行,创新成果不断涌现并充分转化应用;绿色创新的法治、政策、融资环境充分优化,国际合作务实深入,创新基础能力显著增强。

1. 政府绿色采购

"通过政府采购促进中小企业发展、拉动经济增长,已成为支持国家宏观调控目标实现的有效手段。"中国财政科学研究院研究员王泽彩表示,越来越多中小企业正参与到政府采购活动中来。2020年全国政府采购授予中小微企业合同金额为27918亿元,占全国政府采购规模的75.5%;授予小微企业合同金额为14046.4亿元,占授予中小微企业合同金额的50.3%。我国坚持走绿色低碳发展之路,将力争在2030年前实现碳达峰、2060年前实现碳中和。近年来,政府采购"工具箱"不断创新,支持绿色发展。政府绿色采购是在政府采购中着意选择那些符合环境标准的产品和服务。与发达国家相比,我国的政府绿色采购制度起步较晚,但进展较快。2004年,财政部、国家发改委出台了《节能产品政府采购实施意见》,这是我国第一个政府采购促进节能与环保的具体政策,标志着我国绿色采购制度的启动。此后,财政部、环保总局于2006年出台了《关于环境标志产品政府采购实施的意见》。2007年,国务院办公厅印发了《关于建立政府强制采购节能产品制度的通知》。此后,我国形成了以节能环保产品政府采购清单为基础的强制采购和优先采购制度,先后公布了22期环境标志产品政府采购清单和24期节能产品政府采购清单,初步建立了绿色采购制度框架,并取得积极成效。2017

年,全国强制和优先采购节能产品规模为1733亿元,占同类产品采购规模的92.1%。2020年10月份,财政部、住房和城乡建设部联合发布《关于政府采购支持绿色建材促进建筑品质提升试点工作的通知》,选择一批绿色发展基础较好的城市,在政府采购工程中探索支持绿色建筑和绿色建材推广应用的有效模式,形成可复制、可推广的经验。南京、青岛、杭州、绍兴、湖州、佛山6地作为首批试点城市,近年来多措并举、稳妥推进,综合运用政府采购政策支持绿色建材应用,促进建筑品质提升,取得了积极成效。2021年2月,国务院发布《关于加快建立健全绿色低碳循环发展经济体系的指导意见》中指出,要加大政府绿色采购力度,扩大绿色产品采购范围,逐步将绿色采购制度扩展至国有企业。加强对企业和居民采购绿色产品的引导,鼓励地方采取补贴、积分奖励等方式促进绿色消费。

2. 绿色供应链

"十三五"期间,中国绿色制造从理念推广、前期研究和政策制定正式走向工程实施。绿色供应链将环境保护、资源节约和健康安全理念贯穿于企业从产品设计到原材料采购、生产、运输、储存、销售、使用和报废处理的全过程,是绿色制造的重要内容和核心环节。为了支撑工业和信息化部节能与综合利用司绿色制造工程的实施,全国绿色制造技术标准化技术委员会2017年完成我国首项绿色供应链管理国家标准GB/T 33635-2017《绿色制造 制造企业绿色供应链管理导则》的研究制定工作。绿色供应链是一项系统工程,涉及的主体多,范围广,政策性强,企业构建绿色供应链管理体系难度大,2017年在绿色供应链管理导则国家标准的原则和框架下,2018年绿色制造标委会组织工信部电子五所、上海交通大学等多家单位,针对制造企业绿色供应链管理关键环节和重点工作开展了五项绿色供应链管理国家标准的研究制定工作,其中四项标准于2020年9月正式发布。GB/T 33635-2017绿色供应链管理导则国家标准明确了制造企业绿色供应链管理范围、产品生命周期全过程(设计、生产、采购、回收利用、废弃物无害化处置等)、全产业链(供应商、生产企业、消费者、回收利用企业等)及全要素(资源、环境、健康安全)的绿色管理、环境信息管理及相关文件等基本要求。GB/T 39259-2020物料清单要求标准规定了制造企业绿色供应链管理物料清单总体要求、范围、绿色属性识别与核查、重点管控物料清单及管理要求;GB/T 39258-2020采购控制标准规定了制造企业绿色供应链管理采购控制的目的、范围、总体要求和具体控制要求等；GB/T 39256-2020 信息化管理平台规范标准规定了制造企业绿色供应链信息化管理平台的目的、范围、基本要求、总体架构、功能要求、和运行要求；GB/T 39257-2020 评价规范标准规定了制造企业绿色供应链管理评价的目的和范围、企业基本要求、评价原则及要求、评价流程及评价报告要求。绿色供应链管理国家标准发布实施有利于制造企业全面构建绿色供应链管理体系、激发制造企业绿色发展的主动性、中国制造产业链全面绿色化升级。

由于绝大多数企业对绿色供应链管理还较为陌生，不知是什么，更不知如何去做，参与热情普遍不高。因此，有必要通过试点项目进行引导和推动。通过对试点绿色供应链进行分析发现，还存在以下问题：首先，在绿色供应链管理试点中，核心企业对上游的管理多是环保合规，虽然可以带动上游企业绿色绩效提升，但是多停留在污染物减排上，而对于节能、减碳等其他方面绿色绩效的带动还远远不够，其打造的绿色供应链充其量是一条环保合规的供应链。此外，最为理想的绿色供应链管理状态是"核心企业提出的绿色要求可以影响到供应链上的所有企业，而且各级供应商都愿意配合核心企业去改进环境绩效，整个供应链的绿色化水平持续提升"。然而实践却很难做到，绝大多数试点企业仅关注与其有直接业务联系的一级供应商，而且是部分核心的一级供应商，很少将绿色管理要求传递至二级、三级等业务联系相对间接的供应商，尚未实现对供应链上各级供应商管理的全覆盖。最后，在绿色供应链管理试点中，一个不容回避的问题：绝大多数核心企业所提的绿色管理要求主要是环保合规，绿色管理的对象仅仅是部分一级供应商。因此，企业打造的绿色供应链往往只能管理到个别供应商的部分绿色表现，既难以充分发挥核心企业对整个供应链的带动作用，又难以深度挖掘整个供应链的绿色发展潜力，还难以持续带动整个供应链绿色发展水平的提升，属于一条"浅绿"的供应链。

3. 绿色市场需求

一个完整的市场中，企业基于市场需求选择某种生产技术提供有利可图的产品，消费者基于偏好综合考虑价格与质量产生了某种商品的需求。市场机制下，企业与消费者的决策选择会导致需求侧与供给侧发生波动，从而影响绿色技术创新扩散效率。然而，目前我国公众绿色消费需求拉动不足。社会公众对于绿色技术创新的推广有利于其在社会系统中的扩散，但当公众对绿色创新产品的认知度较低时,会降低绿色技术创新的研发与扩散效率。当前,中国公众的绿色生态意识不断增强,对环境要求也越来越高,但消费层面仍停留于高碳生活模式,很少主动购买绿色产品。当前,中国既没有推动绿色消费的基本法,也缺乏相关实施细则,缺乏违反绿色消费的法律责任规定。消费者协会对绿色产品的宣传力度和深度不够,这些都限制了公众绿色消费需求的提高。2021年2月,国务院发布《关于加快建立健全绿色低碳循环发展经济体系的指导意见》中指出,各类新闻媒体要讲好我国绿色低碳循环发展故事,大力宣传取得的显著成就,积极宣扬先进典型,适时曝光破坏生态、污染环境、严重浪费资源和违规乱上高污染、高耗能项目等方面的负面典型,为绿色低碳循环发展营造良好氛围。

四、中小制造企业绿色创新协同支持协调机制现状

绿色技术创新可分为知识创新阶段、共性技术创新阶段和专有技术创新阶段。绿色技术创新的产学研金介协同,在不同创新阶段需要不同的主体参与协同过程,也需要配置不同的创新要素,以此实现主体协同、要素协同和阶段协同的统一。同时,产学研金介协同也具有多重优势。一是绿色技术创新产学研金介协同可以打破部门、行业界限,构建知识、技术、信息、人才、资金等全方位流动和汇聚的协同创新网络,及时将成果动态、行业专家建议和最前沿技术需求向全社会公布,形成绿色发展共识。二是绿色技术创新产学研金介协同体系中,各参与主体可通过优化互补有效降低技术创新风险、市场转化风险和生产运营风险。三是绿色技术创新产学研金介协同是基于利益协调机制建立的,能够引导各主体以资源共享为基础,以风险管控为关键,以利益共生为目标,最大限度地激发各参与主体的潜能。

党的十九大报告前瞻性地提出了"构建市场导向的绿色技术创新体系"。为了充分完成这一改革任务,国家发展改革委、科技部联合印发了《关于构建市场导向的绿色技术创新体系的指导意见》,明确给出了具体的发展目标和可行的推进措施。促进绿色技术创新需要从系统的角度进行思考,需要科研机构、企业、金融机构以及科技中介服务之间建立起有效的协同机制(产学研金介协同)来提高创新要素的配置效率。

建立政产学研用金协同创新的合作机制,是实现绿色技术专利从创造出来,到市场化推广、应用的有效途径。通过优化合作机制、协调机制、利益

分配机制、信息共享机制和人才培养机制等,促进绿色创新参与主体的共同发力。绿色技术政产学研用金协同机制强调技术的市场应用,促进了技术的转化,破解了经济与技术"两张皮"的困局。我国的绿色创新政产学研用金协同发展具有如下几方面的特征。

1. 发展内涵深化,发展质量提升

相对于政产学研用模式而言,政产学研用金协同模式强调金融机构或社会资本在促进绿色创新、产业化及市场化过程中的作用。政产学研用金协同强调政府资金的扶持作为杠杆,通过释放市场信号撬动社会资本,是优化资金配置效率的关键举措,也是未来绿色创新资金来源的重要渠道。从产学研合作到政产学研模式,再到政产学研用,再到当前的政产学研用金协同,我国的协同创新模式无论是参与主体、合作方式、合作规模、合作质量上都取得了长足的进步。从合作内容上看,已经由原来的生产活动向清洁生产、环境保护、生态修护等方面转变;从合作主体来看,不再是初期的企业和学研机构的项目委托式合作,科技服务机构、金融机构、产品用户等的智慧也被充分考虑进来;从合作规模来看,政产学研用金协同可以是跨行业、跨区域,甚至是跨国界的组织方式,是一类开放式的创新模式;从合作质量上来看,政产学研用金协同强调市场导向性,即创新成果的市场竞争力和经济效果显著。

2. 主导类型多元化,发展活力提升

第一,政府主导建立的政产学研用金协同创新平台不断涌现,这类平台能够获得政府的财政支持,具备较强的科研能力,因此,在推动科技成果转化、提升产学研融合方面具有较强优势。第二,高校和科研院所主导的创新平台逐渐增多。这类平台可以利用自身在科技资源方面的优势结合地方的经济资源优势形成互补态势,从而提高区域的创新能力,完善创新体系。这些机构一般具有较强的绿色创新能力及孵化能力,可以将创新成果迅速转化为市场竞争优势,实现环境效益、社会效益和经济效益共赢。第三,民办非企型政产学研用金协同创新体系异军突起。企业、高校、科研机构及社会资本有机结合,在所有制上进行大胆创新,注册成立民办非企业单位。民办非企业单位可有效避免事业单位的体制束缚,有效解决科技创新的自主性、灵活性与实用性等问题。同时,尽可能避免企业短期逐利、解决原始创新和人才培养等方面的问题,通过创新融资机制,整合多方面的资源,促进创新成果的转化。

3. 发展分布不均衡，区域特征显著

从空间分布看，我国绿色创新的政产学研用金协同发展的空间分布呈现不均衡态势，且区域特征明显。在区域分布层面，一方面，典型的政产学研用金协同平台或体系大多集中分布在产业和经济发达的东南沿海地区，内陆地区分布较少；另一方面，东南沿海地区民营经济和外资企业众多，创新发展需求迫切，为政产学研用金协同的萌芽和发展提供重要"土壤"。同时，这些地区集聚了大量的海内外人才，吸引了全球的创新项目，拥有协同创新的重要条件。例如，广东省绿色创新的协同模式发展较早，成果最为显著；浙江省民办非企型科研机构发展迅速；北京和上海依托区位优势，大型企业研发机构和外资驻华科研机构数量最多；此外，江苏利用其科教优势，也是沿海地区创新型经济发展较快的省份之一。相比之下，内陆地区政产学研用金协同效应初显端倪，在一些经济较发达的中心城市依托高校等科研机构发展起来，典型的代表如陕西省。

在区域特征层面，由于各地区的经济、科技等环境不同，形成了不同的研究重点。上海产业技术研究院重点聚焦绿色能源等领域；江苏省产业技术研究院在新材料、节能环保等领域建设专业研究所；北京工业技术研究院则聚焦于新能源等领域的研究。绿色创新政产学研用金协同的区域特征体现了合作关系的构建基于优势发展的特点。

4. 强调灵活适用性，发展模式多样化

绿色创新产学研用合作创新模式是一类以企业为主体的小规模合作方式，涉及的主体相对较少，主体之间的关系较为简单，适合目标较为明确的合作方式；绿色技术创新战略联盟模式以单一技术为目标；绿色技术协同创新中心模式以产品全生命周期为基础，实现资源与能效均衡，对环境污染、人体健康与社会危害小，以实现资源循环再利用为目标；绿色技术创新产学研协同创新基地模式除了聚焦于绿色技术产出外，还注重技术的产业化和市场化。

绿色创新政产学研金介协同需要不断探索，寻找适合的协同模式，设计适用的管理机制。发展的过程性指出了当前我国绿色技术创新产学研金介协同还存在一些阶段性不足，具体体现为：①政府绿色技术创新投资力度和带动效应还需提高；②企业绿色技术创新的能力和动力还相对较弱；③高校和科研院所绿色技术创新市场契合度有待提高；④绿色技术创新中试和工程化研究的中介组织还相对不足；⑤绿色技术创新市场融资渠道还需进一步畅通；⑥绿色技术创新产品市场需求还未完全被激发。虽然企业在协同创新体系中的作用越来越重要，但由于在人才储备、科技资源等方面与传统学研机构存在较大差距，以科研机构为核心的研发体系短时间内仍无法得到改变。相比于企业而言，科研机构的技术转化能力又略显不足，政产学研用金协同机制的欠缺会进一步阻碍优秀科研成果的转化。

五、中小制造企业绿色创新支持现状小结

就中小制造企业绿色创新知识支持体系来说，以专利制度为主的知识产权制度无疑是技术创新的重要推动与保障因素，也是创新发展理念推进的重要法制保障。中国颁布的《专利优先审查管理办法》（以下简称"新《办法》"）是中国绿色专利快速审查制度建立的标志，也是中国绿色专利制度建设迈出的重要一步。但新《办法》仍存在一些缺陷，比如程序冗杂，给申请人带来一些不必要的麻烦，且审查标准不准确。不仅如此，虽然新《办法》第六条对申请优先审查专利作了数量上的限制，但并没有对具体的数量定额，第六条规定根据审查能力和上一年度专利授权量及本年度待审案件数量决定，但是这种规定很可能造成部分绿色专利由于数量达到上限而无法授权，严重打击了绿色专利申请的积极性。

就中小制造企业绿色创新资金支持体系来说，近年来，我国的绿色金融得到了显著发展，不论是绿色信贷、绿色债券还是绿色基金都呈现快速增长的趋势，为推动绿色转型和绿色技术创新提供了有力支持。但与此同时，目前仍存在绿色产业投资回报期长，风险因素多、金融支持绿色产业发展缺乏鼓励性环境、绿色产业企业和金融机构信息共享渠道不足等问题。在目前信息共享渠道比较匮乏的情况下，金融机构很难批量发现和识别涉绿企业，从而给予精准支持，客观上形成了双方供需愿望和实际的脱钩现状。

就中小制造企业绿色创新市场支持体系来说，目前政府绿色采购逐渐成为我国可持续发展战略的重要组成部分并对全社会形成环境保护风尚起到了良好的引导作用。同时我国绿色供应链管理试点也暴露出诸如绿色绩效带动不足、整条供应链绿色水平有待提升等问题，对于进一步推广绿色供应链提出了更高要求。目前我国没有推出关于绿色消费的法律法规，且消

费者协会、媒体等对绿色产品的宣传力度和深度不够。

就中小制造企业绿色创新协同支持协调机制来说,目前我国的绿色技术政产学研用金协同机制强调技术的市场应用,促进了技术的转化,取得了一定的成绩。但仍存在企业绿色技术创新的能力和动力相对较弱、高校和科研院所绿色技术创新市场契合度有待提高、绿色技术创新市场融资渠道还需进一步畅通等问题。

第三节 中小制造企业绿色创新协同支持相关政策建议

一、完善现行绿色专利申请快速审查制度

首先,应确定绿色专利的审查标准及完善法律依据。在衡量一个专利技术是否具有"绿色"属性时,要注意预测专利以及专利所带来的上下游产业链是否符合环保标准、是否可能造成污染、是否能可持续性地清洁发展、造成环境损坏后的赔偿能力等因素。《中华人民共和国专利法》作为新《办法》的上位法,应在进行修改的过程中增加有利于绿色技术创新的专利促进条款,为中国构建绿色专利快速审查制度打下法律基础。同时,尽快出台有关绿色技术专利快速审查制度的实施细则,规范审查标准和审查程序(吕斯轩和刘少华,2022)。

其次,健全绿色专利数据库,便捷现有技术检索。可以借鉴欧盟关于新能源技术分类体系的做法。各个领域的专利中对绿色技术都有相应的涉及,这部分绿色技术通过概括式的列举是不能穷尽的,因此,应当将各个领域中凡属于绿色技术的专利抽离出来,纳入绿色专利数据库。对于"绿色技术"的范围及外延,不建议单独由环保部门进行界定,可以由技术领域研究人员建议,能源部确认,再由专利局进行审查操作。专利局要注意防止研究人员因为有相关授权而可能存在的造假和权力寻租问题,严格审查相关人员的资质。

最后,并入"全球"绿色专利审查高速公路。可以积极推进中欧气候变化领域合作,加快建立中欧绿色伙伴关系,重点加强绿色技术领域的合作,

在清洁氢能、燃料电池和其他替代燃料、储能以及碳捕集、封存和利用、突破性清洁钢技术等技术领域,加强合作研究,并通过提高中国的绿色审查效率促进绿色技术的成果转化,共同推进全球气候治理。

二、加强金融机构与企业的绿色合作

第一,应将绿色金融发展纳入监管考核体系。绿色发展关乎宏观发展大局,是可持续发展的具体化落地形式。为支持绿色产业发展,在国家层面出台相应的指导办法,政策引领各金融机构关注绿色产业发展情况,给予金融支持倾斜;在地方层面建立金融投放绿色信贷的激励措施,在财政存放考核、相关税费征收上给予正向优惠。形成推动绿色金融发展的目标约束体系、绩效考核体系,控制发展最低数,鼓励发展最优化。

第二,建立专门的绿色信息共享平台,为企业和绿色金融机构创造融合合作机会。当前,我们面临的主要问题是绿色产业发展有融资需求,金融机构有投资需求,但双方信息沟通不畅,难以高质量对接。为此,由政府或其他社会主体牵头搭建一个信息共享平台十分必要,撮合绿色企业(或绿色项目)和绿色金融机构实现高效合作。在此基础上,可以引入政府相关职能部门,包括环保、城建、经信委等,披露相关涉绿企业的公开审批和运营数据,助力金融机构精准识别并支持企业发展。

第三,优化市场环境,形成良好的绿色金融风险分担机制。在绿色创新的初级阶段,技术创新和市场开发均在成长期,没有进入收获的成熟期。对此,金融机构的资产质量控制压力较大,投放意愿不强。作为政策支持的发展方向,可以建立省级或市级的专门担保基金,为绿色产业发展提供融资担保,并给予财税、利率等优惠,使得金融机构和产业担保基金形成合力,共同做大绿色金融规模。

第四,环境权益市场建设,实现碳排放权、排污权、节能量等权益的价值变现和便捷交易转让,从而形成担保融资工具或直接融资工具,拓宽企业绿色融资渠道。鼓励金融机构的绿色信贷资产证券化,实现银行债权在证券市场的交易,提高绿色资产的流动性,进一步为金融机构注入投放动力。

第五,提升金融机构服务意识和质量,通过政策宣讲、市场分析和调研学习让金融机构充分认识到绿色产业发展的无限潜力。金融机构既要看到绿色产业融资期限长、初始投资大的现实情况,又要能看到其运营期间"现金奶牛"的优秀特质,在产业发展初期就加强专业化人才培养力度,及时介入,为未来储备能力和资源,实现绿色产业发展和金融机构自身发展的双赢。

三、强化绿色金融"数字化"

建立统一的碳金融市场,数据的共享开放是一个较大的难题,由于制度建设不完善、存在技术问题以及考虑数据安全等原因,目前不同系统、组织之间的数据互联互通程度普遍较低。另外,我国依托生态自然资源禀赋的优势,具有开发生态系统碳汇能力的潜力,但目前数字化技术手段在绿色金融领域的应用场景还有待深入,尤其在碳汇测算与检测技术、生态系统固碳增汇技术、非二氧化碳温室气体减排与替代技术等碳中和前沿和颠覆性技术的研发突破方面还需进一步加强。数字化是推动绿色金融创新和价值增值的重要技术手段,可以提高绿色金融服务的普惠性和便利性,提升配置效率。提高绿色金融的数字化水平,一是鼓励各地搭建绿色金融数字化服务信息共享平台,针对绿色金融涉及应对气候变化、污染治理、节能减排等多个领域的特点,依托数字化平台创新打造集绿色金融信息系统、绿色主体认定系统、绿色银行监管信息系统、绿色金融综合服务为一体的数字化平台,实现前端绿色主体认定、后台绿色银行监管、中间信息平台搭桥的绿色金融信息和服务闭环,扩大绿色金融服务覆盖面。二是加强先进技术推广应用和关键核心技术研发攻关,加强碳排放统计核算信息化能力建设,加快推进5G、大数据、云计算、区块链等现代信息技术的应用,优化数据采集、处理、存储方式;探索卫星遥感高精度连续测量技术等检测技术的应用,支持有关研究机构开展大气级、场地级和设备级温室气体排放监测、校验、模拟等基础研究(张瑞琛,2022)。

四、加强绿色供应链管理试点引导

首先,强化重点行业绿色供应链试点。在全球推进执行气候变化协议的背景下,欧、美、日对于碳排放的关注点已经从单个企业转向产品全生命周期,其使用或计划使用的碳税、碳关税、产品生态设计、碳标签等,都体现出了产品全生命周期的碳管理要求。此外,不少欧、美、日跨国企业已经提前布局,纷纷提出零碳供应链目标,这将带动全球供应链、产业链格局的变化,加剧低碳领域的竞争。这些跨国企业一旦完成零碳供应链布局,不排除会游说本国政府,推动提高产品进口的"绿色门槛",来维护其竞争优势。因此,需要未雨绸缪,对于参与全球竞争的光伏、风电、高铁、电动汽车等行业,应借助试点项目进行必要引导,推动核心企业特别是海外市场份额较大的跨国企业打造零碳供应链,以获取国际竞争新优势(毛涛,2022)。

其次,深度推进绿色供应链试点工作。当前,我国低碳法律政策关注的重点是大企业,碳排放权交易、用能权交易、节能监察等制度设计也主要针对大企业。需要注意的是:尽管单个中小制造企业的碳排放量不大,但是中小制造企业数量众多,总体碳排放量不容小觑。再者,绝大多数中小制造企业在环保理念、管理能力、资金实力、技术水平等方面相对薄弱,虽然其有着比大企业更为广阔的节能减排空间,但是参与碳减排工作的积极性却普遍不高。对此,可以结合试点,进行必要的探索。《国务院关于加快建立健全绿色低碳循环发展经济体系的指导意见》明确提出"选择 100 家左右积极性高、社会影响大、带动作用强的企业开展绿色供应链试点,探索建立绿色供应链制度体系。"建议借助此试点,加强对核心企业的引导,发挥其对供应链上相关企业特别是中小制造企业节能减碳的带动作用,形成大企业带动供应链上中小制造企业协同减碳的新模式。同时,立足正在开展的绿色制造示范以及天津、东莞等地的试点,结合碳达峰与碳中和工作实际,不断完善试点工作方案,积极引导既有的以及将纳入试点的企业创新供应链管理模式,特别是加强对供应链上相关企业的低碳管理。

最后,为绿色供应链提供全方位的服务。减少供应链的碳排放,需要供应链上的相关企业进行必要的协同,共同去优化用能结构、提高能源使用效率和减少温室气体排放。这需要企业改进生产工艺、提升数字化管理水平、使用可再生能源、采用节能减碳技术等。开展上述工作往往会增加企业成本,而且这些成本会随着供应链逐级向下游传递,最终体现在终端产品的价格上。现阶段,由于尚未形成绿色消费氛围,绿色产品竞争优势并不明显。为了引导更多的企业关注供应链上的碳减排工作,需要建立健全绿色采购、绿色信贷、绿色税收、碳排放权交易、用能权交易等基于市场的激励机制,形成有利于企业打造零碳供应链的制度环境。同时,发挥好行业协会、产业联盟、科研院所等各方的作用,做好企业动员、政策宣贯、培训、咨询和辅导工作,为试点企业打造零碳供应链提供全方位服务。

五、以机制创新来保障绿色技术协同创新的运行

首先,在绿色技术创新的政产学研用金协同的过程中,政府应率先建立健全管理组织和治理体系。运用大数据、互联网等现代管理手段突破部门界限和制度规定,实现部门协同发力。综合运用市场化手段来引导资金、人力、技术等创新资源的配置方向,提高创新要素的协同度。管理组织可以根据市场的实际需要,对高等院校、科研院所、各类型企业进行短、中、长期的规划,引导主体参与创新要素的配置,增强主体间的联动性,加快技术市场化的进程。建立协同创新公共信息平台,即缩短企业绿色技术需求和学研机构技术供给之间的距离,也降低绿色技术市场的搜索成本(汪明月等,2020)。

其次,通过完善和制定试后成果收益分配制度,明确合作成员优先购买技术成果和收益的权利,提高协同创新关系的稳定性。对绿色技术协同创新产生的科研成果实施转化时,可以按照技术作价入股,不受比例限制。全部由政府财政投入产生的绿色技术协同创新的科研成果全部公开向社会发布、转让,以促进科研成果有序积累和创新成果转化。绿色技术协同创新联盟产生的科研成果若五年内未转化,则强制向社会公开发布、转让。

最后,构建绿色技术创新的政产学研用金协同的评价机制。正是因为绿色技术协同创新模式多样,涉及的主体众多,影响因素比较广泛,评价体系或者机制不健全等原因,使得我国绿色技术创新政产学研用金协同并没有实现预期的效果。为此,需要深入剖析各类绿色技术协同创新的特点,突出绿色技术的市场导向,构建科学可行的评价办法,可以是针对具体项目进行评价,也可以是针对合作联盟总体效果进行评价。各地区围绕自身发展阶段和产业特征,对现有的评价方法进行完善和具体化,提高评价办法的灵活性。除此之外,各级政府要围绕评价结果设计相应的激励机制,以此构建市场导向强的协同创新体系。企业提供绿色技术转让、技术开发和与之相关的技术咨询、技术服务,经科技主管部门对技术合同进行认定后,免征营业税。

第九章 总结与展望

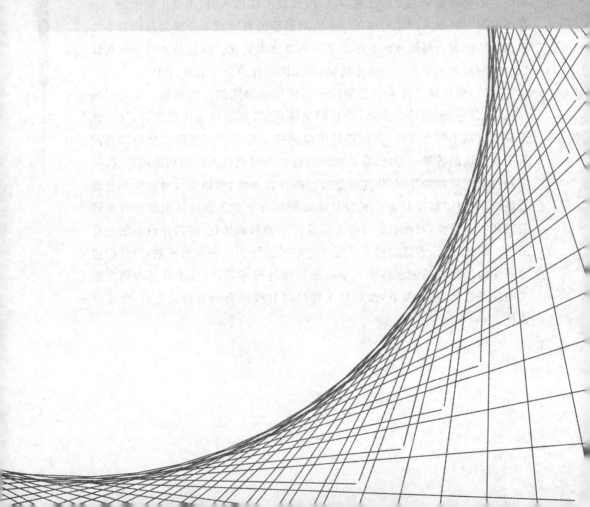

第一节 本书的总结

本书基于社会网络理论、企业环境行为理论、协同创新理论和制度理论,开展了协同网络视角下中小制造企业绿色创新支持研究。该研究运用了 Fuzzy DEMATEL、演化博弈、结构方程模型等方法,试图揭示中小制造企业绿色创新的社会属性、协同网络中微观主体行为、关键影响因素及作用机制。该研究进一步完善了企业环境行为理论体系,丰富了前景理论在中小制造企业绿色创新中的应用研究,揭示了多元主体协同支持对中小制造企业绿色创新的影响机制,通过对中小制造企业绿色转型协同支持体系进行系统设计,进一步完善了协同治理理论,及协同治理视角下绿色创新体系的构建。研究成果可为中小制造企业绿色创新服务体系及相关政策制定提供理论支撑,服务于我国区域绿色创新网络的构建,有利于促进我国生态文明建设和经济高质量发展。

研究内容和结论主要归纳如下。

(1)通过文献研究,分析了中小制造企业绿色创新行为特征、中小制造企业绿色创新影响因素以及中小制造企业绿色创新促进对策的国内外研究现状,并对相关研究进行了述评;梳理了社会网络、企业战略行为、新制度主义、利益相关者等相关理论,在此基础上提出本书的研究内容及研究方法。

(2)基于文献分析确定影响中小制造企业绿色创新的12个外部因素,首先构建了 Fuzzy DEMATEL 实施步骤,再进行问卷数据收集,然后利用 Excel 进行数据分析,得出中小制造企业绿色创新外部各影响因素的影响度、被影响度、中心度和原因度,基于此,绘制因素间因果关系图。最终得出"地方政府监管""相关企业绿色行为"和"高校、科研院所及技术中介的技术支持"三个原因组因素,以及"绿色供应网络合作"这一结果组因素。

(3)通过将自身相对收益、其他企业绿色创新、协同支持、行政监管四类影响因素纳入中小制造企业绿色创新行为决策的过程中,构建了基于前景理论的中小制造企业绿色创新意愿仿真模型。进一步改变四类影响因素的参考点 T_1、T_2、T_3、T_4,以及中小制造企业基础收益 E,绿色创新收益 E',绿

色创新成本 C，圈内其他企业不开展绿色创新的比例 q，获得协同支持的绿色创新收益 V，协同支持的成本 I，罚款比例 K，通过以上所有参数，分别对中小制造企业创新意愿的影响进行模拟仿真。实证分析结果表明：①中小制造企业绿色创新意愿随着相对收益参考点 T_1 和基础收益 E 的增加呈现出先后下降的趋势；中小制造企业绿色创新意愿随着开展绿色创新收益 E' 的增加呈现上升趋势；中小制造企业绿色创新意愿随着开展绿色创新成本 C 的增加呈现下降趋势。②中小制造企业绿色创新意愿随着其他企业绿色创新情况比率参考点 T_2 的增加呈现出先平缓再上升再平缓的趋势；中小制造企业绿色创新意愿随着其他企业不开展绿色创新的比例 q 的增加而下降。③中小制造企业绿色创新意愿随协同支持情况参考点 T_3 的增加而呈现出先上升后下降的趋势；中小制造企业绿色创新意愿随获得协同支持的绿色创新收益 V 的增加而上升；中小制造企业绿色创新意愿随获得协同支持的成本 I 的增加而下降。④中小制造企业绿色创新意愿随行政监管情况参考点 T_4 的增加呈上升趋势；中小制造企业绿色创新意愿随罚款比例的增加而增加。

（4）首先，通过阅读梳理相关概念及理论基础的文献，构建外部协同网络、管理者认知、合作能力和中小制造企业绿色创新行为之间的关系模型，探讨管理者认知的中介作用以及合作能力的调节作用，提出研究假设。其次，根据中小制造企业特征及研究目标调整现有成熟量表得出本研究使用的量表，通过对1000家浙江省中小制造企业的调研，获得270份有效样本数据。然后，运用统计分析软件 SPSS 22.0 和 AMOS 22.0 对研究提出的关系模型和研究假设进行了检验，包括信度与效度分析、共同方法偏差检验、路径分析、中介效应检验及调节效应检验。实证分析结果显示：①外部协同网络有效地提高了中小制造企业绿色创新行为的积极性。②管理者认知在外部协同网络与中小制造企业绿色创新行为关系中发挥部分中介效应。③合作能力在外部协同网络与管理者认知之间、外部协同网络与中小制造企业绿色创新之间起正向调节作用。

（5）通过对相关概念及理论基础进行文献梳理，构建创新平台关系治理、协同创新氛围、风险感知与中小制造企业绿色创新行为之间的关系模型，并提出研究假设。根据预调查的结果调整现有成熟量表，得出最终量表，并基于问卷调研获得270份有效样本数据。然后，运用统计分析软件

SPSS 24.0 和 AMOS 24.0 对研究假设进行检验,包括信度与效度分析、共同方法偏差检验及中介效应检验等。实证分析结果显示:①创新平台关系治理对中小制造企业绿色创新行为具有显著的正向影响。②协同创新氛围和风险感知分别在二者的关系中起到中介作用。③协同创新氛围和风险感知在创新平台关系治理与中小制造企业绿色创新行为之间起到链式中介作用。

(6)基于前文的理论研究,分析中小制造企业绿色创新协同支持体系的特点及构建原则,以企业战略行为理论和协同治理理论为基础,从知识、资金、市场、协同四个方面设计中小制造企业绿色转型协同支持体系,并基于企业、政府和社会层面提出中小制造企业绿色转型协同支持体系实现路径。

(7)采用问卷调查的形式对中小制造企业绿色行为及障碍因素状态进行研究,研究结果表明:①总体而言,中小制造企业有一定的绿色意识,比较重视生产过程控制、管理制度的规范。②企业内部资源与能力障碍中的技术障碍对绿色创新的影响最大,是企业绿色创新的主要内部障碍,其次是资金障碍和管理及人力障碍。③企业的外部资源获取障碍中的市场障碍对绿色创新的影响最大,是企业绿色创新的主要外部障碍,其次是缺乏政府支持和不良的外部合作关系。通过梳理中小制造企业绿色创新知识、资金、市场及协同支持体系现状,分析存在的问题,并给出中小制造企业绿色创新协同支持相关政策建议。

第二节 本书创新点

本书主要围绕协同网络视角下中小制造企业绿色创新支持进行研究,本书研究成果完善了企业环境行为理论体系,主要创新点如下。

(1)中小制造企业绿色创新行为受多种因素的影响,已有研究主要从企业内部或外部探究了中小制造企业绿色创新行为的影响机制,较少关注复杂多样的外部影响因素之间的交互关系,而明晰外部因素之间的交互关系进而识别关键因素是制定促进中小制造企业绿色创新组合政策措施的前提。因此,本书系统分析中小制造企业绿色创新外部影响因素,探讨了多因素多主体共同作用下中小制造企业绿色创新行为的变动机制,识别中小制造企业绿色创新关键影响因素。

(2)已有的关于网络条件下中小制造企业绿色创新影响因素的研究局限于静态分析,不同情景和因素变化下中小制造企业绿色创新行为演化特征是什么?这一问题尚未得到解答。本书从中小制造企业绿色创新意愿的角度出发,基于此,将前景理论嵌入系统仿真中,构建了基于前景理论的中小制造企业绿色创新意愿仿真模型,为建立中小制造企业绿色创新协同支持体系提供了理论依据,更符合中小制造企业实际环境决策行为。

(3)尽管原有研究关注到了多元主体对中小制造企业创新的影响,但是没有强调多元主体协同支持的作用。本书从中小制造企业特性和绿色创新的社会属性出发,基于协同治理理论、创新网络理论,借鉴社会支持网络定义,提出外部协同网络概念,构建了外部协同网络、管理者认知、合作能力及中小制造企业绿色创新行为的关系模型并进行实证检验,揭示了多元主体协同支持对中小制造企业绿色创新的内在影响机制及边界条件,丰富了企业环境行为理论和协同治理理论。

(4)现有的关系治理领域的研究主要关注双边关系的控制和协调,强调创新网络中相关主体与中小制造企业之间的协同。本书基于对网络条件下中小制造企业绿色创新行为的考察,提出创新平台关系治理概念,构建了创新平台关系治理、协同创新氛围、风险感知和中小制造企业绿色创新行为的理论模型,揭示创新平台关系治理"是否"以及"如何"影响中小制造企业绿色创新行为这一问题,丰富了企业环境行为理论。

第三节 不足及展望

在生态文明建设和经济高质量发展背景下,中小制造企业绿色创新越来越受到各界关注。现有关于中小制造企业绿色创新行为研究强调了外部支持的重要性,但对于各支持主体间协同机制的关注不够,对协同支持在中小制造企业绿色创新行为变动中的作用机制研究不够明晰。本书从协同网络视角,对创新网络中各主体的交互与协同机制及对中小制造企业绿色创新的作用进行了一定程度的探讨。鉴于企业外部协同网络的复杂性、企业行为的多样性,加上课题组成员学识和能力的有限性,本书还存在局限性和不足,还有广阔的研究空间。后续的研究可以从以下几个方面进一步延伸。

(1)本书的样本数据为浙江省的中小制造企业,结论向其他地域及行业推广应持谨慎态度,未来研究可以扩大数据收集的范围。

(2)在第三章采用Fuzzy DEMATEL方法对中小制造企业绿色创新外部影响因素分析的过程中,仅得到了影响因素之间基本的结构化结果,未来研究还需要从操作层面,采用结构方程模型或解释结构模型的方法验证影响因素之间的关系及其对中小制造企业绿色创新行为的作用路径。

(3)第五章和第六章采用问卷调查方式收集数据,量表主要基于个体中心及认知的视角设计,带有一定的主观性。因此,后续研究可采用综合客观统计资料和主观问卷调查的主观与客观相结合的评价方法。

主要参考文献

[1] 柏群,杨云.组织冗余资源对绿色创新绩效的影响——基于社会责任的中介作用[J].财经科学,2020(12):96-106.

[2] 白鸥,魏江.媒介人背书和服务创新网络合作绩效:组织投入的中介作用[J].管理工程学报,2018,32(04):1-8.

[3] 毕克新,王禹涵,杨朝均.创新资源投入对绿色创新系统绿色创新能力的影响——基于制造业FDI流入视角的实证研究[J].中国软科学,2014(03):153-166.

[4] 曹洪军,陈泽文.内外环境对企业绿色创新战略的驱动效应——高管环保意识的调节作用[J].南开管理评论,2017,20(06):95-103.

[5] 陈红花,尹西明,陈劲,等.基于整合式创新理论的科技创新生态位研究[J].科学学与科学技术管理,2019,40(05):3-16.

[6] 池仁勇.区域中小企业创新网络形成、结构属性与功能提升:浙江省实证考察[J].管理世界,2005(10):102-112.

[7] 樊霞,黄妍,朱桂龙.产学研合作对共性技术创新的影响效用研究[J].科研管理,2018,39(1):34-44.

[8] 方先明,那晋领.创业板上市公司绿色创新溢酬研究[J].经济研究,2020,55(10):106-123.

[9] 冯向前,叶银萍,李金生.基于模糊EDAS的中小企业绿色创新障碍分析[J].科技管理研究,2020,40(11):200-205.

[10] 奉小斌,刘皓.集群企业跨界搜索对绿色创新的影响研究——管理解释的调节作用[J].研究与发展管理,2021,33(04):28-40.

[11] 高孟立,范钧.外部创新氛围对服务创新绩效的影响机制研究[J].科研管理,2018,39(12):103-112.

[12] 贺祥民,赖永剑.产业融合对绿色创新效率的非线性影响——基于高技术服务业与制造业融合的经验证据[J].技术经济与管理研究,2020(09):3-8.

[13] 胡琴芳,张广玲,江诗松,等.基于连带责任的供应商集群内机会主义行为治理研究——一种网络治理模式[J].南开管理评论,2016,19(01):

97-107.

[14] 康丽群,刘汉民,钱晶晶.高管长期导向对企业绿色创新的影响研究:环境动态性的调节作用与战略学习能力的中介效应[J].商业经济与管理,2021,(10):34-48.

[15] 简兆权,旷珍.协同创新网络、复合式能力与新服务开发绩效[J].管理学报,2020,17(10):1498-1505.

[16] 李勃,徐慧,和征.如何使供应商参与绿色产品创新更有效——参与模式及治理形式适配的作用[J].科技进步与对策,2021,38(18):114-123.

[17] 李维安,张耀伟,郑敏娜,等.中国上市公司绿色治理及其评价研究[J].管理世界,2019,35(05):126-133+160.

[18] 李晓翔,张树含.烙印视角下初始资源禀赋对中小企业可用资源的作用研究[J].管理学报,2022,19(08):1134-1142.

[19] 李钰婷,高山行,张峰.外部环境匹配下企业能力对绿色管理的影响研究[J].管理学报,2016,13(12):1851-1858.

[20] 刘霞,夏曾玉,张亚男.不确定环境下本地与跨区域网络对集群企业创新影响研究[J].科研管理,2019,40(06):184-194.

[21] 刘章生,宋德勇,弓媛媛.中国绿色创新能力的时空分异与收敛性研究[J].管理学报,2017,14(10):1475-1483.

[22] 龙文滨,李四海,丁绒.环境政策与中小企业环境表现:行政强制抑或经济激励[J].南开经济研究,2018(03):20-39.

[23] 鲁若愚,周阳,丁奕文,等.企业创新网络:溯源、演化与研究展望[J].管理世界,2021,37(01):217-233+14.

[24] 马媛,侯贵生,尹华.企业绿色创新驱动因素研究——基于资源型企业的实证[J].科学学与科学技术管理,2016,37(04):98-105.

[25] 孟庆春,张夏然,郭影."供应链+多元主体"视角下中小制造企业污染共治路径与机制研究[J].中国软科学,2020(09):100-110.

[26] 冉爱晶,周晓雪,肖咪咪,等.我国中小企业组织创新氛围的架构和异质性研究[J].科学学与科学技术管理,2017,38(05):72-84.

[27] 宋华,陈思洁.供应链整合、创新能力与科技型中小企业融资绩效的关系研究[J].管理学报,2019,16(03):379-388.

[28] 宋华,卢强.什么样的中小企业能够从供应链金融中获益?——基于网

络和能力的视角[J].管理世界,2017(06):104-121.

[29] 田丹,于奇.高层管理者背景特征对企业绿色创新的影响[J].财经问题研究,2017(06):108-113.

[30] 王娟茹,崔日晓,张渝.利益相关者环保压力、外部知识采用与绿色创新——市场不确定性与冗余资源的调节效应[J].研究与发展管理,2021,33(04):15-27.

[31] 王黎萤,吴瑛,朱子钦,等.专利合作网络影响科技型中小企业创新绩效的机理研究[J].科研管理,2021,42(01):57-66.

[32] 王琳,陈梦媛,牛璐.企业绿色创新路径构建及动态演化研究[J].中国软科学,2021(03):141-154.

[33] 王诗雨,汪官镇,陈志斌.企业社会责任披露与投资者响应——基于多层次资本市场的研究[J].南开管理评论,2019,22(01):151-165.

[34] 王树强,范振鹏.环保收费制度改进对企业绿色创新效果的影响研究——基于环保费改税的准自然实验[J].工业技术经济,2021,40(08):31-39.

[35] 王珍愚,曹瑜,林善浪.环境规制对企业绿色技术创新的影响特征与异质性——基于中国上市公司绿色专利数据[J].科学学研究,2021,39(05):909-919+929.

[36] 王志良,沈闻长.网络强度影响中小企业绿色创新的机制与对策分析[J].生态经济,2018,34(12):112-116.

[37] 魏龙,党兴华,肖瑶.技术创新网络分裂断层对越轨创新的影响:被调节的中介效应[J].科学学与科学技术管理,2021,42(07):106-120.

[38] 吴建祖,华欣意.高管团队注意力与企业绿色创新战略——来自中国制造业上市公司的经验证据[J].科学学与科学技术管理,2021,42(09):122-142.

[39] 谢雄标,胡阳艳.协同支持网络对中小企业绿色创新行为影响研究[J].生产力研究,2020(07):82-88.

[40] 谢雄标,孙静柯.中小制造企业绿色创新障碍因素的实证研究[J].科技管理研究,2021,41(18):214-219.

[41] 解学梅,罗丹,高彦茹.基于绿色创新的供应链企业协同机理实证研究[J].管理工程学报,2019,33(03):116-124.

[42] 解学梅,朱琪玮.企业绿色创新实践如何破解"和谐共生"难题?[J].管

理世界,2021,37(01):128-149+9.

[43] 解学梅,左蕾蕾,刘丝雨.中小企业协同创新模式对协同创新效应的影响——协同机制和协同环境的双调节效应模型[J].科学学与科学技术管理,2014,35(05):72-81.

[44] 邢丽云,俞会新.环境规制对企业绿色创新的影响——基于绿色动态能力的调节作用[J].华东经济管理,2019,33(10):20-26.

[45] 徐建中,贯君,林艳.制度压力、高管环保意识与企业绿色创新实践——基于新制度主义理论和高阶理论视角[J].管理评论,2017,29(09):72-83.

[46] 徐蕾,倪嘉君.网络异质性如何提升创新绩效?——基于设计驱动型创新解析视角的实证研究[J].科学学研究,2019,37(07):1334-1344.

[47] 徐炜锋,阮青松,王国栋.私营企业家外部环境风险感知与企业创新投入[J].科研管理,2021,42(03):160-171.

[48] 严浩坤,王庆喜.基于风险感知角度的战略联盟构建分析[J].科学学与科学技术管理,2004,(01):97-100.

[49] 杨朝均,呼若青,冯志军.环境规制政策、环境执法与工业绿色创新能力提升[J].软科学,2018,32(01):11-15.

[50] 于飞,胡泽民,董亮.关系治理与集群企业知识共享关系——集群创新网络的中介作用[J].科技管理研究,2018,38(23):150-160.

[51] 余维新,熊文明,黄卫东,等.创新网络关系治理对知识流动的影响机理研究[J].科学学研究,2020,38(02):373-384.

[52] 曾江洪,刘诗绮,李佳威.多元驱动的绿色创新对企业经济绩效的影响研究[J].工业技术经济,2020,39(01):13-22.

[53] 张钢,张小军.国外绿色创新研究脉络梳理与展望[J].外国经济与管理,2011,33(08):25-32.

[54] 张维迎.博弈与社会[M].北京:北京大学出版社,2013.

[55] 周海华,王双龙.正式与非正式的环境规制对企业绿色创新的影响机制研究[J].软科学,2016,30(08):47-51.

[56] 周浩,龙立荣.共同方法偏差的统计检验与控制方法[J].心理科学进展,2004(06):942-950.

[57] ABOELMAGED M, HASHEM G. Absorptive capacity and green innovation adoption in SMEs: The mediating effects of sustainable

organisational capabilities[J]. Journal of Cleaner Production, 2019, 220:853-863.

[58] ALI W, JUN W, HUSSAIN H, et al. Does green intellectual capital matter for green innovation adoption? Evidence from the manufacturing SMEs of Pakistan[J]. Journal of Intellectual Capital, 2021,22(5):868-888.

[59] ARMSTRONG J S, OVERTON T S. Estimating Nonresponse Bias in Mail Surveys[J]. Journal of Marketing Research, 1977, 14(3): 396-402.

[60] AWAN U, SROUFE R, KRASLAWSKI A. Creativity enables sustainable development: Supplier engagement as a boundary condition for the positive effect on green innovation[J]. Journal of Cleaner Production, 2019, 226(20): 172-185.

[61] BARNEY J. Firm Resources and Sustained Competitive Advantage [J]. Journal of Management, 1991, 17(1):99-120.

[62] ARFI W R, HIKKEROVA L, SAHUT J M. External knowledge sources, green innovation and performance [J]. Technological Forecasting and Social Change, 2018, 129:210-220.

[63] BOGNER W C, BARR P S. Making Sense in Hypercompetitive Environments: A Cognitive Explanation for the Persistence of High Velocity Competition[J]. Organization Science, 2000, 11(2):212-226.

[64] CHEN J W, LIU L L. Customer participation, and green product innovation in SMEs: The mediating role of opportunity recognition and exploitation[J]. Journal of Business Research, 2020, 119:151-162.

[65] CHEN Y S, LAI S B, WEN C T. The Influence of Green Innovation Performance on Corporate Advantage in Taiwan [J]. Journal of Business Ethics, 2006, 67(4):331-339.

[66] CHIOU T Y, CHAN H K, LETTICE F, et al. The influence of greening the suppliers and green innovation on environmental performance and competitive advantage in Taiwan[J]. Transportation Research Part E-Logistics and Transportation Review, 2011, 47(6): 822-836.

[67] MARCHI V D. Environmental innovation and R&D cooperation:Empirical evidence from Spanish manufacturing firms[J]. Research Policy,2012,41(3):614-623.

[68] XAVIER D,LUCIANO M,PATRICK M,et al. Key Features of Turing Systems are Determined Purely by Network Topology[J]. Physical Review X,2018,8(2):1-23.

[69] EGBETOKUN A A. The more the merrier? Network portfolio size and innovation performance in Nigerian firms[J]. Technovation,2015,43-44:17-28.

[70] FAHAD S,ALNORI F,SU F,et al. Adoption of green innovation practices in SMEs sector:evidence from an emerging economy[J]. Economic Research-Ekonomska Istraživanja,2022,35(1):5486-5501.

[71] FREEMAN C. Networks of innovators:A synthesis of research issues.[J]. Research Policy,1991,20(5):499-514.

[72] FORNELL C,LARCKER D F. Evaluating structural equation models with unobservable variables and measurement error[J]. Journal of Marketing Research,1981,18(1):39-50.

[73] GULATI R. Network Location and Learning:The Influence of Network Resources and Firm Capabilities on Alliance Formation[J]. Strategic Management Journal,1999,20(5):397-420.

[74] GUPTAH,BARUAMK. A framework to overcome barriers to green innovation in SMEs using BWM and Fuzzy TOPSIS[J]. Science of the Total Environment,2018,633:122-139.

[75] HILLARY R. Environmental management systems and the smaller enterprise[J]. Journal of Cleaner Production,2003,12(6):561-569.

[76] HOTTENROTT H,PETERS B. INNOVATIVE CAPABILITY AND FINANCING CONSTRAINTS FOR INNOVATION:MORE MONEY,MORE INNOVATION?[J]. The Review of Economics and Statistics,2012,94(4):1126-1142.

[77] HUANG J W,LI Y H. Green innovation and performance:The view of organizational capability and social reciprocity[J]. Journal of Business Ethics,2017,145(2):309-324.

[78] KLEWITZ J, ZEYEN A, HANSEN E G. Intermediaries driving eco-innovation in SMEs: a qualitative investigation[J]. European Journal of Innovation Management, 2012, 15(4): 442-467.

[79] KRAATZ M S. Learning by Association? Interorganizational Networks and Adaptation to Environmental Change[J]. Academy of Management Journal, 1998, 41(6): 621-643.

[80] KRAUS S, REHMAN S U, GARCíAF J S. Corporate social responsibility and environmental performance: The mediating role of environmental strategy and green innovation [J]. Technological Forecasting & Social Change, 2020, 160: 1-8.

[81] LIAO Z J, WENG C, LONG S Y, et al. Do social ties foster firms' environmental innovation? The moderating effect of resource bricolage[J]. Technology Analysis & Strategic Management, 2021, 33(5): 476-490.

[82] LIN Y, HUANG R, YAO X. Air pollution and environmental information disclosure: An empirical study based on heavy polluting industries[J]. Journal of Cleaner Production, 2021, 278: 1-8.

[83] MCEVILY B, ZAHEER A. Bridging Ties: A Source of Firm Heterogeneity in Competitive Capabilities[J]. Strategic Management Journal, 1999, 20(12): 1133-1156.

[84] MELANDER L. Customer and Supplier Collaboration in Green Product Innovation: External and Internal Capabilities[J]. Business Strategy the Environment, 2018, 27(6): 677-693.

[85] OLIVEIRA N, LUMINEAU F. The Dark Side of Interorganizational Relationships: An Integrative Review and Research Agenda [J]. Journal of Management, 2019, 45(1): 231-261.

[86] POLANYI K. The Great Transformation[M]. New York: Beacon Press: 2011.

[87] POLZIN F, FLOTOW P V, KLERKX L. Addressing barriers to eco-innovation: Exploring the finance mobilisation functions of institutional innovation intermediaries[J]. Technological Forecasting

&. Social Change,2016,103:34-46.

[88] QUAN X F,XIAO H J,JI Q,et al. Can innovative knowledge management platforms lead to corporate innovation? Evidence from academician workstations in China[J]. Journal of Knowledge Management,2020,25(1): 117-135.

[89] MANZINI R,LAZZAROTTI V. Intellectual property protection mechanisms in collaborative new product development[J]. R&D Management,2016,46 (S2):579-595.

[90] SHARMA S. Managerial Interpretations and Organizational Context as Predictors of Corporate Choice of Environmental Strategy[J]. Academy of Management Journal,2000,43(4):681-697.

[91] SINGH S K,GIUDICE M D,CHIERICI R,et al. Green innovation and environmental performance: The role of green transformational leadership and green human resource management[J]. Technological Forecasting Social Change,2020,150:1-12.

[92] SMITH K G. Great minds in management: The process of theory development[M]. New York:Oxford University Press,2007.

[93] TAKALO S K,TOORANLOO H S,PARIZI Z S. Green innovation: A systematic literature review[J]. Journal of Cleaner Production, 2021,279:1-22.

[94] TEECE D J. Explicating Dynamic Capabilities:The Nature and Microfoundations of (Sustainable) Enterprise Performance [J]. Strategic Management Journal,2007,28(13):1319-1350.

[95] TRIGUERO A,MORENO-MONDÉJAR L,DAVIA M A. Leaders and Laggards in Environmental Innovation: an Empirical Analysis of SMEs in Europe[J]. Business Strategy and the Environment,2016,25 (1):28-39.

[96] GEIBLER J V,BIENGE K,SCHUWER D,et al. Identifying business opportunities for green innovations:A quantitative foundation for accelerated micro-fuel cell diffusion in residential buildings [J]. Energy Reports,2018,4:226-242.

[97] ZAHEER A, MCEVILY B, PERRONE V. Does Trust Matter? Exploring the Effects of Interorganizational and Interpersonal Trust on Performance [J]. Organization Science, 1998, 9(2):141-159.

[98] ZHAO Y H, ZHAO C L, GUO Y, et al. Green supplier integration and environmental innovation in Chinese firms: The joint effect of governance mechanism and trust [J]. Corporate Social Responsibility and Environmental Management, 2021, 28(1):169-183.

附 录

附录 A
中小制造企业绿色创新外部影响因素专家调查问卷

尊敬的先生/女士：

您好！

非常感谢您参与本次问卷调查！我是中国地质大学（武汉）经济管理学院企业管理的硕士研究生，目前正在完成"基于利益相关者视角的中小制造企业绿色创新外部影响因素分析"的学位论文，本次调查问卷不记名，仅用于学术研究。旨在通过深度访谈了解您对中小制造企业绿色创新的看法，并对中小制造企业绿色创新过程中外部影响因素之间的关系程度做出判断，您的看法对我们非常重要！

衷心感谢您的合作与支持！祝您工作顺利，生活愉快！

本问卷采用 0—5 标度对中小制造企业绿色创新影响因素的直接关联程度进行调研，是针对中小制造企业绿色创新外部影响因素关系之间的判断，需要对中小制造企业及绿色创新有一定了解，谢谢！

第一部分 问卷说明

请在仔细阅读表 1 的基础上，再填写第二部分。

表 1 专家语意变量

关联程度等级	对应影响分值
没有关联	0
最弱	1
比较弱	2
一般	3
比较强	4
最强	5

第二部分 中小制造企业绿色创新外部影响因素的直接关联程度判断

请根据实际情况认真填写本部分内容（见表 2 至表 5）。请注意：打分不是针对两者之间的关联程度，而是其中一个因素对另一个因素的影响程度判断,且"A"对"B"与"B"对"A"的影响程度是不一样的。

表2 中小制造企业绿色创新外部影响因素的直接关联程度调查表

因素	政府因素	市场因素	社会因素
政府因素	—		
市场因素		—	
社会因素			—

表3 中小制造企业绿色创新政府类因素的直接关联程度调查表

政府因素	地方政府监管(G1)	政府环境规制(G2)	政府相关支持政策(G3)
地方政府监管(G1)	—		
政府环境规制(G2)		—	
政府相关支持政策(G3)			—

表4 中小制造企业绿色创新市场类因素的直接关联程度调查表

市场因素	顾客绿色需求偏好(M1)	绿色供应网络合作(M2)	金融机构资金支持(M3)	高校、科研院所及技术中介的技术支持(M4)	相关企业绿色行为(M5)
顾客绿色需求偏好(M1)	—				
绿色供应网络合作(M2)		—			
金融机构资金支持(M3)			—		
高校、科研院所及技术中介的技术支持(M4)				—	
相关企业绿色行为(M5)					—

表5 中小制造企业绿色创新社会类因素的直接关联程度调查表

社会因素	公众环境关注(S1)	社会监督(S2)	绿色科技发展水平(S3)	行业协会的信息与沟通支持(S4)
公众环境关注(S1)	—			
社会监督(S2)		—		
绿色科技发展水平(S3)			—	
行业协会的信息与沟通支持(S4)				—

第三部分 基本信息

基本信息分为企业专家基本信息和高校专家基本信息,请根据自身情况选择并如实填写,并在选择选项上打"√"。

A 企业专家填写

一、企业基本信息

1.您所在企业名称:

2.企业成立年份:

3.企业性质:a.国有/国有控股;b.民营;c.外商独资;d.中外合资;e.其他

二、您的基本信息

1.您的性别:a.男;b.女

2.您从事/关注中小制造企业绿色创新的时间:a.3年以下;b.3—8年;c.5—15年;d.15年以上

3.您的学历:a.本科以下;b.本科;c.硕士;d.博士

4.您的职务:

B 高校专家填写

1.您的性别:a.男;b.女

2.您研究/关注中小制造企业绿色创新的时间:a.3年以下;b.3—8年;c.5—15年;d.15年以上

3.您的学历:a.本科以下;b.本科;c.硕士;d.博士

4.您的职称:

问卷到此结束,感谢您的支持!

附录 B
中小制造企业绿色创新行为影响机制企业调查问卷

尊敬的女士/先生：

您好！

非常感谢您参与本次问卷调查。本次问卷的目的是了解中小制造企业绿色创新行为影响机制，为构建中小制造企业绿色创新及转型的帮扶机制提供理论依据。

理论来源于实践，学术研究离不开企业的支持，感谢您在百忙之中填写本次问卷。我们郑重承诺，您填写的所有内容只用于学术研究，并严格保密，绝不对外公开，若违反，我们愿承担法律责任。希望您认真如实的回答问卷中的问题，再次感谢您的支持与合作。

中国地质大学(武汉)经济与管理学院

第一部分　背景资料

1. 您所在企业的名称：

2. 您所在企业的营业收入：

A. 300万元以下

B. 300万元－2000万元(不含2000万元)

C. 2000万元－5000万元(不含5000万元)

D. 5000万元－1亿元(不含1亿元)

E. 1亿元－4亿元

3. 您所在企业的类型：

A. 国有独资

B. 民营

C. 集体全资

D. 股份制上市公司

E. 港澳台投资

F. 外商投资

4. 您企业所属的行业：

A. 采掘业

B. 纺织业

C. 电气机械和器材制造业

D. 通用设备制造业

E. 纺织服装、服饰业

F. 金属制品业

G. 橡胶和塑料制品业

H. 皮革、皮毛、羽毛及其制品和制鞋业

I. 化学原料和化学制品业

J. 汽车制造业

K. 专用设备制造业

二、研究问卷

下列题目为对贵企业的陈述,选项中由"①"到"⑤"依次表示您从"不同意"到"同意"五个级别的态度,请您根据贵企业的实际情况,在对应数字的下拉菜单中选择"√",以下题目均为单选。

Q1、企业绿色创新获得的外部支持					
题项	不同意——同意				
	①	②	③	④	⑤
政府及环境立法者对企业绿色创新能给予支持					
行业协会、金融机构等中介机构对企业绿色创新能给予支持					
当地居民、民间环保组织对企业绿色创新能给予支持					
供应链企业、顾客等对企业绿色创新给予支持					
企业与合作伙伴认同彼此企业文化和绿色创新理念					
企业与合作伙伴能相互信任并有较好的沟通交流机制					
企业在绿色创新中付出的成本相比于其他企业是公平的					
企业在绿色创新过程中的收获相比于其他企业是公平的					

续表

Q2、企业对合作绿色创新的认知					
题项	不同意——→同意				
	①	②	③	④	⑤
绿色创新产生的生态效益能转化为企业经济效益					
绿色创新有助于绿色品牌形象的塑造					
绿色创新有助于企业开拓市场					
绿色创新有助于增强企业竞争优势					
绿色创新过程中会对合作伙伴产生很强的依赖性					
合作可降低绿色创新的技术风险					
合作可降低绿色创新成本及财务风险					
合作可降低绿色创新的市场风险					

Q3、企业合作能力					
题项	不同意——→同意				
	①	②	③	④	⑤
企业具备良好的合作甄别与反馈机制					
企业具备良好的合作风险控制与规制机制					
企业拥有良好的绿色创新声誉或口碑					
企业与合作伙伴以股权涉入、法定契约等正式合作方式为主					
企业与合作伙伴拥有良好的冲突沟通机制					
企业高层管理者有良好的谈判技巧					

续表

Q4、创新平台关系治理					
题项	不同意——同意				
	①	②	③	④	⑤
创新平台为我们的声誉提供背书					
创新平台组织创新网络成员定期会面					
创新平台为合作项目提供技术支持和服务					
创新平台帮助企业与合作伙伴一起建立					
网络成员企业能够彼此尊重各自文化					
网络成员企业能够理解合作领域符号术语					
Q5、风险感知					
题项	不同意——同意				
	①	②	③	④	⑤
合作过程中绿色创新的整体风险较高					
与网络成员企业合作开展绿色创新的可能损失较高					
合作过程中,企业面临着绿色创新人才流失的风险					
合作过程中,企业面临着核心绿色创新技能泄露的风险					

续表

Q6、中小制造企业绿色创新行为					
题项	不同意——→同意				
	①	②	③	④	⑤
企业研发产品零件容易回收的新产品					
企业研发使用易分解材料的新产品					
企业更新生产工艺防止污染					
企业在生产过程中引入新技术或新设备以节约资源					
企业将绿色创新纳入了企业战略目标体系					
企业高层管理者负责绿色创新战略					

问卷到此结束,感谢您的支持!

后 记

在中国绿色发展战略和"双碳"目标的背景下,中小制造企业绿色低碳发展势在必行,其绿色创新诉求日益迫切。由于资源能力匮乏及面临的风险较大,中小制造企业绿色创新畏缩不前,如何驱动中小制造企业绿色创新是各界高度关注的问题。本书以社会网络理论、企业战略行为理论、新制度主义理论和利益相关者理论等为基础,以中小制造企业为样本,探究了中小制造企业绿色创新行为机制,在此基础上提出中小制造企业绿色创新协同支持体系及构建路径,并基于实际调研分析提出相关的政策建议,以期为相关政府部门、行业协会制定相关政策提供参考。

全书的框架设计由谢雄标承担。谢雄标完成了第一章、第二章内容以及第三章、第五章部分内容;孙静柯完成了第六章内容以及全书统稿校对工作;孙理军完成了第七章、第八章、第九章主要内容及文献整理;程胜完成了第四章内容以及第八章部分内容。研究生胡阳艳、付静等参加了第三章、第五章的部分研究。

在本书完成出版之际,对研究和写作过程中给予我们指导与帮助的专家、朋友和学生表示真诚的感谢!

感谢国家自然科学基金委员会、中国地质大学(武汉)"碳中和与高质量发展管理交叉学科计划"的资助。本书是在完成上一次国家自然科学基金项目基础上的进一步探索,也得到了碳中和与高质量发展管理交叉学科创新团队的支持。

感谢相关研究学者。本书参考了国内外大量研究文献,在此表示衷心的感谢。若有遗漏,也在此表示深深的歉意。

感谢调研过程中给予支持的浙江省科技厅、浙江省经信委中小企业局、浙江省现代纺织产业创新服务综合体、浙江绍兴柯桥中国轻纺城、浙江永康五金生产力促进中心、广东佛山市清洁生产与低碳经济协会、广东佛山市中小企业服务中心等单位。

感谢周敏博士,冯忠垒博士,研究生孙静柯、胡阳艳、付静等在课题研究、资料收集、文稿校正等方面做的大量工作,感谢他们的辛劳和智慧。

著者

2022 年 12 月